JIXUJIAOYUXUE

继续教育学

▶ 曾祥跃 著

中山大学出版社
SUN YAT-SEN UNIVERSITY PRESS

·广州·

版权所有　翻印必究

图书在版编目（CIP）数据

继续教育学/曾祥跃著. —广州：中山大学出版社，2020.7
ISBN 978 - 7 - 306 - 06873 - 6

Ⅰ.①继… Ⅱ.①曾… Ⅲ.①继续教育—研究—中国 Ⅳ.①G729.2

中国版本图书馆 CIP 数据核字（2020）第 075699 号

出 版 人：	王天琪
策划编辑：	嵇春霞
责任编辑：	靳晓虹
封面设计：	刘 犇
责任校对：	王 燕
责任技编：	何雅涛
出版发行：	中山大学出版社
电　　话：	编辑部 020 - 84110283，84111997，84110779，84113349
	发行部 020 - 84111998，84111981，84111160
地　　址：	广州市新港西路 135 号
邮　　编：	510275　　传　真：020 - 84036565
网　　址：	http://www.zsup.com.cn　　E-mail：zdcbs@mail.sysu.edu.cn
印 刷 者：	佛山市浩文彩色印刷有限公司
规　　格：	787mm×1092mm　1/16　16.75 印张　310 千字
版次印次：	2020 年 7 月第 1 版　2020 年 7 月第 1 次印刷
定　　价：	52.00 元

如发现本书因印装质量影响阅读，请与出版社发行部联系调换

序

  构建终身学习体系和学习型社会是 21 世纪我国教育发展的战略目标，也是世界范围内教育发展的共同趋势。联合国教科文组织为世界教育设定的《教育 2030 行动框架》之总体目标是"确保全纳、公平、有质量的教育，增进全民终身学习机会"。党的十九大报告提出"办好继续教育，加快建设学习型社会，大力提高国民素质"。这充分体现了继续教育在我国社会经济发展与教育发展中的战略地位。继续教育承担着前所未有和不可替代的重要使命，其与学校教育同等重要、不可或缺。《中国教育现代化 2035》文件提出"更加注重面向人人、更加注重终身学习"的发展理念，以及建构服务全民的终身学习体系的发展目标，这不仅充分体现了继续教育战略发展的意义，也为继续教育的战略发展指明了方向与路径。

  继续教育是我国终身教育体系的重要组成部分，与社会经济发展关系最密、距离最近，是教育服务社会的"排头兵"和中坚力量，是我国全面建设小康社会和实现社会主义现代化建设的关键因素。改革开放以来，继续教育已经为我国的教育事业与社会发展做出了极大的贡献，其中学历继续教育使数以千万计的成人获得了知识和学历水平的提升，非学历继续教育则使数以亿计的从业人员获得了整体素质和职业能力的提升。随着信息技术的高速发展，人工智能、云计算、大数据等技术在继续教育领域的广泛应用，继续教育的资源空间、教学空间与服务空间将获得极大延展，继续教育将能为我国的教育事业和社会发展做出更大贡献。

  当前，继续教育仍是我国教育体系中最薄弱的环节，在管理体制、发展机制、教育模式、质量评估等方面还存在许多亟待解决的问题，特别是继续教育的投入、激励和保障机制等还未很好地建立，深入开展继续教育研究时不我待。随着我国继续教育实践的不断深入，我国继续教育的理论研究在不断深化，研究队伍在不断壮大，学术水平在不断提高，学术活动在频繁开展，学术成果也日益丰硕。然而，总体来说，我国继续教育的研究领域分散，研究队伍较小，研究力量较弱，继续教育研究尚有很大发展空间，需要继续教育领域的专家、学者们，在终身教育体系建构的大背景下，立足继续教育实践发展与学科发展，凝心聚力，同向同行，共同开展继续教育理论研究，为我国继续教育的实践发展提供强有力的支撑。

《继续教育学》的出版，顺应了时代发展的需要。曾祥跃老师不论是在中山大学，还是在广东开放大学期间，均能坚持继续教育的研究工作，并积累了丰富的继续教育研究成果。该专著立足当代继续教育范畴，以继续教育领域内的学科研究成果为基础，以重构与升华为方法，结合作者自身的继续教育实践，建构了继续教育学科的内容体系。一是在本体研究方面，论证了继续教育学科建构的必要性与可行性，梳理了继续教育的发展历史，探究了继续教育学的逻辑起点、基本理论等。二是在方法研究方面，基于教育领域研究方法的传承与创新、非教育领域研究方法的借鉴与利用，探索了继续教育学科的基本研究方法。三是在对象研究方面，基于继续教育的行政管理与机构管理开展了继续教育的管理研究，探索了继续教育的战略布局与管理模式；基于学历与非学历继续教育开展了继续教育的教学研究，探索了继续教育的教学模式与运行规律；基于教育信息化开展了继续教育信息化的规划、方法与路径研究。最后，围绕继续教育的未来发展，探讨了继续教育的整合式发展、全民化供给、同校同质化趋势。

该专著不仅是一本继续教育学科研究之作，也是一本继续教育实践指导之作，对于继续教育领域的研究者，抑或实践者均有较好的参考价值。

刘文清

（刘文清研究员为广东开放大学校长、广东省成人教育协会会长、广东省本科高校继续教育教学指导委员会主任）

前　言

潮起海天阔，扬帆正当时！继续教育就像一片汪洋大海，浩浩乎广而无涯，渺窈兮动无所止。我们不知其长，难知其宽；不知其深，更难测其变。

说到长，继续教育是那样的绵长，不管我们是初入社会的新手，还是久经沙场的老将，甚至步入耄耋之年的老者，她总是默默无闻、无微不至地服务，不离不弃，陪伴我们成长、成功、成熟。

说到宽，没有任何一种教育能与其比肩。其宽阔无边，没有界限，谁也说不清继续教育的边界在哪里。网络教育、开放教育、老年教育、社区教育、成人教育等是其外在的分形，都只是其博大范畴的一部分。

说到深，继续教育似乎与深无关，君不见大量的学习者在继续教育中浅尝辄止，继续教育被冠以"短、平、快"的特征，使之几乎变成了低品质的象征。然而，她像一位宽厚仁慈的长者，不争不辩；又像一位博大精深的哲人，高深莫测。每一位学习者只能望尘莫及，只能从其获得些许。

说到变，继续教育又是变化万千，她是那样的随意，一个讲座、一个专题、一门课程就可以是一个继续教育项目；同时，她又是那样的灵活，随需而变、因需定制是她的作风。然而变中有不变，万变不离其宗，她的变是为了更快地适应社会发展对人才培养的需求。

在继续教育的汪洋中，学者们前赴后继，尝试与其来往，考究其来历，摸索其性情，探究其能量，然而她是那样的遥不可及，是那样的随心随性。她乘兴而来，又乘兴而去，让人难以琢磨她的脾性、她的意图、她的目的、她的去向。也正因为她太广、太宽、太深，让人望而却步、浅尝辄止。但是，她又是那样的随手可及，那样的无处不在，让人恋恋不舍。

笔者一直在继续教育的汪洋中徜徉，也一直深爱着她，尝试与其亲近、与其相伴而生、与其相濡以沫。想为其写传，想为她立说，然而太难、太难，皆因其底蕴太深。虽然笔者对其执着，也算勤勉，但是也只能了解其皮毛。不管如何，总算能够抛砖引玉，以点带面，让我们能够更多地了解她、亲近她、认可她，也让我们能够顺着她的脾性，让她为我们做更多的事情，让我们的社会越来越美好。

目　　录

第一章　继续教育学科建构 ··· 1
- 第一节　继续教育学科建构之必要性 ···································· 1
- 第二节　继续教育学科建构之可行性 ···································· 6
- 第三节　继续教育学科建构之方法论 ···································· 13

第二章　继续教育学基础 ·· 15
- 第一节　继续教育学研究概述 ··· 15
- 第二节　继续教育学的逻辑起点 ·· 19
- 第三节　我国继续教育的历史发展 ······································· 28
- 第四节　继续教育学理论基础 ··· 33
- 第五节　继续教育学科体系建构 ·· 42
- 第六节　继续教育学研究方法 ··· 48

第三章　继续教育行政管理 ··· 51
- 第一节　继续教育行政管理概述 ·· 51
- 第二节　继续教育战略管理 ·· 55
- 第三节　继续教育组织管理 ·· 65
- 第四节　继续教育政策管理 ·· 74

第四章　继续教育机构管理 ··· 84
- 第一节　继续教育机构的战略定位 ······································· 84
- 第二节　继续教育机构的战略规划 ······································· 92
- 第三节　继续教育机构的组织建设 ······································· 99
- 第四节　继续教育人员管理与绩效考核 ································· 107
- 第五节　继续教育的管理与办学关系 ···································· 113

第五章　学历继续教育 116
第一节　概述 116
第二节　专业 119
第三节　课程 124
第四节　教学 129
第五节　学习 138
第六节　服务 147

第六章　非学历继续教育 152
第一节　概论 152
第二节　教学 163
第三节　面授培训 168
第四节　在线培训 180
第五节　移动培训体系建设 198

第七章　继续教育信息化 206
第一节　继续教育信息化发展概述 206
第二节　继续教育信息化规划 210
第三节　在线学习平台建设 217
第四节　教务管理信息系统建设 226
第五节　继续教育信息化的推进机制 230

第八章　继续教育的发展趋势 232
第一节　继续教育的整合式发展趋势 232
第二节　继续教育全民化供给趋势 238
第三节　继续教育的"同校同质"化趋势 250

参考文献 255

后　记 256

第一章　继续教育学科建构

第一节　继续教育学科建构之必要性

一、继续教育与继续教育学

（一）继续教育的定义

继续教育在不同时代、不同地域有不同的名称，也有不同的内涵。在历史发展过程中，继续教育曾有过许多不同的名称，如农民教育、职工教育、工农教育、社会教育、扫盲教育、岗位培训、职业培训、成人中等教育、成人高等教育、继续教育、业余教育、夜大学、函授教育、开放教育、网络教育、自学考试、社区教育、老年教育等。

"继续教育"最早出现于1944年英国议会通过的《巴特勒法案》，亦称为《1944年教育法》，其专指为离校青少年所创办的教育。继续教育概念被引入我国后，先后被赋予了继续工程教育、大学后继续教育等非学历教育内涵。在2002年党的十六大报告中，首次提出"发展继续教育，构建终身教育体系"，由此在国家层面继续教育正式涵盖成人教育，实现从非学历继续教育向学历继续教育的全面延伸。

为契合时代发展，本研究采用《国家中长期教育改革和发展规划纲要（2010—2020年）》中对继续教育的定义："继续教育是面向学校教育之后所有社会成员的教育活动，特别是成人教育活动，是终身学习体系的重要组成部分。"[1] 基于这一定义，继续教育包括成人教育、远程教育、开放教育、自学考试等学历继续教育类型，也包括社区教育、老年教育以及培训等非学历继续

---

[1] 郝克明主编：《跨进学习社会的重要支柱——中国继续教育的发展》，高等教育出版社2011年版，第36页。

教育类型。

（二）继续教育学的定义

学科是在一定的社会环境作用下，基于知识领域的分化而专门形成的一类相对独立的知识体系。

我国著名教育家顾明远教授主编的《教育大辞典》将教育学表述为"研究人类教育现象及其一般规律的科学"。[①]

基于教育学概念可以对继续教育学进行定义。继续教育学是教育科学的一个分支学科，它在一般教育理论的基础上，专门研究继续教育的现象，揭示继续教育的客观规律，以促进人和社会的可持续发展的学科。[②]

二、继续教育学科建构之必要性

当前继续教育范畴内的学科研究有很多，如继续教育学（非学历教育领域）、成人教育学、社区教育学、老年教育学、远程教育学等。然而，涵盖继续教育全部范畴、位居继续教育层面的学科研究尚未真正开始，更不用说在教育学科中有"继续教育学"这样的二级学科。建构继续教育学科，开展继续教育学科研究，既是国家战略发展和时代赋予的使命，也是自身研究升华的迫切需求。

（一）响应国家继续教育发展战略的需要

自党的十六大报告首次提出"发展继续教育，构建终身教育体系"以后，党的十七大、十八大、十九大报告分别提出"发展远程教育和继续教育，建设全民学习、终身学习的学习型社会""积极发展继续教育，完善终身教育体系，建设学习型社会""办好继续教育，加快建设学习型社会，大力提高国民素质"。郝克明提出，"继续教育在我国教育事业的发展中处于极为重要的战略地位，继续教育和学前教育、学校教育共同构成我国终身教育体系"[③]。足见继续教育在教育领域以及当代中国的战略地位。

然而，继续教育具有如此重要的战略地位，却没有一个专门的学科与之匹配，为其做强大的研究支撑，不能不说是我国学科研究领域的一大憾事。如果

---

① 教育大辞典辞纂委员会：《教育大辞典》（第1卷），上海教育出版社1990年版，第81页。
② 曾祥跃：《继续教育学科论》，载《当代继续教育》2016年第6期，第4—11+15页。
③ 郝克明主编：《跨进学习社会的重要支柱——中国继续教育的发展》，高等教育出版社2011年版，第5页。

继续教育学科能够从学术层面对继续教育提供体系化、学科化的强大理论支撑，相信能够更好地引领和促进我国继续教育的宏观规划与战略发展。

（二）顺应终身教育体系建构的需要

学前教育、学校教育与继续教育共同构成终身教育体系。继续教育作为终身教育体系的核心构成，需要作为一个整体融入终身教育体系。当前继续教育各个领域相对独立的理论研究与实践探索，如果不进行整合与融通，不仅不利于继续教育自身的一体化发展，同时也不利于继续教育融入终身教育体系。季明明提出"各类继续教育要牢固确立终身学习理念，自觉融入终身学习时代潮流，才能够具有大格局、大智慧"[①]。为此，只有基于终身教育背景，建立全新的、统领继续教育各领域的学科，才能全面、系统地指导继续教育的理论研究与实践探索，为终身教育体系的建构贡献应有的力量。

（三）继续教育新时代使命的需要

继续教育与社会经济发展关系密切且距离最近。继续教育作为教育领域服务社会的排头兵和中坚力量，在经济全球化、工业4.0、人工智能等引领下的新时代，被赋予新的时代使命，需要其发挥更大的人才服务与社会引领作用。通过建立继续教育学科，可以整合各级各类继续教育的研究力量，为进一步优化和提升继续教育的社会服务能力提供理论支撑和实践指导，从而为我国社会经济发展做出更大贡献。

（四）支撑继续教育实践发展的需要

我国继续教育体量极其巨大。根据2018年全国教育事业发展统计公报，成人本专科招生273.31万人，在校生590.99万人，毕业生217.74万人，全国高等教育自学考试学历教育报考544.69万人次，取得毕业证书48.72万人。根据2018年度人力资源和社会保障事业发展统计公报，全年组织各类职业培训1651万人次，其中就业技能培训853万人次，岗位技能提升培训552万人次，创业培训201万人次，其他培训45万人次。在继续教育实践领域，各级各类继续教育尚存在边界不清、管理分散、政策分离等诸多问题，而且长期没有得到解决，如"成人教育、继续教育、职业教育、远程教育四种教育互相重叠、互相包含"[②]，"政府六个部门在负责管理教育培训机构，管理规范与管

---

① 季明明：《转型升级是办好继续教育的必由之路》，载《天津电大学报》2018年第3期，第1—10页。

② 张伟远：《继续教育应是一种全民化教育——论继续教育与成人教育、职业教育、远程教育的关系》，载《中国远程教育》2007年第1期，第15—19页。

理制度还不统一"①。可见，各类学历继续教育在运作上貌合神离，亟须对继续教育的规划与布局、机构与职能、功能与作用、体制与机制、政策与制度、运行与规律做统筹一体的研究、规划、设计与实施；分散的继续教育理论研究固然可以解决局部存在的问题，然而体系化、全局性地解决继续教育实践问题，则需要继续教育学科层面的研究支撑。通过开展继续教育学科研究，可以为继续教育实践提供全局性、前瞻性的理论指导，从根本上促进继续教育实践问题的解决。

（五）统领各领域学科研究的需要

当前继续教育领域内的学科研究很多，但是继续教育在各领域的学科研究仍各自为政，没有形成合力，难以形成体系。为此，对各个领域的学科研究进行重构与升华，建立继续教育学科，可以统领继续教育各个领域的学科研究，实现继续教育学科研究的体系化、专门化、纵深化，使得继续教育学科研究更有方略、更为科学、更为有序。

三、继续教育学科建构之意义

继续教育学科的建构，是对继续教育研究层次的提升、对继续教育研究理论的升华，能够让继续教育研究获得更高的学术境界、更宽的学术视野、更强的学术力量、更深的学术底蕴、更大的实践价值。

（一）更高的学术境界

以服务终身教育体系建构为依归的继续教育学科，必然会以终身教育体系建构为研究的落脚点，以实现继续教育各领域学科融通为研究的突破点，也必将以国家继续教育战略发展为研究的制高点。为此，继续教育研究将因继续教育学科的建构而进入更高的学术境界，可以从更高层面开展继续教育学科研究。

继续教育学作为教育学的分支学科，不仅能吸收母体学科的理论研究成果，而且也能利用自身的研究成果，进一步丰富和完善教育学的理论体系，为教育学的研究提供更为丰富的研究素材。

---

① 郝克明主编：《跨进学习社会的重要支柱——中国继续教育的发展》，高等教育出版社 2011 年版，第 646 页。

（二）更宽的学术视野

以继续教育全部范畴为研究对象的继续教育学科，将比继续教育各领域学科拥有更宽的学术视野。相对于成人教育学科，在教育对象上可以拓宽到非成人的继续教育领域；相对于非学历的继续教育学科，可以基于学历教育与非学历教育的一体化做更宽视域的学术研究；相对于社区教育学、老年教育学，继续教育学科更是如此。总的来说，建构继续教育学科，可以实现各领域学科之间的无缝链接和有无互通，从而促进各领域学科的跨界研究。

继续教育学科的建立，使得继续教育的研究有章法、有导引，继续教育研究者也能有的放矢地开展研究。推进继续教育学科体系的建设，还能促进继续教育的分层、分类研究。

（三）更强的学术力量

继续教育学科可以整合所有继续教育领域的学术研究力量，形成更为强大、更为多样、更为多元的复合型继续教育学科研究团队。这种实力雄厚、统筹一体的研究团队，能够极大地提升继续教育的研究地位，激发广大继续教育从业人员的研究兴趣，吸引优秀的教育领域研究者加盟继续教育研究，加强继续教育的研究队伍，提升继续教育的研究水平，从而更快、更好地建设继续教育学科，更多、更优地产出继续教育研究成果。

（四）更深的学术底蕴

继续教育学科的建立，有助于促进对继续教育已有研究成果的全面梳理。虽然继续教育领域已经拥有很丰富的研究成果，但是在继续教育学科层面总结、提炼的研究还不够多。如果建立继续教育学科，就能基于学科体系的分类，对继续教育研究成果进行全面梳理，分层、分类地提炼出继续教育的客观规律，如继续教育的教学规律、管理规律、市场规律、服务规律等。

通过对各领域学科研究成果的兼收并蓄，继续教育学科将拥有更为丰厚的学科历史沉淀、更为广博的学术研究范畴、更为丰硕的学术研究成果，也必将形成更深厚的学术研究底蕴。这将引领继续教育学科以坚实的步伐，迈向继续教育学科发展的美好未来。

（五）更大的实践价值

继续教育相对于学校教育，是一种更重实践的教育类型。在继续教育的实践探索过程中会不断遇到新问题、新挑战，宏观层面、发展层面、系统层面等问题，都离不开继续教育学科的理论指导。比如，继续教育学的历史发展研究，可以为继续教育实践提供方向指引；继续教育学的比较研究，能够为继续教育实践提供国内外的案例参考；继续教育学的教学研究，可以为继续教育的教学实践提供方法指引；继续教育学的系统研究，能够为继续教育的顶层设计提供体系建构模型等。总的来说，继续教育学科的建立，能够发挥继续教育学科理论的更大价值，促进继续教育实践的开展，提升继续教育的效率和效果。

第二节 继续教育学科建构之可行性

任何一门学科的建立都需要满足学科产生的基本条件。

探讨学科产生的基本条件，首先需要明确什么是学科。《现代汉语词典》将学科定义为"按照学问的性质而划分的门类"，该定义指出了学问的性质是学科分类的标准，一门学科的独立，首先需要其有一个不同于其他学科的学问性质；龚怡祖认为，学科是作为人类知识领域的专门化分支而被创造出来的巨型复杂知识系统，[①] 该定义阐明了学科产生的方式，一门学科的产生是知识领域专门化的结果；日本学者欢喜隆司认为，"学科是社会、政治、经济、科学技术、文化传统、意识形态和教育等因素相互作用的产物"[②]。该定义指出了学科的产生是一定的社会环境使然，是各种社会环境因素共同作用的结果。

综上所述，学科是在一定的社会环境作用下，基于知识领域的分化而专门形成的一类相对独立的知识体系。

基于学科的基本概念，学科的产生需要具备三个基本条件：一是学科的成熟性，学科是各种社会环境因素相互作用的结果，新的学科能否建立取决于其条件是否成熟；二是学科的独立性，即新的学科具有从母体学科分化、独立出来的基础和条件，新的学科既要与母体学科一脉相承，又要相对独立，具有自身独特的研究对象、研究方法和知识（学科）体系，这是其生存之本；三是可持续发展性，新的学科应具有广阔、可持续的实践领域，能够支持其长期、可持续发展。只有当一个学科已经成熟，相对独立，并且能够持续发展，这个学科才有产生的价值，才有生存与发展的空间。只有满足了这三个方面的条件，继续教育学科才有可能真正产生和发展。

---

① 龚怡祖：《学科的内在建构路径与知识运行机制》，载《教育研究》2013年第9期，第12-24页。
② [日] 欢喜隆司：《学科的历史与本质》，钟言译，载《外国教育资料》1990年第4期，第16-23页。

一、继续教育学科的成熟性

尽管涵盖继续教育全部范畴的学科研究尚未真正开始,但是分散于继续教育领域的学科研究成果已很丰富,特别是对曾经包含继续教育的成人教育学科研究成果尤为丰硕。充分利用已有学科研究成果是继续教育学科建构之应然性选择。

(一) 继续教育学科 (非学历教育领域) 研究

目前,我国以"继续教育"名义开展的学科研究绝大部分为非学历教育领域。基于非学历教育的继续教育学科研究初见于1987年崔振凤等人的《继续教育学概论》,专门论述了科技人员继续教育的形成、发展、对象、任务、特点、规律和管理。[①] 该专著虽然在学科研究的严谨性与规范性方面略显不足,但是开了继续教育学科研究的先河,是笔者所见国内第一本继续教育学专著。1989年,刘富钊在《继续教育学基础》中对继续教育的缘起、对象、思想、教学、实施等问题进行了初步探索和多维思考。[②] 1996年,华溆芳在《继续教育概论》中,以专业技术人员为研究对象,系统阐述了继续教育的兴起与发展、地位与作用、学习对象、内容与方法、教学组织与方式、教师与教材、评估等。[③] 1997年,叶忠海出版的《大学后继续教育论》一书,论述了大学后继续教育的内涵与性质、体系与功能、发展动因、课程设计、教学实践、评价与特色等。[④] 该专著虽然没有以"学"冠名,但遵循了学科研究的基本规则和研究章法。

从继续教育的发展趋势和方向看,学历继续教育将逐渐走弱,非学历继续教育将成为继续教育的主体。为此,基于非学历教育的继续教育学科研究,也将会是继续教育学科研究的主体。

(二) 成人教育学科研究

在继续教育的定义中,提到"继续教育是面向……,特别是成人教育活动",不仅体现了当代继续教育与成人教育之间的包含关系,也充分体现了成人教育在继续教育中的重要地位。成人教育学科是我国继续教育领域唯一被列

---

① 崔振凤:《继续教育学概论》,兵器工业出版社1987年版,第1-8页。
② 刘富钊:《继续教育学基础》,四川大学出版社1989年版,第1-4页。
③ 华溆芳:《继续教育概论》,北京航空航天大学出版社1996年版,第1-3页。
④ 叶忠海:《大学后继续教育论》,上海科技教育出版社1997年版,第1-2页。

入国家学科分类的二级学科,也是该领域唯一的硕士、博士学位授予点,足见其重要的学术地位,同时也应该是继续教育学科的核心构成。从1993年华东师范大学首建"成人教育学"硕士点开始,至2006年已有华东师范大学、曲阜师范大学、河南大学等20多所高校具有成人教育学硕士学位授予权。2004年,华东师范大学首建"成人教育学"博士点,至2006年华东师范大学、西南大学等9所高校具有成人教育学博士学位授予权(其中有2所学校开始招生)。①

国内外成人教育学科研究成果丰厚,在此只能做蜻蜓点水式的概览。1951年,海尼奇·汉塞尔曼出版的《成人教育学:成人教育的本质、可能和界限》,不仅是以"成人教育学"命名的第一部专著②,也使成人教育学作为独立学科得以确立③。"成人教育之父"诺尔斯在世界范围内首次系统性地完成了成人教育学理论奠基与知识建构的探索④,其给出的成人教育学的定义"帮助成人学习的艺术和科学"对成人教育研究产生了深远的影响。杜以德将"成人学习"作为成人教育学科体系建构的逻辑起点,并展开了系列学科研究。⑤ 2017年,高志敏在其最新专著《成人教育学科体系论》中,对国内外成人教育学科研究成果做了系统的梳理和分析,并创造性地将"回归丰富的成人生活世界,走进缤纷的成人精神家园"作为成人教育学科体系建构的纲领与源点(逻辑起点)。当前,我国成人教育学科研究在向继续教育领域延伸、拓展,但是成人教育学科的逻辑起点及其定位规定了成人教育学科基于"成人"的发展导向,因此其难以替代和涵盖继续教育学科的范畴。

目前,继续教育的范畴已经超出了成人教育。成人不再是继续教育领域的专属,不少发达国家的高校学生自20世纪七八十年代起40%以上已是成人或在职人员。⑥ 同时,继续教育对象也不一定完全是成人,因为继续教育包括初

---

① 李中亮:《改革开放以来中国成人教育学建设的成就、问题与对策》,载《河北大学成人教育学院学报》2009年第1期,第23-25页。

② Malcolm S. Knowles, "Andragogy: Adult Learning Theory in Perspectives," *Community College Review* 5, 3 (1978): 9-20.

③ 杜以德、韩钟文:《国外成人教育学科建设的历史回顾》,载《中国成人教育》2005年第6期,第104-105页。

④ [美]马尔科姆·诺尔斯:《现代成人教育实践》,蔺延梓译,人民教育出版社1989年版,第40页。

⑤ 杜以德:《成人教育学科体系的逻辑起点》,载《教育研究》2006年第10期,第43-45页。

⑥ 王一兵:《中国电大的定位和走向"世界一流开放大学"的道路——国外经验和国际比较的视角》,载《中国远程教育》2006年第4期,第11-14+41页。

中后、高中后、大学后各种类型的继续教育。① 参加社区教育的青少年也不属于成人教育范畴。为此，吴遵民认为，"今后的成人教育应该把研究重心放在对成年人的学习心理、教材与课程的开发，乃至自我实现、自我完善等重点上，即应加强对'成人对象学'的研究"②。

（三）社区教育与老年教育学科研究

在社区教育学科研究方面，周嘉方从内部动力、外部条件、研究人员与研究平台等方面探讨了社区教育学科建设的可行性。③ 叶忠海在其《社区教育学》中，对社区教育的本质和特征、目的和功能、教学与学习、课程开发、社区教育体系等方面做了阐述。

在老年教育学科研究方面，章光普认为，老年教育学应该建立在老年学基础上，遵循教育学的基本原则。④ 吴凤亭等则对老年教育学性质、目的任务、社会功能、施教原则等方面做了论述。⑤ 杨德广在专著《老年教育学》中，从理论研究、对象研究、教学实践研究、人才培养研究和体制政策研究五个方面对老年教育学进行了研究。他认为"无论是从老年教育的特殊性，还是老年教育的重要性，抑或从老年人的身心特点出发，建立老年教育学都势在必行"⑥。

（四）远程教育学科研究

远程教育、开放教育、函授教育等继续教育领域是远程教育学科研究的主要领域和实践基地，将远程教育学科归入继续教育学科范畴有其必要性。

在国外，远程教育学科研究领域以鲍耶尔·霍姆伯格为代表，其在《远程教育是一门学术学科》中，将远程教育作为一门学科进行研究。⑦ 在国内，丁兴富在专著《远程教育学》（第一版、第二版）中对远程教育学科理论体系

---

① 郝克明主编：《跨进学习社会的重要支柱——中国继续教育的发展》，高等教育出版社2011年版，第8页。

② 吴遵民：《中国成人教育会终结吗？——新时期我国成人教育面临的重大危机与挑战》，载《开放教育研究》2013年第4期，第20－25页。

③ 周嘉方：《走向学科：社区教育科学研究的理性目标》，载《成人教育》2006年第1期，第15－17页。

④ 章光普：《试论老年教育学的理论基础和特点》，载《中国老年学杂志》1995年第4期，第249－251页。

⑤ 吴凤亭、于明波：《我国老年教育学研究的兴起与发展及其主要成就》，载《中国老年学杂志》1996年第5期，第293－295页。

⑥ 杨德广：《建立老年教育学刍议》，载《教育研究》2018年第6期，第16－23页。

⑦ Holmberg Borje, "Distance Education as an Academic Discipline," *ICDE Bulletin* 2 (1983): 50－53.

进行了相对系统的研究，包括远程教育学学科理论基础、发展历史与展望、主要分支学科等，其将"师生时空分离的学与教"作为远程教育学科的逻辑起点。① 陈丽于2004年出版的《远程教育学基础》，从远程教育历史发展、原理规律、教学与支持服务、质量保障等方面进行了系统的研究。②

由此可见，基于非学历教育的继续教育学科研究此起彼伏，研究成果日渐丰厚；面向成人的成人教育学科研究成果已很丰硕；面向社区教育、老年教育、远程教育的相关学科研究已然起步。充分利用继续教育领域的学科研究成果，可以更快、更好地建构继续教育学科。

二、继续教育学科的独立性

学科的产生和发展过程是学科的分化过程，也是学科逐步从比较单一向比较复杂发展的过程。继续教育学的产生源于继续教育不断深入的教育实践和理论探讨。

孙绵涛认为，"一门学科的建立，首先要明确研究什么，这就需要建立学科研究对象范畴；其次，就要明确用什么方法去研究，这就需要有学科方法范畴；再次，就要考虑用一个什么样的知识的基本概念体系将所研究的结果表达出来，这就需要建立学科体系范畴。这一学科要素体系既包括了学科研究什么，也包括了学科怎样研究，还包括了学科研究的结果"③。也就是说，对于学科自身，其建立需要三个基本条件：研究对象、研究方法和学科体系。

对于继续教育学，同样需要明确其研究对象、研究方法和学科体系，这也是继续教育学能否独立成为一门学科的基本条件。

首先，从研究对象看，继续教育学的研究对象是继续教育，具有独特性，即将继续教育这一社会历史现象的各个方面作为研究客体，探讨继续教育发生和发展的内在规律，服务继续教育实践。其次，从研究方法看，继续教育学将教育领域以及其他领域的研究方法为己所用，具有自己独特的研究方法，如基于绩效的教学评价法、基于大规模教育样本的田野研究法等。最后，从学科体系看，继续教育学也能产生自身的学科体系，学科体系包括本体研究、方法研究和对象研究。

---

① 丁兴富：《论远程教育的逻辑起点和主要矛盾——兼论远程教育的若干基本问题》，载《开放教育研究》2005年第4期，第9-18页。
② 陈丽：《远程教育学基础》，高等教育出版社2004年版。
③ 孙绵涛：《学科论》，载《教育研究》2004年第6期，第49-55页。

三、继续教育学科的可持续性

继续教育学科发展的可持续性与继续教育的发展相互依赖。当前,不论从继续教育的战略定位看,还是从继续教育在建设学习型社会中的作用看,继续教育无疑都会有广阔的发展空间。

(一)继续教育战略布局的促进作用

自1979年继续教育概念引入中国后,继续教育在我国得到快速发展,继续教育范畴逐渐从原初的继续工程教育、大学后继续教育,发展到了今天的终身教育。当前,继续教育已经成为终身教育的中坚力量和核心构成。

改革开放以来,继续教育的战略地位在不断提升。在党的十二大报告中,只体现了继续教育的形式,并没有提到继续教育;在党的十三大报告中,明确提到了加强在职继续教育;在党的十四大、十五大报告中,继续教育尚包含于成人教育中,在报告中只是提及成人教育;而在党的十六大、十七大、十八大、十九大报告中,均提到了继续教育,并将其作为构建终身教育体系的中坚力量(见表1-1)。

表1-1 改革开放以来,全国人民代表大会主题报告中与继续教育相关内容

年 份	继续教育相关内容	评 价
1982(十二大)	发展包括干部教育、职工教育、农民教育、扫除文盲在内的城乡各级各类教育事业	仅体现了继续教育的形式,但是继续教育没有上升到国家战略层面
1987(十三大)	加强对劳动者的职业教育和在职继续教育	继续教育上升到国家战略层面,但未提及成人教育
1992(十四大)	积极发展职业教育、成人教育和高等教育,鼓励自学成才	成人教育上升到国家战略层面,统领继续教育
1997(十五大)	积极发展各种形式的职业教育和成人教育	成人教育继续保持在国家战略层面,统领继续教育
2002(十六大)	加强职业教育和培训,发展继续教育,构建终身教育体系	继续教育上升到国家战略层面,未提及成人教育

(续表1-1)

年 份	继续教育相关内容	评 价
2007（十七大）	发展远程教育和继续教育，建设全民学习、终身学习的学习型社会	继续教育保持在国家战略层面，未提及成人教育
2012（十八大）	积极发展继续教育，完善终身教育体系，建设学习型社会	继续教育保持在国家战略层面，未提及成人教育
2017（十九大）	办好继续教育，加快建设学习型社会，大力提高国民素质	继续教育保持在国家战略层面，未提及成人教育

由此可见，我国继续教育从党的十六大以后，便上升到国家战略层面。国家战略层面的继续教育，无疑极大地推动了继续教育的实践发展。继续教育的广泛实践，需要对继续教育提供全方位的理论支撑，为继续教育实践提供理论指导。继续教育的可持续发展，离不开继续教育学科研究的持续支持，因此，国家层面的继续教育战略布局，不仅能够促进继续教育的可持续发展，也能为继续教育学科的持续发展提供保障。

（二）学习型社会建设的促进作用

随着学习型社会的到来，终身学习、终身教育已经深入人心。全民学习的社会文化环境已经形成，继续教育作为学习型社会建设的中坚力量和核心构成，其在学习型社会建设中扮演着不可或缺的角色，发挥着重要的作用。

学习型社会建设不仅需要继续教育的广泛实践，更需要继续教育学科的理论指导。继续教育作为面向社会成员的教育活动，是一种比学校教育更为复杂的教育现象和研究领域。其服务的时间更长，因为需要为社会成员的终身学习服务；其服务的对象更复杂，因为需要服务于各级各类的社会成员；其服务的内容更广泛，因为需要满足全体社会成员的个性化学习需求。由此可见，继续教育是一个更为复杂、更需要研究的领域，继续教育学科的建立也更为必要。继续教育学科的可持续发展，能够为继续教育的发展保驾护航，也就能够促进学习型社会建设的可持续推进。

第三节　继续教育学科建构之方法论

鉴于继续教育学科领域已有基础，继续教育学科的建构应基于现有学科研究成果的整合与发展、传承与创新、凝练与升华，建构继续教育学科之方法应以当前继续教育范畴为边界，以继续教育各领域学科为基础，以服务终身教育体系为依归，以重构与升华为手段。

一、以当前继续教育范畴为边界

在继续教育发展过程中，继续教育范畴在不断变化，继续教育学科研究也因继续教育范畴的变化而变化。比如，从崔振凤的基于科技人员继续教育的学科研究到叶忠海的基于大学后继续教育所开展的学科研究，都遵循这一规律。当前的继续教育学科研究，也应以当下继续教育范畴为边界进行研究。

继续教育范畴的不断变化，不仅体现了继续教育的发生、发展过程，也体现了继续教育学科的成长过程。继续教育历史发展过程中的范畴从没有超出当前的继续教育范畴。

二、以继续教育各领域学科为基础

迪尔凯姆指出：“当一门学科正在产生的时候，要想取得进步，必须借鉴所有现成的科学，将这些学科中宝贵的经验弃之不用，显然是很不明智的。”[1]

继续教育学科的重构是基于继续教育各领域学科研究成果的体系重构，是对现有学科研究成果的继承和发展、提炼与升华，而不是从零开始的全新学科建构。为此，以继续教育各领域学科为基础重构继续教育学科是应然之举。

三、以服务终身教育体系建构为依归

任何一门学科，都是应时代的需求而产生，同时也因时代的变迁而发展。我们身处终身教育时代，建构终身教育体系是我国的一项战略任务。为此，作为终身教育三大构成之一的继续教育，其学科的建设必须以服务终身教育体系

---

[1]　[法]迪尔凯姆：《社会学研究方法论》，胡伟译，华夏出版社1988年版，第118页。

建构为依归，通过继续教育学科的建设，促进继续教育理论研究与实践探索的统筹一体，促进继续教育作为整体融入终身教育体系。

四、以重构与升华为手段

重构与升华是指通过对现有学科研究成果的传承与创新、整合与发展重新建构继续教育学科。

（一）学科传承与学科创新并行

继续教育的学科研究，已经在各个领域积累了丰富的研究成果，传承与发扬现有继续教育学科研究成果是应然之事。但是，在传承现有继续教育各个领域成果的同时，又必须创新，即应当在继续教育层面做更多的学科研究，特别是顶层设计的研究，以体现继续教育学科作为一个整体与各领域学科研究的差异性，同时，也需体现与其他相关学科（如职业教育学、高等教育学）的独特性。总的来说，继续教育的学科研究，需要做到传承中有创新，创新中有传承。继续教育学科的创新，可以是研究方法的创新，也可以是理论研究的创新。例如，对于继续教育的管理研究，可以借鉴和利用教育管理学、管理学的一些研究方法；对于继续教育的运营研究，则可以借鉴和利用市场营销学的研究方法；等等。

（二）学科整合与学科发展结合

继续教育学科领域的现有学科研究成果，包含在成人教育学、社区教育学、老年教育学、远程教育学以及基于非学历教育的继续教育学中。整合利用现有继续教育学科研究成果，可以避免走弯路。在整合各领域的学科研究成果的同时，又需要大力发展各领域的学科研究，而不是停止或限制各领域的学科研究。各领域学科研究的不断发展，实质上也是继续教育学科的不断壮大。只有这样，继续教育学科的社会影响力和社会贡献度才会越来越大，继续教育学科才会走进教育学科的核心圈，成为教育学科中的核心成员。

第二章 继续教育学基础

第一节 继续教育学研究概述

一、继续教育学的研究对象

每一门学科都有其特定的研究对象。继续教育学作为教育科学的一个分支学科，同其他科学一样，具有自己的研究对象。

继续教育学以继续教育为研究对象，将继续教育这一社会历史现象的各个方面作为研究客体，探讨继续教育发生和发展的内在规律，服务继续教育实践。基于《国家中长期教育改革和发展规划纲要（2010—2020年）》对继续教育的定义，继续教育包括学历继续教育与非学历继续教育。为此，继续教育学的研究对象既包括学历继续教育，也包括非学历继续教育。然而，从继续教育的发展趋势和发展规律看，非学历继续教育是继续教育学的主要研究对象，主要有两个原因。

一是从继续教育的发展趋势看，随着普通高校办学能力的增强、办学规模的扩张，特别是职业院校的蓬勃发展，继续教育的学历补偿功能已基本完成。也正因如此，很多一流高校纷纷停办学历继续教育，而将非学历继续教育作为其继续教育的唯一发展方向，如中山大学、哈尔滨工业大学、北京航空航天大学等高校皆已停办学历继续教育。

二是从学校教育、学历继续教育与非学历继续教育之间的关联性看，学历继续教育与学校教育在教学内容、教学组织、教学方式等方面非常相似，而与非学历继续教育相距甚远（见表2-1）。

表2-1　学校教育、学历继续教育与非学历继续教育的比较

	学校教育	学历继续教育	非学历继续教育
办学主体	各级各类学校	中等或高等学校	以社会机构为主,学校为辅
办学性质	垄断性	垄断性	以市场化、社会化办学为主
教学内容	专业化、课程化、系统化	专业化、课程化、系统化	专题化、模块化、项目化
教学师资	自有师资为主、稳定性强	自有师资为主、稳定性较强	来源广泛、稳定性弱
教学周期	教学周期长、以学期为单元组织教学	教学周期长、以学期为单元组织教学	教学周期短,一般以天为单元组织教学
教学方式	体系化教学	体系化教学	模块化教学
教学组织	教学过程完整、严谨,学、测、评一体化	教学过程完整、严谨,学、测、评一体化	组织形式灵活多样,更注重实效
教学评价	基于教学质量的评价	基于教学质量的评价	基于教学绩效的评价
学习成果	学历、学位证书	学历、学位证书	培训证书、资格证书等
最高教育行政机构	以教育部为主,人社部为辅	以教育部为主,人社部为辅	以人社部为主,教育部为辅

随着信息技术的发展,高校面向社会服务能力的增强,高校融合校内学历教育与校外学历教育为一体的趋势将难以阻挡。也只有当学历继续教育与学校教育融为一体,才能实现同一学校学历文凭的标准统一、质量统一、品牌统一、认知度统一。

为此,本书基于继续教育发展现状,将继续教育学的研究对象定位于继续教育。同时也立足继续教育的发展,以非学历继续教育为研究主体。

二、继续教育的性质与目的

（一）继续教育的性质

政治经济制度决定教育的性质。我国继续教育的性质是服务于中国特色社会主义建设。为此，我国的继续教育应以中国特色社会主义理论为指导，以立德树人为核心，遵循教育与继续教育规律，面向全体社会成员，开展"全程育人、全员育人、全方位育人"，培养德智体美劳全面发展的社会主义建设者和接班人。

（二）继续教育的目的

教育目的是根据一定的社会政治、经济、生产、文化科学技术发展的要求和受教育者身心发展的状况来确定的，其反映了社会对受教育者的要求，是教育工作的出发点和最终目标，也是确定教育内容、选择教育方法、检查和评价教育效果的根据。继续教育作为面向社会成员的社会化的教育类型，继续教育的目的在于促进人与社会的可持续发展。

一是促进人的可持续发展。继续教育作为学校教育之后的一种教育，是对离开学校进入社会的各类人员的继续培养，是促进人的继续成长和发展。比如，一流大学的一流人才进入社会后，需要通过继续教育保持与提升人才的水平。为此，继续教育的目的之一是通过继续教育的提供，促进人的可持续发展。

二是促进社会的可持续发展。在信息技术高速发展、知识更替日新月异的时代，社会的可持续发展需要人才的持续输入，以及社会上人才的持续成长。单纯依靠学校教育远远不能满足这一需求。继续教育通过面向社会成员开展广泛、深入的教育教学，实现社会成员，特别是在职人员的知识更新与能力增长，促进社会的可持续发展。

三、继续教育的功能与任务

（一）继续教育的功能

1. 促进教育公平，构建和谐社会

促进教育公平，是构建和谐社会的重要保障。不同时代的学者从不同视角提出了教育公平的理念，如在《论语·卫灵公》中孔子提到"有教无类"；梁启超在1902年所著《新民说》中提出"苟有新民,何患无新制度、无新政府、无新国家","善为教者,必使举国之人,无贵贱无不学";① 陶行知在1934年发表的《普及教育运动小史》中提到"这十几年来,我有时提倡平民教育,有时提倡乡村教育,有时提倡劳苦大众教育",目的就是未来"使没有机会受到教育的人可以得到他们所需要的教育"。② 陶行知认为,教育应该"不论宗教信仰、种族、财富,所属阶级有所不同,男孩与女孩机会均等,男子与女子机会均等,成人与儿童机会均等"③。

受师资、场地、设施、环境等限制,学校教育往往不能满足所有人的学习需求。而继续教育作为面向社会的教育,其通过利用最先进的信息技术,以社会为教学场所,能够最大限度地满足社会成员的学习需求。继续教育也是我国促进教育公平最重要的手段与途径。

2. 促进人的全面、可持续发展

柏拉图指出:"教育的目的,不仅仅是知识的传授,更不仅仅是考虑受教育者将来谋生的需要,而主要是培育心灵。"④ 这充分体现了教育的全面性。继续教育作为学校之后的教育,基于学习者在学校教育中所获得的知识基础,通过增补和完善学习者的知识和技能,提升学习者的素质,促进学习者德、智、体、美全面发展。

3. 促进国家与社会的可持续发展

发展继续教育是提升国家核心竞争力和推进创新型国家建设的必然要求,是促进国家经济发展方式转变和产业结构调整的重要支撑,是构建终身教育体系和建设学习型社会的迫切需要,是持续开发人力资源和满足广大社会成员日益增长的多样化教育需求的重要举措。继续教育也是推动社会主义文化大发展大繁荣、建设更高水平的小康社会和社会主义现代化国家的重要力量。为此,继续教育应具有与学校教育同等重要的地位,并与之共同构成终身教育体系。

4. 促进终身教育体系的建构

继续教育是终身教育体系的核心构成,是建设学习型社会的主导者。学习型社会是要使"受教育的机会远远超过传统的学习场所——我们的小学、中学和大学,从而发展到家庭、工作场所、图书馆、美术馆、博物馆和科学中心,甚至发展到工作和生活中得以发展和成熟的一切场所"⑤。继续教育作为

---

① 陈学恂:《中国近代教育文选》,人民教育出版社1983年版,第151页。
② 华东师范大学教育系教科所编:《中国现代教育史》,华东师范大学出版社1983年版,第388页。
③ 华中师范学院教育科学研究所:《陶行知全集》,湖南教育出版社1985年版,第554页。
④ 范明生:《柏拉图哲学述评》,上海人民出版社1984年版,第416页。
⑤ 吴遵民:《现代国际终身教育论》,上海教育出版社1999年版,第13页。

以整个社会为教学场所开展的教育,是最能满足学习型社会建设要求的一种教育类型。在学习型社会的建设中,继续教育义不容辞地发挥着主体作用。

(二)继续教育的任务

不同的历史时期,继续教育有不同的历史任务。建构终身教育体系与建设学习型社会是继续教育的总体任务。

教育部在 2012 年发布的《关于加快发展继续教育的若干意见(征求意见稿)》中,对继续教育的基本任务做了比较清晰的分类:一是面向从业人员,以及有创业、择业、转岗需求人员和就业困难、失业人员开展相应的职业教育培训,使他们在职业道德、文化知识、专业技术和实践能力等方面满足相应岗位的要求;二是面向有接受中等或高等教育意愿的社会成员开展相应的学历继续教育;三是面向各类社会成员开展形式多样的道德规范、科技文化、文明生活、休闲文化和健康教育,满足人们日益增长的精神文化生活和幸福生活的需求;四是建设各类学习型组织,推动全民终身学习。

第二节 继续教育学的逻辑起点

一、逻辑起点的基本要素

"一切科学、理论都是理论思维的结果。正确的理论思维必须有相应的逻辑根据。对严格的学科和理论来说,进行相应的理论思维、建立理论体系,必须首先明确自身的逻辑根据。"[①]

逻辑起点是一门学科的原点,也是一门学科研究的起点。逻辑起点研究,是学科研究的关键和重点。何克抗认为,逻辑起点对于一门学科的研究对象、范畴和理论体系的形成有直接的影响,并起制约作用,对逻辑起点的确定必须慎之又慎。[②]

每一门学科都有自己特定的理论体系,每一种体系都有各自的逻辑结构,因而必有一个逻辑起点。翟昌民在《试论邓小平理论的逻辑起点》一文中阐述:"所谓逻辑起点,是指研究对象(任何一种思想、理论、学说、流派)中

---

① 宋文坚:《逻辑学》,人民出版社 1998 年版,第 28 – 29 页。
② 何克抗:《关于教育技术学逻辑起点的论证与思考》,载《电化教育研究》2005 年第 11 期,第 3 – 19 页。

最简单、最一般的本质规定，构成研究对象最直接、最基本的单位。"① 丁兴富认为，逻辑起点是学科理论体系中最简单、最基本、最抽象、最普遍（碰到过亿万次）的范畴。它是一个内涵和规定性最少、外延和包容性极大的反映研究对象最本质属性的范畴。② 黑格尔在其《逻辑学》一书中对于逻辑起点提出三条质的规定性：第一，逻辑起点应是一门学科中最简单、最抽象的范畴；第二，逻辑起点应揭示对象的最本质规定，以此作为整个学科体系赖以建立的基础，而理论体系的全部发展都包含在这个胚芽中；第三，逻辑起点应与它所反映的研究对象在历史上的起点相符合（即逻辑起点应与历史起点相同）。黑格尔认为，必须同时满足这三条规定性的范畴才能作为逻辑起点。③ 黑格尔的这三条规定性也是逻辑起点的基本要素，只有具备了这三个要素，才能真正成为该学科的逻辑起点。

二、教育学逻辑起点述评

继续教育学作为教育学的分支学科，其逻辑起点从属于教育学的逻辑起点，是教育学逻辑起点的延伸和发展。因此，首先需要明确什么是教育学的逻辑起点。

关于教育学的逻辑起点，现有研究很多，瞿葆奎教授曾将教育学逻辑起点论划分为两大类：一类是单一起点论，另一类是多重起点论（教育学逻辑起点不止一个而是多个，"基本概念－公理起点"论即属此类）。在单一起点论中又可分为四个小群：①活动起点（把某种与教育有关的活动作为起点，如教学起点、学习起点、传播起点等）；②关系起点（把某种与教育有关的矛盾或关系作为起点）；③要素起点（把教育活动中的某一要素或组成部分作为起点，如受教育者起点、知识起点等）；④属性起点（把教育的某种属性作为起点，如目的起点或培养目标起点等）。④

首先，从单一起点论和多重起点论看，单一起点应该更合理一些。逻辑起点作为学科发展最初的起始点，它是学科发展的原点，而原点只能有一个，如

---

① 翟昌民：《试论邓小平理论的逻辑起点》，载《天津师范大学学报》2000 年第 5 期，第 1 页。
② 丁兴富：《论远程教育的逻辑起点和主要矛盾——兼论远程教育的若干基本问题》，载《开放教育研究》2005 年第 4 期，第 9－18 页。
③ 转引自郭元祥：《教育学逻辑起点研究的若干问题思考——兼与有关同志商榷》，载《教育研究》1995 年第 9 期，第 30－34 页。
④ 瞿葆奎、郑金洲：《教育学逻辑起点：昨天的观点与今天的认识》，载《上海教育科研》1998 年第 3 期，第 2－9 页；第 4 期，第 15－20 页。

果认为学科的逻辑起点有多个的话，这些起点应该是由某个尚未发现的更早的起始点发展、延伸、分化出来的。

其次，在单一起点论点中，活动起点相对更合理一些。逻辑起点作为教育学科最本质的属性，需要体现教育的本质。教育的本质是一种活动，没有活动，教育就无从发生。基于教育活动的延展、延伸，可以覆盖到教育的各个领域；可以延伸到对教育要素的研究，如教育对象、教育内容等研究；可以延伸到对教育属性的研究，如教育的目的、目标、任务等；可以延伸到各种教育关系的研究，如教育学中的各种矛盾研究、教育要素之间关系的研究等。也就是说，关系起点、要素起点和属性点的逻辑起点论，其实都是活动起点的延伸和分化。

最后，在活动起点中，学习起点有不合适之处。对于学习来说，即使没有教的行为和活动，也会有学的行为和活动，这是人与生俱来的本领，但是自发的、没有教的活动的学习行为，不能说是一种教育行为。传播起点也有不合适之处。教育是一种知识的传播，但不仅仅是传播活动，教育的目的和宗旨也不是为了传播，故其不能体现教育的本质。而教学起点则相对合适一点，教学包含教师的教与学生的学，教学活动是教与学的整体性活动。从教育的历史起点看，教师的教与学生的学最初就是融为一体的，虽然社会的发展、技术的更新，使得教与学在时空上可以分离，但是教与学在本质上仍然是没有分离的，教师在教的过程中，蕴含了对学的设计，预设了"学"的存在，而学生在学的过程中，也是基于教师的教学内容而进行学习的；同时，教学起点也体现了教育"教化育人"的本质属性，能够通过教学活动促进教育目的的实现，促进人和社会的发展。

综上所述，教学活动应该是教育学的逻辑起点，也应该是继续教育学逻辑起点的研究起点。

三、继续教育学逻辑起点的探讨

继续教育学作为教育学的分支学科，既与教育学有共性，自身也有个性。与教育学的共性，使其从属于教育学，服从于教育学的基本规律和逻辑起点。同时又以其个性，具有基于教育学逻辑起点的自身起点。继续教育学逻辑起点是基于教育学逻辑起点上的新起点。如果将教育学的逻辑起点比作一个平台，那么继续教育学的逻辑起点就是基于这一平台的新起点。

基于演绎推理法，继续教育学的逻辑起点，应包含于继续教育的基本特征中。为此，首先可以分析继续教育的基本特征，然后从其基本特征中，依据黑格尔的逻辑起点的三个条件，探讨继续教育学的逻辑起点。

(一) 继续教育的基本特征分析

1. 延展性

"延展"是对继续教育中"继续"二字内涵的解读,虽然"继续"也能表达"继续教育"的一些基本特征,如继续教育是学习者学习的"继续"、是知识传授的"继续"、是人才培养的"继续",但是"继续"二字难以准确地表达继续教育的真实内涵,因为学习者从小学到初中、高中、大学,一直都是在"继续"学习。然而,用"延展"二字不仅能体现其基于学校教育的延续,而且也能体现其基于学校教育的拓展与变革。比如非学历的继续教育,不是学校学历教育的简单延续,而是对其进行的拓展和变革;非系统化的继续教育教学方式,也不是学校系统化教学方式的简单延续,而是对其进行的拓展和变革。所以,"延展"比"继续"更能体现继续教育的内涵。继续教育的延展性表现在五个方面。

(1) 教育目标的延展性。教育的目标是促进人和社会的发展,这也是学校教育和继续教育的共同目标。从教育阶段来说,学校教育先于继续教育,因此,继续教育的教育目标是对学校教育目标的延续,是为了促进人和社会的可持续发展。继续教育与学校教育作为教育的构成部分,两者共同实现教育的目标。

(2) 教学内容的延展性。首先,继续教育的教学内容是学校教育教学内容的延续,因为任何一门知识、技能的传授都基于一定的知识,继续教育内容的传授也是基于学习者的知识,基于其在学校教育中所学到的知识和技能,比如知识更新和知识应用就是对学校教育的延续。其次,继续教育的教学内容又是对学校教育教学内容的拓展和革新,继续教育的学习者在社会实践过程中,基于生存、生活和发展的需要,需要学习很多新的知识和技能,特别是在信息技术高速发展的今天,这些新的知识和技能就是拓展性的教学内容。从终身学习的视角来看,学校教育与继续教育的教学内容应该是一体的、整合的,两者共同构成终身教育知识体系;从学习者的视角来看,只有当两者的教学内容是延续的、衔接的,才能保障学习者个体构建自身完整的知识体系,这也是终身教育、完人教育的一个前提和条件。

(3) 教学方式的延展性。继续教育一方面需要继承学校教育中适合继续教育的教学方式,比如传统的教学方法、各种信息化的教学手段等。另一方面则需要对学校教育的教学方式进行拓展和变革,因为继续教育的教育对象已经走向社会、不再受校园的束缚,所以需要更合适的教学方式为其服务,比如远程教学方式,对于学校教育,最多只能算是一种辅助,而对于在职人员的继续教育，特别是非学历继续教育，则是解决其工学矛盾的最佳教学方式。又如学校教育系统化的教学方式，其系统、严谨的教学过程适合学校教育，但是并不一定适合继续教育。所以说，继续教育的教学方式是对学校教育的延展。

（4）学习方法的延展。继续教育学习方法的延展，包含对学校教育学习方法的延续，如基于教师授课内容的学习、基于教材的学习等；同时也包含了基于成人学习方法的拓展，如远程学习法、间歇性学习法等。继续教育学习也是一种拓展性的学习，一种更深阶段的学习，是对学校所传授知识的化育与应用。

（5）教学空间的延展。继续教育的教学空间从学校教育相对封闭的校园空间延展到开放的社会空间。继续教育的校园就是整个社会，教学空间的延展，它会带来教学模式、教学方式、学习方法的改变。

由此可见，继续教育的延展性是基于学校教育的延续和拓展。可以说，继续教育的教育目标、教学内容、教学方式、学习方法以及教学空间都是基于学校教育的延展，延展性是继续教育最基本的关键词，自然也是继续教育的一项基本特征。

2. 应用性

应用性是对继续教育领域"培训"二字的解读，是对继续教育的培养目标、教学内容和学习需求的解读。继续教育的应用性主要表现在四个方面。

（1）应用性的人才培养。从继续教育的培养目标看，应用型人才是其培养目标。所谓应用型人才，一般是指从事利用科学原理为社会谋取直接利益工作的人才，他们的主要任务是将科学原理或新发现的知识直接用于与社会生产活动密切相关的社会实践中，以此实现科学原理较为直接的社会价值。[①] 从应用型人才的定义看，继续教育的应用型人才培养与学校教育，特别是与以学术型、研究型人才为主的普通高校的培养目标有较大差异。继续教育的目的在于促进学习者利用所学知识和技能，提高其社会化生存、生活能力，提升其解决实际问题的能力，因此，继续教育重在应用能力的培养，也就是应用型人才的培养。叶忠海也认为，注重培养应用型人才，是高等继续教育的时代使命和内在规定性。[②]

（2）应用性的学习需求。继续教育应用型人才培养目标的确定，源于学习者应用性的学习需求。作为社会成人的继续教育对象，其身处复杂的社会环

---

① 马敬峰、马启鹏：《服务型定位与应用型人才培养——高校继续教育的出路》，载《教育发展研究》2013 年第 21 期，第 109－113 页。

② 叶忠海：《应用型人才培养和高等继续教育改革》，载《职教论坛》2015 年第 24 期，第 41－43 页。

境中，其参加继续教育的动力源于社会化生存、生活和发展的需求，是希望学有所用，能够通过学习解决实际问题、完成各种任务。因此，其学习需求是应用性的。这也就是为什么继续教育的学习者相较于学历文凭，更在乎所获得的知识和技能。

（3）应用性的教学内容。基于成人应用性的学习需求，继续教育的教学内容也应该是应用性的，教学内容需要为学习者的实际需要服务。为此，继续教育的教学内容，特别是非学历教育，不太强调教学的系统性、理论的高深性、内容的全面性，而更注重内容的实用性、解决问题的速效性。也因为这样，继续教育的教学，特别是非学历教育具有短、平、快的特点。

（4）应用性的教学方式。应用性的教学方式特别明显地体现在非学历继续教育中。从知识传授的视角来看，继续教育具有知识更新和知识应用两大功能。知识更新是基于已有知识的补充、完善和拓展，是基于知识的理论型学习。知识更新的目的在于知识应用。知识应用是应用知识解决实际问题的学习，是基于知识的应用型学习、实践型学习，是继续教育的落脚点，因此，继续教育的教学是一种基于知识应用的教学，是应用理论知识解决实际问题的教学，是一种应用性的教学方式。

由此可见，应用性规定了继续教育的培养目标、学习需求、教学内容和教学方式，应用性是继续教育的一个基本特征。

3. 社会化

社会化是对继续教育教育对象的深层解读，"成人"是基于教育对象生理学特征的解读，但"成人"特征并不能体现继续教育与学校教育的本质差异，比如高等学校的学生，从生理学特征来说，大部分是成人。

关于社会化的内涵，我国著名社会学家费孝通认为："社会化就是指个人学习知识技能和规范取得社会生活的资格发展自己的社会性的过程。"[①] 章志光教授认为："社会化（socialization）通常指个体在社会影响下，通过社会知识的学习和社会经验的获得，形成一定社会所认可的心理—行为模式，成为合格社会成员的过程。"[②] 由此可见，社会化是个体通过学习适应并融入社会的过程。

社会化是继续教育区别于学校教育的一个显著特征，学校教育作为面向尚未走向社会的人员的教育活动，其主要是为尚未走向社会的学习者提供教育服

[①] 彭泽虎、谢华、张居盛：《试论大学生的角色社会化教育》，载《西昌学院学报（社会科学版）》2008年第1期，第119-121页。

[②] 章志光、金盛华：《社会心理学》，人民教育出版社1996年版，第73-74页。

务，为他们走向社会做知识和能力的准备，但是，学校教育不是真正的社会化的教育，只有继续教育才是社会化的教育。继续教育的社会化主要体现在五个方面。

（1）社会化的教育目标。继续教育的教育目标是促进人和社会的可持续发展，解读其深层意义。继续教育的教育目标中的"人"是社会成人，促进其可持续发展也就是促进其适应社会，满足其社会化生存、生活和发展的需求，因此，促进人的可持续发展就是促进人的社会化。继续教育的教育目标中的"促进社会的可持续发展"，本身就是社会化的目标和过程。

（2）社会化的教育对象。继续教育的教育对象是走向社会的成人，是处于社会化过程中的社会成人，其行为表现具有适应其自身社会化的生存、生活和发展的需要，因此，具有社会化的特征，继续教育的教育对象也是社会化的教育对象。

（3）社会化的教学内容。继续教育的教育需求源于教育对象。因此，继续教育的教学内容应源于社会，应是对社会中知识的凝练和升华。同时，继续教育的教学内容也需要适应社会，满足社会成人的社会化生存、生活和发展的需要。因此，继续教育的教学内容也应该是社会化的教学内容。

（4）社会化的教学方式。继续教育教学方式的选择，需要充分考虑教育对象作为社会成人的特征，采取适合社会成人的教学方式，如为了解决社会成人分散学习、工学矛盾等问题，可以选择远程教育这种社会化的教学方式。又如为了促进社会成人的相互交流，除了常规的学习交互外，还需采取社会化交互的手段，为社会成人搭建交流互动的平台，来满足社会成人的人际交流和职业交流。

（5）社会化的教学空间。继续教育的教学空间与社会空间融为一体，社会空间也是继续教育的教学空间，这在社会成人的学习上表现得比较明显，社会成人的学习场所不局限于教室，工作场所、家庭甚至路途中都是其学习的场所。因此，继续教育的教学空间具有社会性，能够将学习者的学习、工作、生活融于一体，能够实现社会成人一边工作、一边生活、一边学习的需要。

由此可见，社会化是继续教育的一项基本特征，其可以作为继续教育的根，延展到继续教育的教育目标、教育对象、教学内容、教学方式、教学空间等。

（二）继续教育的历史起点探讨

逻辑起点应该与历史起点一致。诚如恩格斯所说："历史从哪里开始，思想进程也应当从哪里开始"，"从最简单上升到复杂这个抽象思维的进程符合现实历史的进程"。①

1. 延展性与继续教育的历史起点

从继续教育的历史起点看,"继续教育"最早起源于英国,通常称英国为"世界继续教育之乡"。1944年,英国议会通过了《1944年教育法》,教育大臣巴特勒首次提到继续教育,并将教育重新划分为初等教育、中等教育和继续教育,其中继续教育专指为离校青少年所创办的教育。可见,继续教育出现之初,即被定位为"离校"教育,其既与学校教育相分离,又与学校教育相衔接。同时,继续教育还与初等教育、中等教育相并列。这说明它们是融为一体的,也体现了继续教育的延展性的特征。因此,延展性是继续教育一开始就有的特征,其与继续教育的历史起点是重合的。

2. 应用性与继续教育的历史起点

虽然《1944年教育法》在法案中没有明确指出继续教育是应用性的教育,但是继续教育最初的实践却体现了应用性的特点。继续教育最初的实践起始于继续工程教育,最早兴起于美国。当时美国感到本国的工程师数量和水平不能满足战时生产的需要,于是采用举办短期培训班来解决这个问题,并达到促进美国高速发展的实际效果。② 可见,应用型的人才培养和价值取向在继续教育一开始就已经具有了这一特征。因此,从继续教育的历史起点看,应用性与继续教育的历史起点也是重合的。

3. 社会化与继续教育的历史起点

在《1944年教育法》中,继续教育被定位为面向"离校"青少年的教育,虽然其范畴没有现在的继续教育广泛,但是该教育法体现了继续教育是为离开学校、走入社会的青少年所提供的教育,是为帮助离校青少年适应社会的教育,因此,继续教育一开始就具有社会化的特征。可以说,社会化与继续教育的历史起点是重合的。

综上所述,继续教育的延展性、应用性和社会化这些基本特征都与继续教育的历史起点重合。

(三) 继续教育的本质属性探讨

通过前面的分析,我们知道延展性、应用性、社会化都是继续教育的基本特征,也与继续教育的历史起点重合。那么,三者中哪一个是继续教育最简

---

① 中共中央马克思恩格斯列宁斯大林著作编译局:《马克思恩格斯选集》(第2卷),人民出版社1972年版,第122页。

② 郝克明主编:《跨进学习社会的重要支柱——中国继续教育的发展》,高等教育出版社2011年版,第36页。

单、最抽象的范畴，哪一个又是继续教育最本质的属性呢？

1. 延展性

基于延展性的基本特征分析，延展性体现了继续教育与学校教育之间的延展关系，继续教育的各个领域确实可以从延展性扩展出来，但是，延展性并不是继续教育最简单、最抽象的范畴，也不是继续教育最本质的属性。

延展性作为时序性名词，自身并没有真实的教育内涵，无法体现继续教育的真正含义，其内涵依赖于所依托的概念，如继续教育作为学校教育的延展，延展性的内涵依赖于学校教育，学校教育是延展性的"根"。没有学校教育的"根"，延展性就会失去所有意义。如果将学校教育作为继续教育的"根"，则所有的继续教育活动都需要以学校教育为基础和依据。这样不仅抹杀了继续教育与学校教育的本质区别，也使得继续教育不能从学校教育中独立出来，成为专门的学科。可以说，延展性只是对继续教育表象的描述，是时序视角的描述。

2. 应用性

继续教育的应用性体现在培养目标、学习需求、教学内容、教学方式等方面，其不仅是继续教育的一项基本特征，还是继续教育的核心和重点，也是继续教育中最简单、最抽象的范畴。但是，应用性仍然不是继续教育的本质属性，其原因在于，应用性并不是继续教育的专利，比如学校教育中的职业教育，应用性也很强，应用型人才培养也是其培养目标。于明华认为，职业教育的核心任务是培养应用型人才[1]。普林林则认为，职业教育是培养应用型人才的完整体系。[2] 由此可见，应用性虽然是继续教育的基本特征，但它不是继续教育的专利。因此，应用性不是继续教育的最本质属性。

3. 社会化

首先，社会化是继续教育最简单、最抽象的范畴。社会化范畴不能再进行细分，它是最简单的范畴。"社会化"虽然只有三个字，但是内涵非常丰富，是对继续教育各个领域的高度概括和总结，基于社会化，可以延展到继续教育的各个领域，因此，社会化也是继续教育最抽象的范畴。

其次，社会化是继续教育的最本质规定。社会化体现了继续教育与学校教育之间的本质区别：学校教育是为教育对象未来的社会化做准备的，其不是真正的社会化；继续教育则是为身在社会化进程中的成人提供社会化的教育内

---

[1] 于明华：《应用型人才培养导向下传统职业教育改革的创新》，载《继续教育研究》2016年第7期，第60–62页。

[2] 普林林：《完善我国应用型人才培养的职业教育体系的思考》，载《教育与职业》2011年第18期，第11–13页。

容、教育方式，促使其社会化的一种教育活动，继续教育是一种真正的社会化的活动。

最后，社会化是继续教育学科体系的研究起点。继续教育学科体系研究包括三大领域：本体研究、方法研究和对象研究，三者以社会化为核心（见图2-1）。本体研究是关于继续教育学科"是什么"的研究，以社会化为中心的本体研究才能触及继续教育学的本质规律；方法研究，是关于继续教育学科"如何做"的研究，继续教育学科的研究方法，是面向具有社会化特征的继续教育，因此，其研究方法也应该是社会化的；对象研究是关于继续教育学科"做什么"的研究，是继续教育学的研究对象的研究，也就是继续教育的研究。

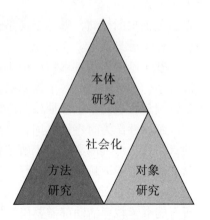

图2-1 以社会化为中心的继续教育学科体系研究模型

通过前面的论述，我们知道，继续教育的教育目标、教育对象、教学内容、教学方式、教学空间等，都具有社会化的特性，都可以基于社会化特性而展开。其中，从教育目标看，继续教育需要时刻围绕教育对象的社会化而展开；从教学对象看，为了促进教育对象的学习，需要研究教育对象的社会化特性，如工学矛盾等；从教育内容看，继续教育的教学内容需要适应教育对象社会化的

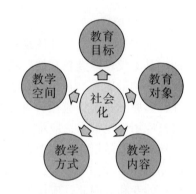

图2-2 以社会化为中心的继续教育学的对象研究

需要，需要建构社会化的教学内容。为此，以社会化为中心的继续教育学的对象研究可用图2-2表示。

第三节　我国继续教育的历史发展

教育基于人与社会的发展需要而产生，也随之发展而发展。继续教育也不例外。在继续教育中，学历继续教育与非学历继续教育的发展路径有较大的差异性。为了便于梳理，本节分别简要阐述学历继续教育与非学历继续教育的历史发展。

一、学历继续教育的历史发展

我国的学历继续教育长期以成人教育形式存在，直到国家用"继续教育"名称取代"成人教育"后，成人教育的各类办学形式便成为继续教育中的学历继续教育类型。各种类型的学历继续教育随着时代发展的需要而依次产生。

（一）夜大学与函授教育

中华人民共和国成立之初，百废待兴，最需要的是人才培养。为此，教育部于 1949 年 12 月颁布《关于中国人民大学实施计划的决定》，要求中国人民大学开办夜大学。次年，中国人民大学夜大学正式开班，并于 1953 年开办了函授教育，当时的夜大学与函授教育均设专科与本科两个学历层次。

随着夜大学与函授教育本科生的日益增多，为优秀本科毕业生授予学士学位成为一种必然趋势，于是在 1983 年 3 月颁布的《关于授予高等学校举办的函授、夜大学本科毕业生学士学位试点工作的几点意见》中，教育部明确规定夜大学与函授教育的本科毕业生可以授予学士学位。

随着夜大学与函授教育办学的深入，专科与本科之间的衔接性学习成为一种比较迫切的需求，为满足这种学习需求。1992 年，国家教委办公厅颁布的《1992 年全国各类成人高等学校举（试）办大学专科起点本科班招生规定》，规定部分经国家教育委员会批准的高校可以招收专升本科学生，专升本科招生被纳入国家成人高等教育事业计划。

（二）电大教育与开放教育

电大教育与开放教育是基于信息技术发展的产物。随着广播电视技术的发展，1979 年 2 月，经国务院批准，由教育部、中央广播事业局共同在北京市建立了中央广播电视大学，同年各地建立了 28 所地方广播电视大学。自此，揭开了我国远程开放教育发展的新篇章。

为适应新一代网络技术发展，满足社会公众更广泛的学习需求，1999 年 4 月，中央广播电视大学开始实施人才培养模式改革和开放教育试点项目。开放教育试点以后，广播电视大学在教育部、各级党委、政府及相关部门的正确领导和大力支持下，实现了整个办学系统的协调快速发展，并取得了巨大的成就。

2012 年 6 月，为适应新世纪的发展需要，教育部批准在中央广播电视大学的基础上建立国家开放大学。此后还批准了 5 所地方开放大学：北京开放大学、上海开放大学、广东开放大学、江苏开放大学与云南开放大学，形成了

"5+1"的开放大学模式。新成立的开放大学属于新型本科高校，可以自主开办学历教育专业，颁发学历教育毕业证书，并可为符合条件的本科毕业生颁发学士学位证书。

（三）自学考试

为了调动广大群众的学习积极性，通过多种途径发展高等教育，1981年1月，国务院转批教育部《关于高等教育自学考试试行办法的报告》，启动自学考试工作，报告建议先在北京、天津、上海等地方进行试点，待取得经验后再逐步推广。自此，我国的自学考试从探索到成熟，为国家培养了大量的人才。

（四）现代远程教育

随着网络信息技术的发展，1998年7月，时任国务院副总理李岚清对教育部致国务院的《关于报请批转〈关于发展我国现代远程教育的意见〉的请示》作了批示，教育部根据该批示，指定清华大学、浙江大学、北京邮电大学、湖南大学4所普通高校进行现代远程教育试点。现代远程教育试点工作面向普通高校。自1999年开始，教育部先后批准了68所普通高校开展现代远程教育试点。普通高校的现代远程教育试点，为普通高校的教育信息化工作的推进起到推波助澜的示范作用。

二、非学历继续教育的历史发展

非学历继续教育在我国的发展从诞生到成长再到壮大经历了四个阶段，即继续教育初始阶段、继续工程教育阶段、大学后继续教育阶段和终身教育阶段。

（一）继续教育初始阶段

"继续教育"最先用于非学历继续教育。在还没有"继续教育"这一专用名词前，继续教育就已经以各种形式存在了。这一阶段的非学历继续教育被称为"继续教育初始阶段"。

在这一阶段，我国的继续教育理念与实践以多种名称或形态存在：中华人民共和国成立前，主要以平民教育、乡村教育、劳工教育等形式存在；中华人民共和国成立后，则主要以扫盲教育、农民教育、职工教育、干部教育等形式存在。

1917年5月，黄炎培联合各界知名人士在上海发起成立了中华职业教育社，1918年在上海创办了中华职业学校，设木工、铁工、珐琅、纽扣四科，并设附属工厂,学生实行半工半读。这既是中国职业教育的开端,也是职业技术类继续教育的开端。

晏阳初是我国现代教育史上从事乡村平民教育时间最久、影响最大的教育思想家、实践家。他在1920年回国后设立了平民学校,主要在城市和农村推行识字教育,针对"成人年龄已长,事务较多,脑筋纷杂,记忆薄弱"的特点,主要采用"讲演、戏剧、展览、音乐"等方式施教,认为这些都是教育成人最好的办法。① 1928年,晏阳初在其《平民教育概论》等著述中指出:"平民教育的平民,从狭义讲,就是指一般失学的青年和成人;从广义讲,就是指一般粗通文字而没有常识的男女。"②

1932年,陶行知创办了生活教育社及山海工学团,设想以教育为主要手段来改善人民的生活。1934年,陶行知在《普及教育运动小史》中提到"这几十年来,我有时提倡平民教育,有时提倡乡村教育,有时提倡劳苦大众的教育",目的就是未来"使没有机会受到教育的人可以得到他们所需要的教育"。③ 陶行知认为,教育应"不论宗教信仰、种族、财富,所属阶级有所不同,男孩与女孩机会均等,男子与女子机会均等,成人与儿童机会均等"④。

中华人民共和国成立后,我国面向职工、干部、工人、农民的继续教育陆续启动,最初主要以扫盲教育形式存在。我国职工教育最早出现于1949年的《中国人民政治协商会议共同纲领》,其中,提到"加强中等教育和高等教育,注重技术教育,加强劳动者的业余教育和在职干部教育";同年11月成立的"识字运动委员会"任务也包括专门对工人的扫盲教育;农民教育始于中华人民共和国成立初期的冬学运动,1949年12月颁发的《关于开展1949年冬学工作的指示》,指示在全国农村推行识字运动等,也属于扫盲教育。⑤

(二) 继续工程教育阶段

在继续工程教育阶段,我国继续教育概念主要应用于面向工程技术人员的知识更新与培训。继续教育也成了工程继续教育人员能力提升的代名词。

1979年4月,清华大学张宪宏教授代表中国出席由联合国教科文组织召开的继续工程教育国际工作组第一次世界继续工程教育大会,把继续工程教育

---

① 晏阳初:《晏阳初文集》(詹一之编),四川教育出版社1990年版,第25页。
② 宋恩荣:《晏阳初全集》(第一卷),湖南教育出版社1989年版,第122页。
③ 华东师范大学教育系、教科所编:《中国现代教育史》,华东师范大学出版社1983年版,第388页。
④ 华中师范学院教育科学研究所主编:《陶行知全集》,湖南教育出版社1985年版,第554页。
⑤ 转引自郝克明主编:《跨进学习社会的重要支柱——中国继续教育的发展》,高等教育出版社2011年版,第44-66页。

概念引入我国，受到政府的高度重视和支持。① 当时，继续工程教育被定义为对大学或中专毕业后在职的工程师和技术人员为适应职业需要进行知识更新和提高的进修和培训。② 1981 年，中共中央办公厅下发的《科技干部管理工作试行条例》明确规定，中级科技人员每三年必须有三至六个月的进修期。③ 1984 年 11 月，中国继续工程教育协会在国家科学委员会指导下成立。1987 年 4 月，中国继续工程教育协会委托辽宁省科技干部局和辽宁省继续工程教育协会在沈阳市建立中国继续教育信息中心。1987 年 10 月，由国家教委、国家经委、国家科委、中国科协制定的《企业科技人员继续教育暂行规定》，明确了企业中级以上技术人员一般每三年给予累计不少于三个月的脱产进修期。

（三）大学后继续教育阶段

随着继续教育内涵的不断扩大，继续教育发展到了大学后继续教育阶段。

1987 年，国务院批转《国家教育委员会关于改革和发展成人教育的决定》，要求将开展岗位培训作为成人教育的重点，积极开展大学后继续教育和专业培训、实践培训。此时，国家正式用"继续教育"替代"继续工程教育"，并将继续教育领域从继续工程教育扩充到大学后继续教育。

1987 年 12 月，国家教委、国家科委、国家经委、劳动人事部、财政部、中国科协六部门联发布了《关于开展大学后继续教育的暂行规定》，进一步明确了大学后继续教育的对象和任务，指出："大学后继续教育的对象是已具有大学专科以上学历或中级以上专业技术职务的在职专业技术人员和管理人员，重点是中、青年骨干。""大学后继续教育的任务是使受教育者的知识和能力得到扩展、加深和提高，使其结构趋于合理，水平保持先进，以更好地满足岗位、职务的需要，促进我国科技进步、经济繁荣和社会发展"。④

1993 年，《国家教委关于进一步改革和发展成人高等教育的意见》把高等层次岗位培训、大学后继续教育作为成人高等教育的重点，将继续教育与岗位培训区分开。

从上述三个文件可以看到，"大学后继续教育"与"培训"并列，大学后继续教育并不包含培训教育。可见，在大学后继续教育阶段，继续教育的范畴比继续工程教育的范畴有了很大程度的扩充，继续教育不再局限于工程技术人

---

① 华溆芳：《继续教育概论》，北京航空航天大学出版社 1996 年版，第 7 页。
② 王旭：《继续工程教育》，载《北京成人教育》1984 年第 9 期，第 33 页。
③ 转引自崔振凤、泰运中、叶中瑜等：《继续教育学概论》，兵器工业出版社 1987 年版，第 135 页。
④ 《关于开展大学后继续教育的暂行规定》，载《国防科工委继续工程教育》1988 年第 4 期，第 1－3 页。

员的培训,而是面向大学后的专业技术人员和管理人员。

(四) 终身教育阶段

在终身教育阶段,非学历继续教育已经从面向大学后的各类人员转向全民,同时,成人学历教育也变为学历继续教育,成为继续教育的一部分。

2000年,党的十五届五中全会通过的《关于制定国民经济和社会发展第十个五年计划的建议》明确要求"完成继续教育制度,逐步建立终身教育体系",将继续教育上升到终身教育阶段。此后,继续教育全面进入终身教育领域,党的十六大、十七大、十八大、十九大均将继续教育写入报告中。这都充分体现了继续教育已经进入终身教育阶段,成为终身教育体系的一分子。

第四节 继续教育学理论基础

随着信息技术的高速发展,终身学习时代的到来,继续教育已经成为终身教育的重要组成部分。挖掘继续教育特点,探索继续教育规律,将有利于我们更深入地理解继续教育,也能将继续教育开展得更好。

继续教育学科相关的成人教育学、远程教育学、教育技术学都已积淀了丰富的理论研究成果,但是,充分体现继续教育特色的理论并不多。笔者基于继续教育实践,对体现继续教育特点的理论做了一些思考。

一、全人教育理论

(一) 基本内涵

全人教育就其内涵而言,一是人之为人的教育,二是传授知识的教育,三是和谐发展心智,以形成健全人格的教育。从某种意义上讲,全人教育就是培养"完人"的教育。就教育目的而言,全人教育把教育目标定位为:在健全人格的基础上,促进学生的全面发展,让个体生命的潜能得到自由、充分、全面、和谐、持续发展。简言之,全人教育的目的就是培养学习者成为有道德、有知识、有能力、和谐发展的"完人"。

各类学校教育都在倡导和推行全人教育,实现个人和社会全面发展的教育功能。学校教育的各个阶段,即从小学、中学、大学,都是在打造"完人",都是在为实现"完人"的培养目标而努力。由于学校教育中的学习者,基本处于与社会分隔的状态中,故当其进入社会后,尚须在社会实践中查漏补缺,弥补自身的缺陷和不足,以真正适应社会,成为社会中的"完人"。学习者只有在社会实践的过程中,才能真正全方位地将自身所受的学校系统教育应用于实践,并从中发现自身的不足,从而通过参加继续教育实现弥补,包括技术的、技能的、素质的、能力的提升等。因此,可以说,学校教育是"完人"的生产过程,为最终的"完人"培养奠定了基础,而继续教育则是真正造就"完人"的教育,是"完人"的最终缔造者。

(二) 原理应用

1. 提高对继续教育作用的认识

继续教育作为"完人"缔造者,对个人和社会的贡献是无可估量的,教育行政部门应该充分重视并发挥继续教育的作用,促进继续教育为社会培养更多的"完人"。当前,继续教育在各类教育中仍然处于边缘地位,这彰显了教育行政部门对继续教育的认识有待进一步提高。

2. 建构继续教育"完人"培养体系

作为造就"完人"的教育,继续教育需要庞大的、门类齐全的教学资源和教学服务系统,为此,需要全社会的参与和贡献。因此,在国家层面,需要统筹和整合各类社会资源与社会服务,从而形成完善的继续教育"完人"培养体系。

3. 发挥继续教育机构的核心作用

经过学校教育的学习者进入社会后,其成为"完人"的途径主要有两方面:一是自我完善方式,即通过自身的努力、学习,自我完善、发展成为"完人";二是通过参加继续教育,弥补自身的缺陷和不足而成为"完人"。相对来说,第二种方式更为省时省力,也应该成为最主要的培养方式。因此,应该充分发挥继续教育机构在"完人"培养中的作用,通过政策、机制的引导,促进继续教育的"完人"培养。

二、市场化公益行为理论

(一) 基本内涵

教育是一项公共事业,公益性是教育的根本属性。[①] 继续教育作为教育的重要构成,其公益属性是不容置疑的。同时,继续教育办学还具有市场属性,

---

① 石中英:《教育公平的主要内涵与社会意义》,载《中国教育学刊》2008年第3期,第1-6+27页。

继续教育机构作为经济上自负盈亏的办学机构，通过市场化行为获得一定的经济收入，维持自身的生存和发展。这是其持续开展继续教育、实现继续教育公益性的前提条件。

继续教育的市场化公益行为是指继续教育机构通过某种市场化的方式开展继续教育，收取学费获得一定的经济收入，这体现了其市场化行为。同时，教育机构还通过开展继续教育，为社会培养了人才，这不仅满足了社会成员的多元化需求，也实现了教育的公益性功能。

总的来说，继续教育的公益性与市场性是继续教育的一体两翼，两者的协调统一，可以实现继续教育事业的可持续发展，促进社会教育功能的持续延展。

（二）原理应用

1. 促进继续教育公益性与市场化的动态平衡

教育行政部门及教育机构应促进和保障两者之间的动态平衡，过分强调公益性，会影响继续教育可持续发展；过分强调市场化，则会忽略继续教育的公益属性，使之变得唯利是图，导致其改变继续教育本来的目的。因此，教育行政部门应采取政府导向和市场化行为并行的策略，通过制定政策和制度，对继续教育办学行为进行监管，以实现两者的动态平衡。

2. 继续教育机构应为社会提供免费的教育资源与服务，体现其公益性

每一个继续教育机构在市场化运营的过程中，都应该同时为社会提供公益性的教育资源与服务，为社会成员的素质和能力提升做贡献，体现其公益性的一面。比如，规定继续教育机构为社会提供一定数量的免费资源等。同时，继续教育机构也可以采取教育扶贫的方式，提高相对落后地区人员的教育素质和能力，体现教育的公益性与公平性。

3. 规范继续教育机构的市场化行为

不同于学校教育，继续教育机构是面向全社会开展市场化的教育，教育行政部门应为其创设市场化的运作环境，建立市场化的运作规范，促进公平的继续教育市场竞争。特别是对于颁发学历证书、学位证书的学历继续教育，应加强规范继续教育机构的招生行为，这是一项常抓不懈的工作。

三、全民皆师理论

（一）基本内涵

所谓全民皆师，是指社会上的每一位公民都具有成为他人教师的潜在可

能，社会成员可以利用自身的知识、经验和技能以及特长和优势，为他人的学习提供教育服务，实现教师"传道、授业、解惑"的基本功能。全民皆师理论，其实早已体现在孔子的思想中，"三人行，必有我师焉"，就是倡导全民皆师、互为人师。王道俊、郭文安也认为，"凡是有目的地增进人的知识技能，影响人的思想品德，增加人的体质的活动，不论是有组织的或是无组织的，系统的或是零碎的，都是教育"①。在学习型社会中，只有践行全民皆师之理念，实现全民教育供给，才能为终身教育提供无所不能、无所不包的教育服务。

（二）原理应用

1. 树立"有教无类"的师资观

在学习型社会中，教师只是一类角色，每一个人都可以成为他人的教师。比如一个人，在家庭中是家长的角色，在工作中可能是员工的角色，而在继续教育中则可以是教师的角色。在继续教育领域，更加关注个人的技术、技能特长，关注个人的阅历与经历，只要对学习者有帮助、有启示，就可以成为他人的教师，为他人的学习服务。

2. 建立面向全民的师资库

整个社会就是一个庞大的师资库，而每一个继续教育机构所聘用的教师都只是其中的微型师资库。教育行政部门可以逐步建立面向全民、涵盖各级各类教育的师资库，通过建立社会成员参与教育教学的激励机制与质量保障机制，促进社会成员积极参与到教育供给中。

3. 建立面向全民教育供给的教育积分银行

当前，学习者学习成果的积累有学分银行，那么教育者的教育供给也应有积分银行。积分银行，即以教育积分的形式记录社会成员在教育供给方面所做的贡献。作为反馈，社会成员提供教育供给所获得的教育积分，可以兑换学习机会，促进自身的学习，从而形成教育供给到学习消费再到教育供给的良性循环。

四、非系统性教学理论

（一）基本内涵

非系统性教学理论主要适用于非学历继续教育，是指非学历继续教育的教

---

① 王道俊、郭文安：《教育学》，人民教育出版社2012年版，第26页。

学内容往往不是系统性、体系化的知识，而是小模块、碎片状的知识。这种基于小模块知识的教学不同于学历教育的课程教学，其没有系统严谨的教学程序。继续教育的教学可能是一个单元的专题授课，也可能是一个现场的考察，还可能是一场案例的分析与讲解。虽然是小模块教学，但是每一个模块的教学目标和任务是明确的。继续教育的教学时间大部分是零碎的，学习者往往利用业余时间进行学习，为此，教师的教学与学习支持服务也是非连续的，教师基于学习者随时随地的需要，提供教学辅导和学习支持。

（二）原理应用

基于该理论，我们可以更好地理解非学历继续教育的教学特征。其特征主要包括四个方面。

1. 知识体系规划

系统传授知识是学历教育的教学方式，制订非学历继续教育的教学计划，不应拘泥于知识体系的完整性，而应关注教学内容的应用性，应采取模块化的教学设计。

2. 教学环节设计

教学的组织与实施，以知识应用为特点，不一定要像学历教育一样，有完善的教学环节。有时仅对一个知识点进行讲解即可，而且继续教育也不一定要进行考试，学习者也不一定要获得继续教育证书（培训证书）。

非学历继续教育的教学设计仍然很重要，只是更应将关注的重点转移到教学内容的选择、教学方式的选用以及实践教学的设计等。因为非学历继续教育的学习者更关注学习效果，所以教师要在较短的时间内让学习者获得所需要的知识、技能，并非易事。

3. 学习时间安排

非学历继续教育的学习者并不能像学历教育一样，有系统学习知识的时间，绝大部分的学习者或者需要工作，或者需要照顾家庭，因此，学习者的学习时间是非系统的、非连续的。对此，继续教育机构应基于学习者的碎片化学习时间，科学组织教学内容，采取与之相适应的教学方式实施教学。

4. 学习者知识需求

非学历继续教育的学习者对于知识的需求，主要是查漏补缺型的，或者增长某一方面的新知识或新技能。因此，其学习内容不同于学历教育，其学习需求往往不是系统化的知识或技能学习需求。

五、教与学互补理论

(一) 基本内涵

教与学互补理论是指学习者较好的学习能力能够弥补教师教学能力的不足，而教师较强的教学能力也能弥补学习者学习能力的不足。比如自学能力强、学习主动性强的学习者，在学习资源不是很充足、支持服务不是很到位的情况下，仍然能够通过互联网或向同学、朋友请教等方式获得好的学习效果。而在教学资源丰富、教学内容难易适度、教学方法得当的情况下，即使基础较弱的学习者也能获得好的学习效果。

(二) 原理应用

1. 注重教学内容的延展性

继续教育学习者的知识基础差异较大，为最大限度地满足学习者的需求，在教学内容设计上，可采取递进式的知识布局，既要布局较多的基础性的教学内容，也要布局足够的拓展性教学内容；在教学方式的设计上，可采取线上线下教学相结合的手段，将基础性的教学内容以及拓展性的教学内容主要布局在互联网上供学习者自主学习。通过这种线下课堂向线上课堂延展的方式，满足各类学生的学习需求。

2. 重视学习者学习能力的培养

学习者学习能力的提升，对其参加继续教育学习非常必要。为此，在继续教育过程中，要加强对学习者学习能力的培养。学习者学习能力的提升不仅能弥补继续教育教学可能存在的不足，还能让学习者终身受益。继续教育机构应基于学习者的特点，培养适合学习者自身的学习方法。

六、教与学供需匹配理论

(一) 基本内涵

终身学习的驱动力源于社会发展的文明和竞争，源于学习者内在的、真实的学习需求。对于学习者来说，其学习需求是多层次的，在不同的发展阶段具有不同层次的学习需求；而不同层次的学习需求就需要有不同层次的教育供给，提供相对应的学习资源和学习服务。

基于马斯洛需求层次理论，人的需求分为生理需求、安全需求、归属需求、尊重需求和自我实现需求,与之相对应,学习者所需要的教育需求则可分为生活教育、安全教育、交往教育、成功教育和全人教育(见图2-3)。① 学习者只有找到适应自身需求的层次教育,学习才会真正有效。

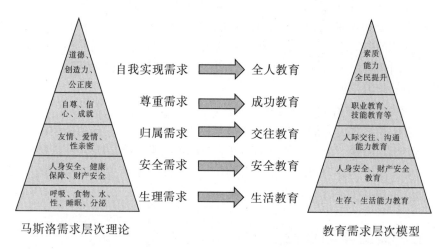

图2-3 教育需求层次模型

当前,终身学习之所以难以真正实现,其原因有二:一是学习者没有真正认识到自身学习需求的层次性,因而难以找到真正适合自己需求层次所对应学习内容,也就难以有真正的学习动力;二是学习者已经认识自己对应层次的学习需求,但是难以找到真正适合自己需求的学习内容,也就是说,学习内容满足不了自身的学习需求,使得终身学习难以真正实现。

随着终身学习时代的到来,面向社会的继续教育规模和市场在不断扩大,继续教育机构所面临的办学困境,主要在于继续教育机构所提供的产品、服务与学习者的需求有较大差距,与学习型社会的发展进程不同步、不协调。也就是继续教育供给与需求相匹配的矛盾。

(二)原理应用

1. 让学习真正实现

继续教育机构应基于学习者的教育需求层次模型,分析学习者不同阶段的学习需求;基于此开发对应的教育产品,提供对应的教育服务。只有当学习者的学习需求得到真正的满足,教育机构所开发的产品、所提供的服务才是真实

---

① 郭清顺、曾祥跃:《我国继续教育发展的困惑与破局》,载《继续教育》2015年第9期,第3-5页。

有效的，也只有这样，教育机构才能真正适应学习型社会的发展，实现自身的可持续发展。

2. 发挥政府部门的宏观调控作用

为实现继续教育的供需平衡，一方面政府部门需要采取市场化行为，鼓励社会机构积极参加继续教育，实现继续教育的百花齐放、百家争鸣。另一方面，政府部门还需要引导教育机构的资源开发，实现资源布局的相对平衡。同时政府部门还可以通过立项的方式，建设受益面广的继续教育资源，为学习者提供免费的学习资源服务。

3. 避免发生虚假的供需匹配

随着信息技术的发展，当前继续教育机构提供的学习资源越来越丰富，特别是网络学习资源，然而这些巨量的网络学习资源，容易给学习者造成的假象。其实，只有当学习资源与学习者的需求匹配时，它才是真正有用的学习资源，继续教育的供需才会是真正的匹配。

七、终身学习理论

（一）基本内涵

终身学习包含五个方面要素：全民需学、全民能学、全民可学、全民易学、全民皆学。全民需学，是学习型社会建设的内在要求。在社会经济快速发展的今天，每一个人都需要学习，只有不断学习，才能跟得上时代发展的步伐，才不会被社会淘汰。政府部门需要采取适当的举措，促进全民主动开展终身学习。全民能学，是指要创设泛在学习环境，让学习者时时、处处能学。全民可学，是指要提供满足社会全体公民学习的包罗万象的学习内容，让每一位社会成员都有可学之资源，可进行终身学习。全民易学，一是指全体社会公民已经具有基本的文化素养，能够比较容易地自主进行终身学习；二是指教育供给者需要给学习者提供便捷的学习途径和学习方式（如网络学习平台）与适需的学习内容，让学习者的学习变得容易。全民皆学，是终身学习的目的，是学习型社会建构的理想状态和终极目标。

政府部门可以统筹各类继续教育机构和社会资源，为社会各类人员提供形式多样的学习资源。继续教育机构应基于"全民皆学"理念，在教育的实施上实现"有教无类"，在资源的准备上尽可能做到丰富多样。

（二）原理应用

1. 围绕终身学习五要素建构继续教育体系

继续教育作为学校教育之后的一种教育类型，是终身教育体系的核心构成。政府部门应围绕终身学习的五个要素进行规划并建构继续教育体系；教育机构则须努力建构全民能学、全民可学、全民易学的继续教育环境；全体社会成员则应在政府部门的引导和政策支持下，主动参与继续教育的学习与深造，实现自身的终身学习。

2. 面向全民终身学习提供继续教育服务

继续教育机构的战略布局，不仅要关注和满足当下继续教育的需求，更要置身于终身教育体系的建构中，以服务全民终身学习为目标，进行继续教育内容与服务的布局，让自身的继续教育深度融入学习型社会的建设中，并在其中发挥重要作用。

八、泛在学习理论

（一）基本内涵

泛在学习理论源于终身学习时代对学习者的要求，也源于信息技术对学习的支撑。终身学习时代要求"人人皆学、处处能学、时时可学"，亦即包含泛在学习的要求。泛在学习的实现离不开信息技术对泛在学习的支持服务。在信息技术高度发达的今天，为学习者提供泛在学习支持服务是可行的。从学术性学习支持服务来说，教师或辅导教师可以通过移动学习平台、即时通信软件（如QQ、微信等）提供无所不在的学习支持服务。只有泛在学习支持服务伴随学习者，才能让泛在学习与泛在教学真正实现。

（二）原理应用

1. 建构学习者泛在学习的环境

对于继续教育机构来说，一是要搭建涵盖PC端与移动端的泛在学习平台，实现学习终端的泛在化；二是要在泛在学习平台上提供能适应各种学习终端的泛在学习资源，使泛在学习与泛在教育能真正实现。

2. 提供泛在学习支持服务非常必要

继续教育作为面向在职人员的一种主要教育方式，学习者工学矛盾突出，只能利用业余时间学习。为了保障继续教育的教学质量，继续教育机构有必要为学习者提供泛在学习支持服务，特别是在业余时间对学习者问题的解答、学习的辅导和督促等。

3. 充分利用现代信息技术手段

为实现泛在学习支持服务，充分利用现代信息技术手段非常必要。例如，构建移动学习平台，实现移动网上教学与交互；建立 QQ 群或微信群，实现点对点或点对多的交互；建立网络直播系统，实现师生实时远距离的视频交互等。可以说，没有现代信息技术手段的辅助，泛在学习支持服务难以实现。

九、健康学习理论

（一）基本内涵

健康学习是指学习者以终身学习理念为指引，根据自身学习风格及学习需求，充分利用信息技术，主动获取并甄选适量、优质的学习资源，合理获取、利用学习支持服务，科学分配学习时间，构建适合自己的个性化学习方式，进行持续、高效、高质的学习。健康学习理论的产生源于信息时代的学习者极度丰富的学习资源、丰富多样的学习服务，就像健康饮食一样。

（二）原理应用

基于健康学习理论，继续教育机构需要提供学习资源与学习支持等服务，学习者需要具备甄选优质学习资源、选择合适学习支持服务的能力。详细论述见第五章第五节。

第五节　继续教育学科体系建构

马君等认为，学科体系是一门学科的内核，反映了该学科的基本面貌和理论水准，是一门学科的学术性、科学性、规范性问题，是衡量学科成熟度的标准之一。[①] 学科体系的架构是对学科体系的顶层设计，是学科的骨架，因此，学科体系架构对于整个学科而言，具有战略性、统领性的特点。

---

① 马君、周志刚：《论职业教育学学科体系的构建》，载《天津大学学报（社会科学版）》2013年第 5 期，第 444 - 448 页。

一、继续教育学科体系基本构成

一门新的学科是从母体学科不断成熟、分化而逐步产生的。每一门独立的学科，都有自身生存和发展的环境，并在不断发展过程中，逐渐延展成为一个学科体系。作为一个体系，一般包括体系的构成以及相互之间的关系。对于学科体系来说，其基本构成有两个，一是学科自身，二是学科的研究对象。两者之间的相互作用表现为作用工具和作用手段，对于学科来说，就是研究方法。因此，学科体系的构成可以简单理解为"两点一线"。两点是指学科自身和学科对象，一线是指学科方法，即联结学科与学科对象之间的纽带。

（一）学科本体研究

学科本体研究，即基于学科自身的研究，用来解决学科"是什么""为什么"的问题，包括学科的逻辑起点与主要矛盾的研究，以及对学科研究的目的、任务、价值的研究，学科的历史发展研究，学科的比较研究，等等。学科本体研究，是学科体系的基本构成，是学科体系中其他学科研究的基础。

（二）学科对象研究

学科对象研究，即基于学科所研究的对象进行研究，用来解决学科"做什么"的问题，是学科的研究核心和主体，包括对研究对象这一客体的各种现象和规律的研究，如继续教育的管理、继续教育的教学、继续教育的运行、继续教育的信息化等。研究对象的内涵和外延越丰富，研究的内容和范围就越宽广，最终形成的理论体系也会越庞大。

（三）学科方法研究

学科方法研究，是指学科用什么样的方法和手段对研究对象进行研究，即对学科的研究方法的研究，用来解决学科"如何做"的问题。得当、实用的研究方法能够提高研究的效率和效果。研究方法大体可分为教育领域的研究方法和非教育领域的研究方法等。

二、继续教育学科的体系架构

继续教育学作为指导继续教育实践的一门学科，兼具理论学科与应用学科的特点。继续教育学科对教育学、成人教育学、职业教育学、远程教育学、教育技术学的研究成果兼收并蓄，自成一个独立的学科体系。继续教育学科体系遵循"两点一线"的学科体系架构，即学科本体研究、学科对象研究、学科方法研究。

（一）继续教育学的本体研究

在中国哲学论域中，"本体"一词的使用相当广泛。作为基本的哲学概念，"本体"不是舶来品。"打破砂锅纹（问）到底"的一般思维特性，使中国人考虑事物也想知道它"是什么"和"为什么"——这包括它产生的来源、本性和存在的根据等。它总是属于基础的、本来的、潜藏的、根本的和不变的一方。①

继续教育学的本体研究，主要包括继续教育学的逻辑起点研究，继续教育学的目的、任务、价值研究，继续教育学的历史发展研究，继续教育学的比较研究，等等。对继续教育学的逻辑起点进行研究，能够抓住继续教育学的根本和源头；对继续教育学的目的、任务、价值进行研究，能够弄清继续教育学存在的意义和价值；对继续教育学的历史发展进行研究，可以了解继续教育学的传承与发展；对国内外继续教育相关学科进行比较研究，可以了解继续教育学科的自身定位和发展空间。

（二）继续教育学的对象研究

继续教育学的对象研究就是继续教育研究，因此，与继续教育范畴相关的所有现象和规律都属于继续教育学的研究对象。继续教育的对象研究主要包括宏观层面的继续教育行政管理研究，办学层面的继续教育机构管理研究，教学运行层面的学历继续教育与非学历继续教育教学研究，以及作为技术支撑层面的继续教育信息化研究等。由于学历继续教育与非学历继续教育的教学运行差异较大，因此分别进行研究更能挖掘与发现两类继续教育的教学运行特色。

1. 继续教育行政管理研究

继续教育行政管理研究是从宏观管理层面对我国继续教育体系的规划、建设与管理等进行的研究，包括我国继续教育的战略管理、体系建设、组织管理、政策管理以及供给管理等。对继续教育的行政管理进行研究，可以探究我国继续教育体系运行与管理的特征与规律。

2. 继续教育机构管理研究

继续教育机构管理研究是从继续教育办学层面对继续教育机构的规划、组织与管理等进行研究，包括继续教育机构的战略定位、战略规划、组织建设、

---

① 向世陵：《中国哲学的"本体"概念与"本体论"》，载《哲学研究》2010年第9期，第47－56页。

人力资源管理以及绩效考核等。对继续教育机构管理进行研究，可以探究继续教育机构组织与运行的模式与规律。

3. 学历继续教育教学研究

学历继续教育教学研究是基于各类学历继续教育办学，对学历继续教育的教学组织、教学运行与教学质量等进行的研究，包括继续教育的专业、课程、教学、学习、服务和质量等。

4. 非学历继续教育教学研究

非学历继续教育教学研究是基于各类非学历继续教育的办学，对非学历继续教育的教学组织、教学运行与教学管理等进行的研究，包括非学历继续教育的教学与运营、函授培训与在线培训的运营模式等。

5. 继续教育信息化研究

继续教育信息化研究是基于继续教育的特点，对继续教育的教学信息化与管理信息化等进行的研究，探究继续教育教学信息化与管理信息化的特征、规律与内容，以适应信息时代对继续教育的发展。

（三）继续教育学的方法研究

继续教育的方法研究，是关于继续教育学手段、工具的研究，是对继续教育进行测量、评估、统计的方法。对继续教育研究方法研究得越深入，其结果越准确，研究的效率也越高。继续教育学的研究方法从分类研究的视角，可分为学历继续教育研究方法与非学历继续教育研究方法。

三、继续教育学与相关学科的关系

（一）继续教育学与成人教育学

根据顾明远主编的《教育大辞典》中的界定，"成人教育学是指导成人学习的艺术和科学及为此目的而进行的成人教育理论、过程及方法的研究"[①]。继续教育的教育对象主要是成人，成人教育学自然可以对继续教育进行研究，但是其研究的只是继续教育的一个领域，即基于继续教育的教育对象所开展的研究，因此，成人教育学无法涵盖继续教育研究。成人教育学定位于成人学习的艺术和科学，从应然性视角来看，成人教育学的研究对象应包括社会中的所有成人，不仅包括走上社会的成人，也包括尚未走上社会的成人，如高等学校

---

① 转引自侯怀银、吕慧：《20世纪我国成人教育学学科建设的本土探索》，载《教育理论与实践》2013年第7期，第13-16页。

的学生。

（二）继续教育学与远程教育学

远程教育学是研究远程教育的规律、原理、方法和特点的学问。① 远程教育学主要研究基于师生分离情况下的教与学的规律，其归根到底是一种教学方式与方法的研究。从教学方式看，继续教育有远程教学，也有面授教学；有线上教学，也有线下教学。远程教育学的基本理论和方法能够为继续教育的线上教学、远程教学提供理论和方法的指导，但是远程教育学并不能涵盖和替代继续教育学。如果说远程教育学能够开展继续教育研究的话，远程教育学也只是从教学方式、教学方法的维度对继续教育进行研究，其只能是继续教育研究的一个方面。为此，可以将远程教育学看成继续教育学的一个分支，专门从教学方式、教学方法维度研究继续教育的一门学科。另外，远程教育学作为一种教学方式、方法的研究，适用于常规的学校教育，学校教育同样也需要借鉴远程教育学的理论与方法，开展线上教学和远程教学。

（三）继续教育学与职业教育学

职业教育学是研究职业教育领域的现象，揭示与把握职业教育发生、发展的规律，探求职业教育内部及其与经济、社会之间诸多方面的联系。② 由于继续教育的主要对象是在职人员，因此，在继续教育领域，具有广阔的职业教育学的研究领域和空间，但是职业教育学并不能涵盖继续教育学。首先，继续教育学的教育对象除了在职人员，还有非在职人员。其次，继续教育的需求不仅有来自职业教育的需求，也有来自社会生活教育等方面的需求。职业教育学的研究内容只是继续教育学中的部分研究内容。我们也可以将职业教育学看成继续教育学中基于职业教育内容维度的研究，是继续教育学中教育内容研究维度中的研究。另外，职业教育学不仅可以研究继续教育，而且职业院校更是其重要研究领域。继续教育学可以充分利用职业教育学的研究成果，丰富和完善面向在职人员的职业教育的理论。

（四）继续教育学院与教育技术学

教育技术学是专门研究教育技术现象及其规律的学科，是教育研究中的技术学层次的学科。③ 教育技术学也是关于学习过程和学习资源的设计、开发、

---

① 丁兴富：《远程教育研究》，首都师范大学出版社2002年版，第23页。
② 崔士民：《职业教育学概论》，电子科技大学出版社2008年版，第1页。
③ 何克抗、李文光：《教育技术学》，北京师范大学出版社2002年版，第11页。

利用、管理和评价的一门学问。总的来说，教育技术学是一门利用技术促进教育的学问，继续教育学作为专门研究继续教育的学问，离不开技术的支持，其需要借鉴、利用教育技术学的研究成果为继续教育服务，提升继续教育的信息化教学和服务水平，但教育技术学不能取代继续教育学。同时，教育技术学的研究领域不仅面向继续教育，也面向学校教育。

（五）继续教育学与教育学

教育学是通过对教育现象和教育问题的研究，去揭示教育规律的一门科学。[①] 继续教育学作为教育学的分支，其遵循教育学的基本原理，服务于教育学的培养目标。但是，继续教育学作为教育学的二级学科，是对教育学的学科延展，是教育学的学科理论在继续教育领域的延展。继续教育学从普遍性、一般性的角度，遵从教育学的基本理论，但是从特殊性看，继续教育学因为继续教育领域的特殊性，而表现出其特殊的规律。

继续教育学与相关学科的基本关系，如图2-4所示。

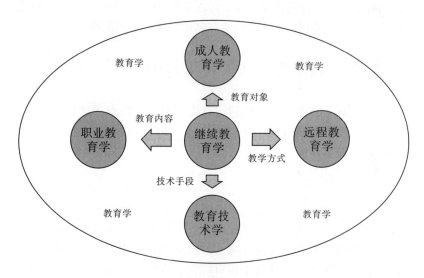

图2-4 继续教育学与相关学科的关系

从图2-4中可以看出，继续教育学与成人教育学、远程教育学、教育技术学、职业教育学都隶属于教育学。在继续教育学领域，可以将成人教育学看成基于教育对象的研究，将远程教育学看成基于教学方式的研究，将教育技术

---

① 王道俊、郭文安：《教育学》，人民教育出版社2009年版，第1页。

学看成基于技术手段的研究,将职业教育学看成基于职业教育内容的研究。

第六节 继续教育学研究方法

继续教育学是基于现有继续教育领域内学科的重构与升华,继续教育学研究方法既是基于现有领域学科方式的传承,也是基于继续教育整体特征的一种创新。

继续教育学研究方法的来源主要有两个方面:一是对教育领域研究方法的传承与创新。首先,继续教育学作为教育学的新兴分支学科,对于教育学的研究方法,既要有传承,也要有创新。通过传承,可以吸纳教育学的优秀研究方法,为我所用;通过创新,可以改造教育学的研究方法,使其更适合继续教育领域的研究。其次,对于继续教育领域学科(如成人教育学、远程教育学)的研究方法,继续教育学需要采取"拿来主义"策略,基于继续教育研究的实际需要,或沿用,或改造,或创新,为我所用。二是对非教育领域研究方法的借鉴与利用。比如,对于继续教育的管理研究,可以借鉴和利用管理学的一些研究方法;对于继续教育的运营研究,则可以借鉴和利用市场营销学的研究方法。

一、教育领域研究方法的传承与创新

继续教育的研究方法体系的创建,首先可以传承教育领域的研究方法,并对其进行创新。教育领域常规的研究方法通常包括问卷调查法、文献研究法、历史研究法以及归纳与演绎推理。

(一)问卷调查法

问卷调查法普遍适用于各类研究,但是对继续教育研究更有意义。一是继续教育的对象主要是成人,其中又以在职人员为主,访谈或面谈的方式相对更难,而采取问卷调查方式,特别是网上的问卷调查方式,则能节省受调查者的时间和精力。二是继续教育的群体相对较大,可以克服问卷调查回收率相对较低的缺点。另外,基于继续教育的对象主要是成人,其自身具有较强的判断力和时间观,因此,问卷调查的设计应简洁明了,问题数应尽可能精简。

(二)文献研究法

文献研究法作为一种通用的研究方法,适用于继续教育研究。当前,在继续教育领域的研究中,专职研究者较少,更多的是兼职研究者,他们一边从事继续教育的管理或教学工作,一边开展继续教育研究工作。为此,继续教育领

域内的学科研究，除成人教育学外，其他学科的理论研究深度普遍不够，而且学术性的继续教育研究文献较少，高质量的则更少。因此，在进行文献研究时，要注意甄别其质量的同时，还要对相关学科的文献做延伸调研，以增加研究的素材和资料。

（三）历史研究法

历史研究法是运用历史资料，按照历史发展的顺序对过去事件进行研究的方法。从继续教育的发展看，继续教育已经诞生了一段时间，而且会一直发展下去。从历史的纵轴看，不仅需要研究继续教育的历史，还要研究继续教育的现状和未来。采用历史研究法，能够帮助我们总结继续教育的历史经验，为继续教育的发展提供借鉴和指引。

（四）归纳与演绎推理

所谓归纳推理，是根据一类事物的部分对象具有某种性质，推出这类事物的所有对象都具有这种性质的推理，是从特殊到一般的过程。演绎推理是从一般性的前提出发，通过推导即"演绎"，得出具体陈述或个别结论的过程，是从一般到特殊的过程。从继续教育的发展历史看，继续教育只有几十年的历史，当前关于继续教育的理论和实践积累都不多，需要继续教育研究者采取归纳推理法，不断地归纳总结继续教育实践经验，发掘继续教育规律，从继续教育的特殊现象总结出一般规律。同时，还需要继续教育研究者利用演绎推理法，将所归纳总结的继续教育规律应用于继续教育实践中，实现从一般到特殊的过程。

二、非教育领域研究方法的借鉴与利用

基于继续教育自身的特点，继续教育又具有社会化、企业化的特点，为此，可以利用非教育领域研究方法服务继续教育研究，如借鉴社会学、市场营销学的研究方法；作为继续教育学科的特色研究方法，包括绩效研究法、产品研究法、田野研究法。

（一）绩效研究法

继续教育作为面向社会成员的教育类型，学习者对教学效果的要求与学校教育的学习者差异较大。学校教育的学习者相对更注重学习成绩和学历文凭，而继续教育的学习者，特别是非学历继续教育的学习者，则可能没有考试环节，也不一定颁发培训证书。继续教育学习者关注的重点是教学的效果、教学

给自身带来的绩效提升，因此，绩效研究法是继续教育的特色研究方法，也是关乎继续教育质量评价的研究方法。

（二）产品研究法

作为面向社会的一种企业化的教育类型，继续教育需要借鉴市场营销学的一些手段和方法进行市场分析和市场推广。产品研究法正是借鉴市场营销学的研究方法，将继续教育项目作为一种产品，进行教育项目的设计、制作、宣传、推广等，是教育领域、继续教育学所独有的研究方法。

（三）田野研究法

从继续教育的对象看，继续教育的主要对象是社会成员，即承担一定社会责任和义务的社会人，他们分布在社会的各个领域和地域，具有分散性的特点。同时，每一个社会成员作为独立的社会个体，也具有独立性的特点。继续教育的分散性、独立性和个体性，与学校教育的学生有本质的区别，因此，需要借鉴社会学的田野研究法，对继续教育进行实地调研，开展基于学习者个体的研究。

第三章 继续教育行政管理

第一节 继续教育行政管理概述

一、继续教育行政管理内涵

管理是指在特定的环境条件下,以人为中心,通过计划、组织、协调、控制等手段,对组织所拥有的人力、物力、财力、信息等资源进行有效的决策、计划、组织、领导、控制,以期高效地达到既定组织目标的过程。

行政管理是运用国家权力对社会事务以及自身的一种管理活动,也可泛指一切企业、事业单位的行政事务管理工作。行政管理活动,直接或间接与国家权力相联系,以国家权力为基础,依据国家法律实行政务的组织活动;行政管理既管理社会公共事务,又执行阶级统治的政治职能。

继续教育行政管理是依据国家法律、运用国家权力对继续教育这一社会事务进行管理的活动。具体来说,是为了适应学习型社会的建设及社会经济的发展,基于国家教育发展规划和继续教育发展战略,引领全国继续教育机构面向全体社会成员开展继续教育,促进继续教育的系统化、一体化、可持续发展的活动。继续教育的行政管理包括继续教育的战略管理、组织管理、政策管理、供给管理等。继续教育行政管理部门是继续教育行政管理的执行机构,不同层级的继续教育行政管理部门分别承担不同层级的继续教育规划、组织、协调与监管工作。

二、继续教育行政管理职能

行政管理部门的核心职能是组织各类继续教育机构,整合各类社会资源,建构学习型社会,打造终身教育体系。行政管理部门在继续教育中主要扮演六类角色:顶层设计者、体系建构者、进程引导者、统筹协调者、质量监管者、环境建设者（见图 3-1）。

图 3-1　继续教育的行政管理职能

（一）顶层设计

继续教育顶层设计是面向国家重大发展战略与社会经济发展，基于社会发展趋势和方向，对继续教育进行宏观规划与设计，使我国继续教育适应终身教育体系建构、学习型社会建设的发展需要，包括政策、法律、体制、机制的规划设计，以保障继续教育体系顺利建构和运行。

比如基于新时代教师教育发展需求，对各级各类教师，特别是中小学教师的继续教育进行规划设计，包括教师继续教育的政策、经费、运作、考核与评价等规划；为促进学习型社会的建设，推出社区教育举措，规划设计学习型社区等；为适应人口老龄化趋势，使老年人老有所学、老有所用、老有所为，出台老年教育相关政策法规，推动老年大学建设；等等。

（二）体系建构

继续教育体系建构是指为实现国家继续教育的顶层设计，组织、引领各级各类教育机构、社会机构参与继续教育，建立遍及全国各地域，覆盖继续教育全领域的继续教育体系，包括继续教育行政管理体系、继续教育办学体系、继续教育内容体系建设等。

（三）进程引导

行政管理部门通过制定和出台各类政策、制度，对继续教育进行全程的引导与管理。同时，继续教育各类体制机制的落实，也需要通过政策、制度的建立来推动。

继续教育政策的出台一般有两种形式：一种是包含于国家层面的发展规划或国家教育发展规划中，如党的十九大报告提出"办好继续教育，加快建设学习型社会，大力提高国民素质"。《国家教育事业发展"十三五"规划》提出"大力发展继续教育，构建终身学习制度"。《中国教育现代化2035》提出"强化职业学校和高等学校的继续教育与社会培训服务功能，开展多类型多形式的职工继续教育"等。另一种是专门出台的继续教育发展规划和管理制度等，如《2018—2022年全国干部教育培训规划》《老年教育发展规划（2016—2020年）》《教育部办公厅关于服务全民终身学习促进现代远程教育试点高校网络教育高质量发展有关工作的通知》等。

（四）统筹协调

行政管理部门通过组织各级各类继续教育机构，统筹各级各类社会资源，促进继续教育办学，满足全社会的继续教育需求，可采取多种策略发挥其统筹协调作用。如建设在线开放课程、精品资源共享课程等，为各级各类继续教育机构提供开放共享的教学资源，为社会成员提供免费的学习资源；通过建设粤课联盟、福课联盟等组织，促进各地区的高等学校之间的资源共享。这些都是政府部门统筹协调功能的作用。

（五）监督管理

行政管理部门对继续教育的检查监督职能，主要通过对继续教育机构的招生、教学、过程、质量进行监督管理，促进继续教育办学的规范，保障继续教育的办学质量，实现继续教育的可持续发展。

（六）环境建设

继续教育环境建设是指建构有利于继续教育开展的生态环境，教育机构开展继续教育的环境及政策、制度、资源等；社会成员参与继续教育终身学习的环境，如全民学习意识的培养、全民学习氛围的营造、全民学习动机的激励等；国家组织开展的精品课程建设、慕课课程建设、视频公开课建设等。这些都是继续教育资源环境建设的一部分。

三、继续教育行政管理特点

（一）分类管理

分类管理是指继续教育行政管理部门基于继续教育的类型进行分别管理，

如教育系统的行政管理部门主要对文化素养类、社会生活类继续教育进行管理，人社系统的行政管理部门主要负责职业类继续教育的管理。

（二）平行管理

平行管理是指不同行政管理部门基于各自的职责分工对同一继续教育项目进行平行管理。比如民办继续教育机构开展职业技术类继续教育，就要接受人社系统行政管理部门的审批、管理、监督，同时还要接受工商行政管理部门对其商业行为的管理与监督；如果是社会组织开展的继续教育，如行业协会开展的职业技术类继续教育，除了要接受人社系统行政管理部门的管理监督外，还要接受民政部门的登记与管理。

根据《中华人民共和国民办教育促进法》规定，"举办实施学历教育、学前教育、自学考试助学及其他文化教育的民办学校，由县级以上人民政府教育行政部门按照国家规定的权限审批；举办实施以职业技能为主的职业资格培训、职业技能培训的民办学校，由县级以上人民政府人力资源社会保障行政部门按照国家规定的权限审批，并抄送同级教育行政部门备案"。这一法律充分体现了教育系统行政管理部门与人社系统行政管理部门对继续教育的平行管理职能。

（三）层级管理

层级管理是指基于继续教育管理体制，对继续教育按照国家、省、市、县、乡（镇）进行分层管理。每一层次是上一层级管理政策的执行者、落实者，同时也是本级继续教育管理政策的制定者及所辖范围继续教育的管理与监督者。比如省级教育厅的师资管理部门，不仅是教育部教师工作司管理政策的落实者，也是本省教师继续教育政策的制定者。

（四）协同管理

协同管理是指为推进继续教育项目的开展，各级继续教育行政管理部门相互协同，共同组织开展继续教育。如《教育部等九部门关于进一步推进社区教育发展的意见》《关于进一步加强全国干部保密教育培训工作的通知》等，这些发文充分体现了继续教育工作推进的协同性。

（五）社会化管理

社会化管理是指行政管理部门利用各级各类继续教育的行业协会、学会、教学指导委员会等专业组织、社会组织协助开展继续教育的管理工作，引领继续教育发展。如全国高等教育学会继续教育分会所开展的各类活动，引领了全国高校继续教育的理论与实践研究；全国远程教育协作组协助开展全国高校网络教育的规范办学的管理与引领工作；广东省本科高校继续教育教学指导委员会协助广东省教育厅对本省继续教育的教学与研究工作做指导、引领与教学规范。

第二节　继续教育战略管理

一、继续教育战略规划

（一）战略规划导向

1. 全局性

继续教育战略规划的全局性特点，是指立足终身教育体系建构，从全体社会成员终身学习的需求，全面、系统地规划继续教育的供给、运行、管理与评价等。

在《关于办好开放大学的意见》中，教育部立足"切实办好开放大学，推动建设学习型社会"总体目标，做出了全局性的战略规划，并系统地提出了12项任务："明确功能定位，创建新型高校；完善办学基础设施，营造数字化学习环境；强化信息技术应用，提高在线教育水平；完善办学系统，提升线下支持能力；建设优质课程，满足学习需求；完善专业建设制度，提高专业建设质量；创新学习组织模式，提高教育教学效果；强化质量保障，确保'宽进严出'；建设'学分银行'，实现学习成果积累和转换；创新师资队伍建设，适应教学变革需要；积极开展多方合作，汇聚优质教育资源；完善治理结构，提高治理能力。"

2. 一体性

继续教育战略规划要与学前教育、学校教育发展规划进行一体化的设计，特别是要实现继续教育与学校教育之间的相互衔接，使学前教育、学校教育与继续教育三位一体，共同构成终身教育体系。

3. 前瞻性

前瞻性是继续教育战略规划的一项重要特征，继续教育战略规划需要适应社会经济的发展形势、国内外继续教育的发展趋势，使继续教育战略规划在相对较长的时期内，保持战略规划不落后，实现战略规划对继续教育的趋势引领。

4. 先进性

继续教育要以全体社会成员作为教育对象，就需要满足全员包罗万象的学习需求。因此，先进信息技术的应用势在必行。只有充分利用现代信息技术手段，建设网络化的教学资源、实施网络教学方式，才有可能将继续教育普及到每一个社会成员。也正因为这样，网络教育与开放教育成为教育领域先进信息技术应用的探索者、先行者。所以，在继续教育战略规划中，信息技术的引领、应用是其重要的内容。

5. 层级性

继续教育战略规划的层级性是指继续教育战略规划分为不同的层级，每一个层次，即是上一层级战略规划的推动者与实施者，也是本层级战略规划的制定者。基于中国的行政架构，继续教育战略规划层级包括国家级、省级等。

国家层面的继续教育战略规划主要负责全国性的继续教育整体发展规划，如党的十九大报告中关于继续教育的发展规划，《国家中长期教育改革和发展规划纲要（2010—2020年）》中关于继续教育的发展规划，以及《国家教育事业发展"十三五"规划》中关于大力发展继续教育的规划，都属于国家层面的继续教育战略规划。

省级层面的继续教育战略规划是对省域范围内的继续教育整体规划，是对省域范围内继续教育的体系建构、组织建设、过程监管、服务评价等全面规划。如《广东省教育发展"十三五"规划（2016—2020年）》和《广东省中长期教育改革和发展规划纲要（2010—2020）》中均包含了继续教育的省级规划内容。

（二）战略规划路径

1. 立足学习型社会建构

继续教育战略规划需要立足终身教育体系与学习型社会的建构，面向全民终身学习的需要，建构既能与各级各类学校教育相衔接，又能充分体现继续教育特点的继续教育体系。所建构的继续教育体系与学校教育并行，共同形成终身教育体系。

2. 依托国家资历框架体系

我国在"十三五"规划中，首次提出"制定国家资历框架，推进非学历教育学习成果、职业技能等级学分转换互认"。接着，教育部在2016年7月颁布的《"一带一路"建设教育行动计划》中，要求加快推进我国教育资历框架的开发。2019年2月，国务院颁布《中国教育现代化2035》，再次强调"建立全民终身学习的制度环境,建立国家资历框架"。可见,国家资历框架建设已经成为我国教育发展的战略任务。

国家资历框架建设即整理、分类、规范、认可整个国家范围内存在的不同层次和不同类型的"资历",并建立"资历"之间的转换标准和规范体系。①广东于 2017 年率先制定并发布了全国首个终身教育资历框架等级地方标准——《广东终身教育资历框架等级标准》(DB44/T1998-2017),该资历框架涵盖普通教育、职业教育、培训与业绩四个领域,分为小学、初中、高中、专科、本科、硕士、博士七个等级。广东终身教育资历框架等级地方标准的出台,为国家终身教育资历框架等级标准的制定奠定了良好的基础。

将继续教育体系纳入国家资历框架,实现继续教育与各类教育的沟通和衔接,不仅是国家的大政方针所在,也是继续教育生存发展所依。

3. 坚守继续教育战略地位

发展继续教育是响应国家继续教育发展战略的需要,是顺应终身教育体系建构的需要,是完成新时代继续教育使命的需要。因此,继续教育与学校教育的地位等同是非常必要的。

然而,在现实中,继续教育与各类学校教育的地位差距明显:一是在办学体制机制上,继续教育不像学校教育那样,有专门的生均拨款,需要自负盈亏以及为了生存而扩大办学规模;二是在行政管理机构的设置上,教育部的继续教育行政管理部门主要为职业与成人教育司所属的高等继续教育处、城乡与社会教育处,其管理地位与继续教育的现实战略地位相差甚远;三是在高等学校内部,继续教育机构长期以来是高等学校附属的边缘机构,只有在高等学校需要通过继续教育机构获得一定的办学收益的时候,继续教育机构才能获得一定的重视,而一旦高等学校对继续教育办学收益不再迫切,继续教育机构就很容易回归不受学校重视的边缘机构。

为此,在国家层面的继续教育战略规划中,只有凸显继续教育在我国教育体系中的重要地位与作用,充分重视继续教育体系的建构,才能促进继续教育健康、有序发展。

4. 明确继续教育的办学定位

继续教育作为终身教育体系的核心构成,是基于学校教育之后的一种更高层面、更全层面的全人教育,其本质是满足学习者更高层次的学习需求,包括心理的、情感的、交际的、自我完善层面的需求。因此,继续教育不是学校课

---

① 王洪才、汤建:《国家资历框架建设:内涵·目的·要点》,载《华中师范大学学报(人文社会科学版)》2019 年第 4 期,第 170-177 页。

堂教育的师资搬家、资源搬家、教学方式搬家、教学体系搬家。

5. 坚持继续教育"双轨并行"

继续教育是深植于社会的一种教育类型。继续教育的发展导向不仅来自国家教育发展的需要,也来自社会对继续教育的市场需要。所以,继续教育的发展导向应该是"双轨并行"。

所谓"双轨并行",是指继续教育的发展既要有政府的导向,也要有市场的导向,两者协同共进,政府导向与市场导向之间没有绝对的鸿沟。其中,学历继续教育以政府导向为主,非学历继续教育则以市场导向为主;政府导向的学历继续教育应该有市场化的行为,而市场导向的非学历继续教育也应该有政府的监管。基于双轨并行的发展导向,建构一个可互通互换的立交桥式的继续教育监管和运行体系。[①]

(三) 体制机制规划

教育部在《关于加快发展继续教育的若干意见(征求意见稿)》中,对继续教育的体制机制与全民参与机制的发展蓝图做了很好的描绘。

1. 投入机制建设

建立健全政府、用人单位和学习者共同分担成本、多渠道筹措经费的继续教育投入制度与机制。各级政府要把继续教育投入列入本级政府财政预算,并加大对公益性和普惠性继续教育项目的经费支持。探索实行按城乡居住人口拨付社区教育专项经费的制度。加大对中西部和民族地区以及弱势群体、特殊群体继续教育的支持力度。进一步完善财政、税收、金融、土地等优惠政策,鼓励企事业单位、社会团体和组织以及个人投资办学或捐资助学。企事业单位要认真落实按职工工资总额的1.5%~2.5%的标准及时足额提取职工教育经费的规定,并确保用于职工教育培训。对不能足额提取或不能完全用于职工教育培训的单位,地方政府应按照教育附加费征收办法予以征缴,统筹管理使用。落实企业职工教育经费支出以及继续教育学习者学费支出所得税前扣除政策。设立继续教育发展基金。企业、社会组织和个人对继续教育的捐赠支出,准予在缴纳所得税时按国家有关规定在计算应纳税所得额中扣除。

2. 全民参与激励机制建设

建立健全继续教育激励制度与机制。要着力加强继续教育激励制度建设,特别是在关系国家经济命脉、人民生活与生命安全的专业和行业领域要建立健

[①] 郭清顺、曾祥跃:《我国继续教育发展的困惑与破局》,载《继续教育》2015年第9期,第3-5页。

全继续教育的激励机制。实施继续教育和劳动人事制度沟通与衔接的制度。健全就业准入制度和岗位培训制度，严格实行技能技术岗位劳动者持证上岗。进一步完善各类职业资格证书、技能等级证书定期更新与继续教育相结合的管理制度，将从业人员接受继续教育的状况作为各类证书定期注册的重要条件，把参与继续教育的学习经历和成果与岗位聘任（聘用）、职务（职称）评聘、职业注册等人事管理制度相衔接。实行带薪继续教育假制度。定期表彰为继续教育工作做出突出贡献的单位和个人。

二、继续教育体系建设

（一）体系建设指导思想

1. 打造多元一体的学习型社会

我国应立足社会发展战略和定位，以继续教育为核心，打造多元一体的学习型社会。所谓多元一体的学习型社会是指学习型社会的构成是多元的，多元构成之间的关系是一体的。学习型社会的多元性表现为构成层次和构成主体的多元性。在构成层次上，学习型社会包含学习型城市、学习型社区、学习型组织等；在构成主体上，学习型社会又包含学习型政府、学习型行业、学习型企业等。学习型社会的一体性表现为学习型社会的各个构成相互作用、相互影响、互为一体。优秀的学习型城市有助于城市中学习型社区的建设，而优秀学习型社区也有助于学习型城市的形成。

在学习型社会的多元构成中，学习型政府是学习型社会的一个建设重点和核心，其原因在于政府部门对学习型社会建构的引领和表率作用。优秀的学习型政府，能够借助自身的建设经验和建设成果，引领和指导学习型城市、学习型社区、学习型企业等的建设。多元一体的学习型社会的构成，如图3-2所示。

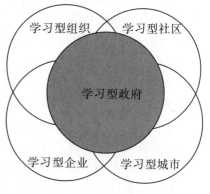

图3-2 多元一体的学习型社会

2. 构建满足多元主体需求的终身教育体系

《国家中长期教育改革和发展规划纲要（2010—2020年）》明确提出："构建灵活开放的终身教育体系，搭建终身学习的立交桥，促进各级各类教育纵向衔接、横向沟通，满足个人多样化的学习和发展需求。"终身教育体系的构成主体是多元的,终身学习立交桥的搭建、与各类教育之间的衔接和沟通,依赖于各个主体的主观能动性的充分发挥。在本质上,多元主体的主观能动性的充分发挥依赖于各个主体的需求能否得到满足,能否实现多元主体在时间、空间、利益上的平衡。对此,国家应该致力于打造能够满足多元主体需求的终身教育体系。具体来说,一是要满足政府部门的需求,履行好社会责任,实现继续教育社会效益最大化;二是要满足继续教育机构的需求,使其主动服务社会,满足社会需求,实现继续教育机构经济效益的最大化;三是满足学习者的需求,使其能提升自我,实现自我,实现学习者学习收益的最大化。

3. 建立互联互通、共建共享的办学机制

在继续教育办学上,应该建立互联互通、共建共享的办学机制,主要包括两个层面:一是教育行政部门要搭建教育机构之间的桥梁,引导各层次继续教育机构明确自身的办学定位,促进与继续教育机构之间的错位竞争。同时,教育行政部门还要通过政策的制定、机制的设计,促进与继续教育机构之间的互联互通,实现与继续教育机构之间资源的共建共享。二是教育机构要搭建教育机构与学习者之间的桥梁,实现与学习者之间以及学习者和继续教育机构之间的互联互通。同时,教育机构还可以通过学分互认、资源共享等方式,实现机构内不同办学类型的互联互通,实现学历与非学历继续教育的相互融合。

4. 推广以新媒体为主体的终身学习方式

在终身学习方式方面,教育机构应该大力推广以新媒体为主体的终身学习方式。新媒体是指在新的技术支撑体系下出现的媒体形态,是相对于报纸、杂志、广播、电视四大传统媒体而言的。新媒体通常包括网络媒体、手机媒体、数字电视、触摸媒体等。

新媒体的出现,促进了信息时代的学习变革,使得学习资源随处可见,学习终端随时可用,学习方法信手拈来。基于新媒体的学习,将成为继续教育的主要学习方式。为此,教育机构应该充分利用新媒体,为学习者提供更为丰富的学习资源,更为便捷、高效的学习服务。

5. 形成以自我完善为核心的终身学习驱动力

在学习型社会中,学习已经成为每个社会成员参与社会竞争的核心竞争力,终身学习已经变成每个社会成员的能量源泉、竞争优势和成功保障。每个社会成员只有不断学习,不断提升自身的素质和能力,才能适应竞争日益激烈的现代社会。

学习者基于自我提升、自我完善需求的学习,将成为未来学习的主流。每个社会成员都应形成以自我完善为核心的终身学习驱动力。为促进终身学习驱动力的形成,政府部门应该加强终身学习政策和制度的设计,引导和驱动学习者形成终身学习的习惯；教育机构则应创设能够满足学习者自我完善需求的学习资源环境和学习服务环境。

（二）继续教育体系结构

继续教育体系是由各级各类继续教育共同构成的一个系统。继续教育体系结构是继续教育体系的框架。继续教育主要分为学历继续教育与非学历继续教育，为此，可以从学历继续教育与非学历继续教育视角分析继续教育的体系结构。

1. 学历继续教育构成

学历继续教育是学校教育的延续。学历继续教育可分为高等学历继续教育和中等学历继续教育。

高等学历继续教育是指高等学校所开展的成人教育、网络教育、开放教育、自学考试等本专科层次的学历继续教育。其中，成人教育是指各类高校所开展的夜大学、函授、脱产等成人教育形式的学历继续教育。网络教育是指普通高校网络教育学院所开展的网络教育形式的学历继续教育。开放教育是指开放大学、广播电视大学所开展的开放形式的学历继续教育。自学考试从自学考试助学的视角应该属于非学历继续教育，因为自学考试助学可以看成基于课程学习的辅导与培训。但是从自学考试整个专业体系架构来说，其又应属于学历继续教育。因此，这里将其归入学历继续教育。

中等学历继续教育是指中等职业学校、农业广播电视学校等开展的成人中专学历教育；此外，曾经存在的成人高中、成人初中、成人小学已经停止招生。

2018 年，我国学历继续教育学习者的情况，如表 3 – 1 所示，其中网络专科和网络本科均包含开放教育人数。[①]

表 3 – 1　2018 年学历继续教育学习者情况统计

继续教育类型	毕业生数	招生数	在校生数
成人中专	510987	462495	1131250
成人专科	1181557	1332739	2938744
网络专科	1267274	2164704	5430796
成人本科	995851	1400380	2971134

---

① 数据来源：教育部 2018 年教育统计数据。

(续表 3-1)

继续教育类型	毕业生数	招生数	在校生数
网络本科	681915	1044360	2825757
成人高中	36009	0	40344
成人初中	153890	0	154561
成人小学	723468	0	732463

2. 非学历继续教育构成

非学历继续教育体系构成复杂，目前尚无明确的、公认的类别区分。在此，笔者将非学历继续教育分为文化素养类继续教育、职业技能类继续教育以及社会生活类继续教育。

（1）文化素养类继续教育，通常是指为提升学习者综合素质所开展的与学历教育密切相关的继续教育，如各类校外教育、K12[①] 系列的课程培训都属于文化素养类继续教育。

（2）职业技能类继续教育，是指为提升学习者职业技术与技能等所开展的继续教育，包括各级各类教育机构举办的职业技能培训、创新创业培训、干部培训、行业企业培训等。根据人社部 2018 年度人力资源和社会保障事业发展统计公报，全年共组织各类职业培训 1651 万人次，其中，就业技能培训 853 万人次，岗位技能提升培训 552 万人次，创业培训 201 万人次，其他培训 45 万人次。

（3）社会生活类继续教育，是指为满足日益增长的物质文化生活需要所开展的继续教育，包括学习者为满足兴趣、爱好所参加的各类继续教育，老年大学等开展的老年教育，以及各级各类社区教育等。

3. 继续教育体系结构

继续教育体系结构的基本框架，如图 3-3 所示。

[①] 教育类专用名词（kindergarten throught welfth grade），是学前教育至高中教育的缩写，现在普遍被用来代指基础教育。

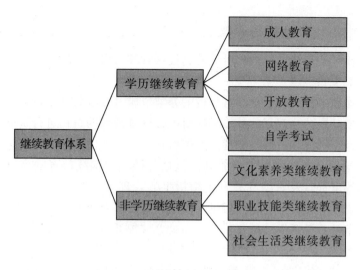

图3-3 继续教育体系基本框架

（三）继续教育体系特点

1. 生态性

继续教育体系是一个覆盖全社会的继续教育系统，在继续教育体系内不断有新的学习者进入，不断有已完成学业的旧的学习者结业；不断有新的继续教育项目产生，也不断有旧的继续教育项目结束。为此，应将继续教育体系建成继续教育的生态系统，促进继续教育的生态循环与生态平衡，实现继续教育体系的可持续发展。

2. 层次性

继续教育体系的层次性，首先，体现在继续教育办学项目的层次性上，如非学历继续教育的培训项目分为高端培训、中端培训或基层培训等；其次，体现在培训内容的层次性上，如基础知识的培训、高深知识的培训等；最后，还体现在继续教育办学机构的层次性上，如高等院校继续教育机构、中等学校继续教育机构、社会培训机构等。

3. 复杂性

继续教育体系的复杂性，一是体现在继续教育对象的复杂性上，因为继续教育需要面向全体社会成员，而全体社会成员涵盖了各层次、各类型、各年龄、各职业的人群；二是体现在继续教育内容的复杂性上，面向全体社会成员的继续教育内容必然是多种多样、包罗万象的，需要面向全体社会成员提供继续教育内容。

(四）继续教育体系管理

继续教育体系管理包括入口管理、过程管理与出口管理。

1. 入口管理

入口管理主要是对继续教育机构的办学资质、办学条件进行管理。教育行政部门基于开展继续教育的基本条件对申办继续教育的机构进行资格审查。入口管理分为学历继续教育与非学历继续教育。

（1）学历继续教育的入口管理，包括各种类型继续教育的审批、继续教育教学点的审批以及对继续教育机构招生的管理等。如普通高校开展网络教育，就需要经过教育部的专门审批；网络教育的新专业开设，需要经过上级主管部门的审批。学历继续教育一般只向公办院校开放，民办培训机构没有该项资质。如教育部在《网络高等学历教育招生与统考数据管理暂行办法》中规定，"网络高等学历教育招生简章、招生计划、校外学习中心信息及新生录取数据的管理工作依托中国现代远程与继续教育网全国网络教育阳光招生服务平台（http：//zhaosheng.cdce.cn）开展，网络高等学历教育学生学籍电子注册及学籍数据管理依托中国高等教育学生信息网学籍学历信息管理平台（http：//www.chsi.com.cn）开展"，实现对全国网络教育招生的总体监管。

（2）非学历继续教育的入口管理主要面向民办教育机构。公办院校开展非学历继续教育，除了一些专项的培训外，一般对其没有太多限制。《中华人民共和国民办教育促进法》明确了社会机构或个人申办民办继续教育机构的条件："举办民办学校的社会组织，应当具有法人资格。举办民办学校的个人，应当具有政治权利和完全民事行为能力；设立实施语言能力、艺术、体育、科技、研学等有助于素质提升、个性发展的教育教学活动的民办培训教育机构，以及面向成年人开展文化教育、非学历继续教育的民办培训教育机构，可以直接申请法人登记。办学调节的审核，民办培训教育机构应当具备与所实施教育活动相适应的场地、设施设备、办学经费、管理能力、课程资源、相应资质的教学人员等。"

2. 过程管理

行政管理部门对于继续教育办学的过程管理主要有三个方面：一是对继续教育机构的教育教学工作、教师培训工作进行引领与指导。二是对继续教育办学过程进行监管，监管监控继续教育机构的违法、违规办学行为，包括招生宣传、教学实施、质量管理等。《教育部办公厅关于开展高等学校继续教育发展年度报告工作的通知》，就是教育行政部门通过各继续教育机构上报继续教育的办学情况，实施对继续教育办学的管理与监控。三是对继续教育办学的营利行为进行管理,如《中华人民共和国民办教育促进法》规定,"非营利性民办学校的举办者不得取得办学收益,学校的办学结余全部用于办学。营利性民办学校的举办者可以取得办学收益,学校的办学结余依照公司法等有关法律、行政法规的规定处理。民办学校取得办学许可证后,进行法人登记,登记机关应当依法予以办理"。

3. 出口管理

出口管理是对继续教育机构的办学质量与退出机制进行管理。

对于学历继续教育,教育行政管理部门通过质量年报、质量抽查等方式监管办学质量;对于非学历继续教育,特别是民办继续教育机构,更关注继续教育机构的退出机制,包括办学到期自动退出,因违法、违规办学行为被吊销营业执照强行退出,或因资不抵债无法继续办学而退出。退出机制是继续教育行政管理部门的一项基本职责,也是促进继续教育有序发展的基本保障。

第三节 继续教育组织管理

组织是指人们为实现一定的目标、互相协作结合而成的集体或团体。继续教育组织是在继续教育领域,为了实现人才培养的目标,相互协作而成的集体或团体。继续教育组织体系可以分为两大类:继续教育行政管理组织体系与继续教育办学组织体系。

一、继续教育行政管理组织体系

继续教育行政管理组织体系是指继续教育行政管理的组织结构和组成方式,即采用怎样的组织形式以及如何将这些组织形式结合成为一个合理的有机系统,并以怎样的手段、方法来实现管理的任务和目的。

继续教育行政管理机构是指行使继续教育行政管理功能,引领继续教育发展与规范的政府行政部门。

基于我国继续教育管理体制及继续教育发展历程,继续教育行政管理机构主要分为三大类别:一是教育行政管理机构,主要负责对学历继续教育、非学历继续教育中文化素养类、社会生活类继续教育的管理,同时也对部分职业技术类继续教育进行管理;二是人社行政管理机构,主要负责职业技术类继续教育的管理与协调;三是工商行政管理机构,主要负责对营利性继续教育机构所开展继续教育的经营活动进行管理。从公益性视角看,教育行政管理机构和人社行政管理机构主要负责对公办继续教育机构及其办学进行管理,而工商行政管理机构则负责对民营继续教育机构的市场化的营利行为进行管理。

(一) 教育行政管理机构

1. 教育部的行政管理机构

当前,教育部继续教育管理的最高机构是教育部继续教育协调工作小组,负责对教育系统各级各类继续教育的协调,包括高等继续教育、社区教育、老年教育等。教育部继续教育行政管理工作在教育部继续教育协调工作小组领导下开展。教育部下设与继续教育业务相关的司局,主要有职业教育与成人教育司、教师工作司,其中以职业教育与成人教育司为主体。

(1) 职业教育与成人教育司。承担职业教育统筹规划、综合协调和宏观管理工作;指导中等职业学校教师培养培训工作;承担成人教育的宏观指导工作。下设高等继续教育处和城乡与社会教育处。其中,高等继续教育处负责高等继续教育的管理与协调,其管理对象主要是院校继续教育机构。城乡与社会教育处负责社区教育、老年教育、农村教育、市民教育等的管理与协调。城乡与社会教育处的设立,是为了主动适应国家经济社会发展和全面建设小康社会的新要求,促进全民学习、终身学习的学习型社会建设,完善继续教育管理体制,推动城乡社会教育一体化协调发展,统筹配置城乡社会教育资源,建立城市帮扶农村、城乡优势互补的共享发展长效机制。

(2) 教师工作司。规划、指导各级各类学校教师队伍建设,拟订教师教育和教师管理政策法规,拟订各级各类教师资格标准并指导教师资格制度的实施,宏观指导教师教育和教师管理工作。在继续教育方面,主要负责各级各类教师教育培训项目的宏观规划与管理。

2. 省级及以下的行政管理机构

省级继续教育行政管理机构主要负责本省继续教育的组织与管理工作。对应教育部相关继续教育机构,各省、市、县的教育行政部门也设立相应的管理机构,负责上级部门继续教育管理工作的落实、政策的执行,以及管辖范围内的继续教育管理与政策制定。以广东省为例,对应教育部的职业教育与成人教育司、教师工作司,广东省教育厅分别设置了职业教育与终身教育处、教师管理处、教师继续教育指导中心等。其中,职业教育与终身教育处"指导成人文化技术教育、社区教育、职工教育和农民文化技术教育工作,指导社会文化教育工作;指导终身教育相关工作";教师管理处"承担各级各类学校教师培养的统筹协调工作,参与指导师范教育工作,指导教师继续教育工作和中小学校长培训工作";教师继续教育指导中心"参与拟订教师继续教育规划;协助开展教师继续教育、中小学校长、教育行政干部培训工作"。

(二) 人社行政管理机构

人力资源和社会保障部继续教育管理部门主要负责职业技能类技术类继续教育的管理与协调，包括职业技能类培训机构的审批和日常监管，其管理范畴包括民办职业培训、技工院校的继续教育、职业教育教师系统培训、专业技术人才知识更新工程等。

人力资源和社会保障部门负责继续教育工作的综合监督管理工作，行业主管部门负责本行业继续教育的组织管理工作，用人单位负责为专业技术人员提供继续教育条件和经费保障，并组织实施本单位继续教育工作。

1. 人社部的继续教育行政管理机构

人力资源和社会保障部主要有三个职能部门负责各类继续教育的管理：军官转业安置司、职业能力建设司和专业技术人员管理司。

(1) 军官转业安置司。负责拟订军队转业干部安置、培训政策和安置计划，完善培训和安置制度，承担中央国家机关及其在京有关单位安置、选调和培训工作。

(2) 职业能力建设司。负责拟订城乡劳动者职业培训政策、规划，拟订高技能人才、农村实用人才培养和激励政策，在国家教育工作方针政策指导下，拟订技工学校及职业培训机构发展规划和管理规则，指导师资队伍和教材建设；完善职业技能资格制度；组织拟订职业分类、职业技能国家标准和行业标准。

(3) 专业技术人员管理司。拟订专业技术人员管理和继续教育政策，承担高层次专业技术人才规划和培养工作。

2. 省级及以下的行政管理机构

对应人力资源和社会保障部的继续教育管理部门，省、市、县、乡（镇）分别设立了继续教育相关管理部门，各级行政管理部门负责贯彻落实上一级行政管理部门的政策和举措，同时也是本级继续教育管理政策的制定者。以广东省人力资源和社会保障厅为例，创业指导处负责指导和规范全省创业项目开发、创业专家（导师）队伍建设和创业培训（实训）工作；军官转业安置处承担军队转业干部教育培训工作；专业技术人员管理处负责拟订专业技术人员管理和继续教育政策，负责专业技术人员继续教育的综合管理工作，指导企事业单位开展管理人员继续教育，指导专业技术人员培训施教机构的备案管理工作；职业能力建设处负责拟订劳动者职业培训规划和政策并组织实施，拟订高技能人才、农村实用人才培养、评价、激励政策；公务员综合管理与培训处负责组织实施公务员考核、培训、职务任免与升降等方面的法律法规，综合管理公务员培训工作，指导公务员培训施教机构认定工作，组织省直行政机关公务员及参照公务员法管理单位工作人员培训工作等。

二、继续教育办学组织体系

（一）继续教育办学组织类别

继续教育办学组织的体系非常庞大，基于不同的分类维度和标准，有不同的继续教育组织类别。

1. 基于营利性的组织划分

基于继续教育机构是否以营利为目标，可分为营利性继续教育机构和非营利性继续教育机构。营利性继续教育机构是指以营利为目的开展的继续教育活动。这类机构主要为企业性质的继续教育机构，其通过满足社会对继续教育人才培养的需要，获取一定的经济利益，通过利润的不断积累实现自身发展。营利性组织除了接受教育行政部门的办学监管，还需要接受工商行政部门的管理。

我国大部分的继续教育机构属于非营利性继续教育机构，如公办院校的继续教育学院、网络教育学院、开放大学和广播电视大学等。因为继续教育的公益性决定了其不能以营利为目的。但是，由于我国继续教育自负盈亏的办学体制，非营利性继续教育机构仍然需要收取学费以支撑其日常运行和可持续发展。

2. 基于办学类型的组织划分

基于继续教育办学类型，可以将继续教育机构分为学历继续教育机构与非学历继续教育机构。学历继续教育包括成人教育、网络教育、开放教育的继续教育机构等。非学历继续教育分为职业技术类技能类、文化素养类、社会生活类继续教育机构等。

3. 基于行业系统的组织划分

基于继续教育组织所开展的继续教育的行业系统属性，继续教育组织可分为农业从业人员继续教育组织、教师继续教育组织、医学继续教育组织、干部继续教育组织等。各类继续教育组织可继续细分，如干部继续教育组织又分为党校、干部教育学院等。

4. 基于媒体手段的组织划分

基于继续教育组织所采取的媒体手段，可分为在线继续教育组织与非在线继续教育组织。在线继续教育组织是指从事在线培训或以在线培训为主体的继续教育组织，如正保远程教育集团、新东方在线。非在线继续教育组织是指主要从事线下继续教育（如面授培训）或者以线下继续教育为主的组织，如"学而思培优"、传统的老年大学等。

5. 基于办学主体的组织划分

基于继续教育办学主体，可以将继续教育组织分为院校类继续教育组织、行业系统类继续教育组织、社会机构类继续教育组织。继续教育办学组织体系的架构也以此展开。

（二）继续教育办学组织架构

基于继续教育办学主体，可以将继续教育组织分为院校类继续教育组织、行业系统类继续教育组织、社会机构类继续教育组织。

1. 院校类继续教育组织

院校类继续教育组织是依托院校所设立的。基于院校的类型和层次，院校类继续教育组织可分为普通高校、职业院校、成人院校、技工院校等。前三种属教育行政部门主管，技工院校继续教育组织则属人力资源和社会保障部门主管。

（1）普通高校继续教育组织，是各级各类普通高校所设置的继续教育机构，属教育部主管。其包括继续教育学院、网络教育学院、成人教育学院、自学考试辅导学院、职业培训学院、公开学院等。其开展的项目包括学历继续教育与非学历继续教育。学历继续教育以成人教育、网络教育、开放教育为主；非学历继续教育以文化素养类、社会生活类为主，如干部培训、医生培训、教师培训、资格证书培训、社区教育、老年教育、国际教育等。

（2）职业院校继续教育组织，包括高职学院与中职学校所设置的继续教育机构，属于教育部主管。其主要以职业技能培训为主，兼有文化素养、社会生活类培训。随着职业教育的改革发展，职业院校的学历教育与继续教育呈现融合的趋势。2019年《政府工作报告》中提出："改革完善高职院校考试招生办法，鼓励更多应届高中毕业生和退役军人、下岗职工、农民工等报考，今年大规模扩招100万人。"为完成国家职业教育扩招100万的任务，广东省采取设立专业学院的办法，学习者可以非在校学习，教师到专业学院上课，这种非全日制、非在校的学习方式，除了是职业教育的学历文凭外，其他已经与继续教育没有太大差异。

（3）成人院校继续教育组织，包括广播电视大学、各类职工大学、管理干部学院、业余大学等。脱胎于广播电视大学的开放大学，采取全新的办学模式,自主办学、自主颁发学历文凭,已成为普通高校中的一员,但是从其办学定位来说,仍然属于继续教育。成人院校同时还开展学历与非学历继续教育。比如国家开放大学学历继续教育业务包括社会教育业务、政府与行业业务、职业培训业务等。成人院校继续教育具有体系优势,在开展社区教育、老年教育方面有一定的优势。

(4) 技工院校继续教育组织,以职业技术类继续教育为主,属人社部门主管。其包括普通技工学校继续教育、高级技工学校继续教育以及技师学院继续教育。技工院校本来就是一类专门的职业培训机构,所以其开展的继续教育与技工院校自身开展的常规职业技能教育并没有太大差异。原劳动和社会保障部办公厅发布的《关于规范技师学院管理的有关工作的通知》认为,技师学院是高等职业教育的组成部分,是以培养技师和高级技工为主要目标的高技能人才培养基地,同时还承担各类职业教育培训机构师资培训和进修任务。根据2018年人社部统计公报,2018年,全国共有技工院校2379所,全年技工院校面向社会开展培训420.6万人次。[①]

2. 行业系统类继续教育组织

行业系统类继续教育组织是指行业系统组织其系统内的从业人员开展的继续教育。在行业系统类继续教育中,行业协会主要参与职业教育、培训的发展规划、标准制定,培训管理和监督等。行业协会自身不能开展继续教育,其往往需要委托第三方机构开展继续教育培训。行业系统类继续教育具有体系庞大、从业人员众多,培训内容针对性强的特点。基于行业系统的分类,行业系统类继续教育组织可以分为事业单位继续教育组织、政府部门继续教育组织、企业继续教育组织三大类别。

(1) 事业单位继续教育组织。事业单位是指由政府利用国有资产设立的,从事教育、科技、文化、卫生等活动的社会服务组织。事业单位接受政府部门领导,是表现形式为组织或机构的法人实体。与企业单位相比,事业单位有以下特征:一是不以营利为目的;二是财政及其他单位拨入的资金主要不以经济利益的获取为回报。事业单位继续教育是指事业单位内部开展的,服务其系统内员工的继续教育。事业单位继续教育体量庞大,如医疗卫生行业的医学类继续教育,教育行业的教师教育培训等。

(2) 政府部门继续教育组织。政府部门为了提升其系统内员工的能力和素质,除了要求员工接受外部培训外,还通过内部培训机构进行培训,其内部

---

① 《2018年度人力资源和社会保障事业发展统计公报》,见 http://www.mohrss.gov.cn/SYrlzyhshbzb/zwgk/szrs/tjgb/201906/t20190611_320429.html。

培训更多地以政治性培训为主,具有成本低、针对性强的特点。政府部门继续教育组织自成体系,有专门的继续教育组织,如国家行政学院、各省级干部网络学院、党校系统等。同时,各级政府部门自身还有一些培训中心之类的继续教育机构。由于政府部门对员工的政治性要求较高,因此有更为完善的培训系统。

(3)企业继续教育组织。基于企业的规模大小,其继续教育组织也分为不同的层次,如企业大学联盟、企业大学、培训中心或培训部门。企业大学一般是大中型企业面向自身企业所开展的培训,企业大学一般有完备的教学体系与师资力量,比如携程大学、如家管理大学、浦银大学、海信学院、宝钢人才开发院、中国电信学院、大唐大学、京东大学等。对于规模较小的企业,其继续教育组织较小,可能是几个人组织的培训部门,甚至只是设置专职的培训岗位。企业大学联盟可以帮助企业解决自身培训力量不足的问题,如小型企业可以参加企业大学联盟所举办的各类继续教育培训。

3. 社会机构类继续教育组织

社会机构类继续教育组织主要是指社会培训机构,其中还包括社会团体开展的继续教育。社会培训机构主要以民办培训机构为主,属于营利性的继续教育组织。社会培训机构经营性的民办培训机构是指经征求教育行政部门或者人力资源和社会保障行政部门意见后,由工商行政管理部门登记的从事经营性培训活动的内资公司制企业(不含经营性民办早期教育服务机构)。[①]

根据2018年人社部统计公报,2018年年末全国共有就业训练中心2298所,民办培训机构21565所。全年共组织各类职业培训1651万人次。[②]

继续教育办学组织架构,如图3-4所示。

[①] 《上海市经营性民办培训机构登记暂行办法》,见 http://www.sgs.gov.cn/shaic/html/govpub/2013-07-08-0000009a201307050001.html。

[②] 《2018年度人力资源和社会保障事业发展统计公报》,见 http://www.mohrss.gov.cn/SYrlzyhshbzb/zwgk/szrs/tjgb/201906/t20190611_320429.html。

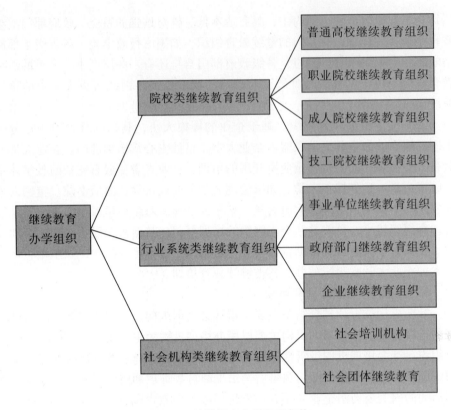

图3-4 继续教育办学组织架构

(三) 继续教育办学组织特点

1. 办学公益性

继续教育以人才培养为目标,旨在促进人与社会的可持续发展。教育是公益性的事业,继续教育也不例外,所有继续教育组织所开展的继续教育都具有公益性。但是,不同类型继续教育机构的公益程度不同。

(1) 院校类继续教育组织的公益属性最强。因其是依托教育行政部门或人社部门设置的中等或高等院校,故不以营利为目的是院校类继续教育的本质属性和内在要求,更注重社会效益。结合当前国家对继续教育办学没有直接投入的现状,院校类继续教育在为社会提供继续教育服务的同时,适当获取经济利益维持生存,实现可持续发展也是必要的。

(2) 行业系统类继续教育组织具有较强的公益性。特别是事业单位、政府部门的继续教育组织,其公益性较强;而企业面向其员工开展的继续教育,本身就不存在营利性,具有较强的公益性。

（3）社会机构类继续教育组织，特别是社会培训机构开展的继续教育，在社会效益与经济效益进行平衡的时候，更注重经济效益，这类机构的公益性相对最弱。

2. 运营市场性

继续教育运营的市场性取决于继续教育的本质属性。继续教育是为了满足全体社会成员的继续教育学习需求。为了构建"人人皆学、处处能学、时时可学"的终身学习环境，满足全体社会成员几乎无所不包、无所不在的继续教育学习需求，因此需要建构几乎无所不能的继续教育体系。单纯依靠国家投入或者国家力量开展继续教育是远远不够的。利用市场机制，调动全体社会组织和社会成员参与继续教育，有其必要性和必然性，特别是在我国终身教育系统的建设过程中，显得尤为重要。继续教育组织通过适当的市场运营，获得适当、适度的经济回报，以实现自身的生存和可持续发展。

不同类型的继续教育组织的市场化程度有较大差异。院校类继续教育组织，基于院校自身的办学导向和较强的公益属性，以及继续教育组织的人员结构，在体制、机制的设计上更重视质量的保障和品牌的维护，因此，院校类继续教育在市场化的道路上一般都走得比较谨慎，其市场化程度相对较低；社会培训机构的市场化程度较高，是因为社会培训机构需要通过自身对继续教育市场的运营，获得一定的经济回报，以实现自身的生存和可持续发展，所以对市场更为敏感，能够更快地依据市场需求进行继续教育办学项目与办学策略的调整。

院校类继续教育组织虽然在市场化运营方面略显弱势，但院校类继续教育组织依托的院校拥有优质的办学资源，具有教学、师资和品牌的优势，更容易做到教学质量的保障。特别是普通高校的继续教育，其办学更具有品牌的优势。

3. 地位弱势性

继续教育组织的弱势性，表现为其在整个教育体系中地位的弱势性。首先，从继续教育组织的地位看，院校类继续教育组织是继续教育中的正规军，最能说明继续教育的地位。院校类继续教育组织，往往是院校所附设的一个机构，在院校中并非处于核心地位，特别是在一流或重点高校中，一般处于院校的边缘地位。其次，从继续教育组织的投入看，继续教育组织不像一般院校能获得生均拨款，需要靠自身的办学收益来维持生存。值得关注的是，部分开放大学已经获得政府按一定比例的生均拨款，但只限于学历继续教育。

4. 良好成长性

随着国家对学习型社会建设的不断推进，国家面向学习者的继续教育投入会越来越大，继续教育的内容与范畴也会不断扩充，因此，继续教育组织具有良好的成长性，以办学质量为核心的继续教育组织会发展得越来越好、越来越快。

5. 师资不稳定性

相对于学校教育师资，继续教育组织的师资以兼职为主，具有明显的不稳定性。具体表现在三个方面：一是继续教育自负盈亏的办学体制，使继续教育的成本压力大，长期聘用专职教师的成本高。二是继续教育项目的变化较大，特别是非学历继续教育项目，往往随着市场需求不断变化，基于不断变化的项目聘请不同的师资。三是对于从事继续教育的教师来说，由于继续教育项目的不稳定性，其职业也难以得到长期保障，在此种情况下，教师选择兼职的方式更为合适。

相对来说，院校类继续教育组织的师资更为优秀。这是因为继续教育组织的师资主要来自院校自身，这些教师无论是在专业水平还是整体素质上都比较高，特别是在理论性知识的教学方面优势明显。不过这类教师主要以普通教育的教学和科研任务为重，继续教育只是一种兼职，因此，教师对继续教育的投入也存在很大的个体差异。

行业系统类继续教育组织的师资，主要来自行业系统自身，其教学经验或理论知识相对较弱，但是实践经验和经历丰富，更容易让学习者获得实用的知识和技能。

社会培训机构的师资，来源更为多样化，但是其市场化的教学激励机制，往往能让教师更为投入，教学效果也可能更好。

第四节　继续教育政策管理

政策是指国家政权机关、政党组织和其他社会政治集团为了实现自己所代表的阶级、阶层的利益与意志，以权威形式标准化地规定在一定的历史时期内，应该达到的奋斗目标、遵循的行动原则、完成的明确任务、实行的工作方式、采取的一般步骤和具体措施。

继续教育政策是政府部门以权威形式发布的各项继续教育目标、任务、原则、方法等。

一、继续教育政策分类及其功能

基于继续教育政策所产生的作用效果，继续教育政策可分为生成性政策、发展性政策和规范性政策。

（一）生成性政策及其功能

生成性政策是促进继续教育新类型产生的政策，是国家基于继续教育发展需求，为鼓励新的继续教育形式所制定并出台的继续教育管理政策。我国生成性政策的功能主要有三个方面。

1. 产生了新的办学类型

（1）成人教育。1949年12月，教育部颁布的《关于中国人民大学实施计划的决定》，要求该校开办夜大学。1950年，中国人民大学夜大学正式招生。1953年，中国人民大学开办函授教育。可见，夜大学是中华人民共和国成立以后最高层次的学历继续教育类型。

（2）电大教育。对于电大教育，早在20世纪60年代初期，北京、上海、天津、沈阳等中心城市就试办过地区性的广播电视大学。而全国性的电大教育是从1979年开始的，1979年1月国务院批转教育部、中央广播事业局《关于全国广播电视大学工作会议的报告的通知》，同年2月，经国务院批准，由教育部、中央广播事业局共同在北京建立了中央广播电视大学，正式开始了全国性的电大教育。

（3）自学考试。1981年1月国务院转批教育部关于《高等教育自学考试试行办法》的报告，北京、上海、天津和辽宁省在国务院的批示下作为先期试点，经过两年的试点，我国自学考试全面铺开。

（4）网络教育（现代远程教育）。1998年7月，时任国务院副总理李岚清对教育部致国务院《关于报请批转〈关于发展我国现代远程教育的意见〉的请示》作了批示。教育部根据该批示，指定清华大学、浙江大学、北京邮电大学、湖南大学4所普通高校开展现代远程教育试点。普通高校开展现代远程教育试点的政策文件为1999年3月颁布的《关于启动现代远程教育第一批普通高校试点工作的几点意见》。

（5）开放教育。1999年4月颁布的《教育部办公厅文件关于开展"中央广播电视大学人才培养模式改革和开放教育试点"项目研究工作的通知》。它与网络教育同步获得批准。

（6）老年教育。从以下几个相关文件的颁布，可以看到我国老年教育的起源。1982年2月20日，中共中央作出《关于建立老干部离退休制度的决定》，这在客观上形成了老龄化问题的紧迫形势。1982年4月，国务院批准成立了"中国老龄问题全国委员会"，制定了《关于老龄工作情况与今后活动计划要点》，适时提出了"老有所养、老有所为、老有所医、老有所学、老有所乐"的综合治理老龄问题的工作方针。1983年9月，山东省率先创办了中国第一所以离退休老干部为对象的老年大学。1984年，有哈尔滨、贵阳、南京、济南、北京、广州等地相继创办了老年大学。到1985年，全国已有老年大学61所，学员近4万人。至此，中国老年教育迈出了历史性的第一步。①

2. 催生了新的办学层次

学历继续教育专升本办学层次的产生，始于1992年1月教育部颁发的《1992年全国各类成人高等学校举（试）办大学专科起点本科班招生规定》。该文件规定，部分经国家教育委员会批准的高校可以招收专升本学生，专升本招生纳入国家成人高等教育事业计划。

3. 诞生了成人学士学位

为符合条件的成人学生颁发成人学士学位，标志着成人高等教育进入一个新的历史时期。1983年3月教育部颁布的《关于授予高等学校举办的函授、夜大学本科毕业生学士学位试点工作的几点意见》指出，"由于函授、夜大学与日校情况不同，对授予学士学位工作尚无经验，故决定先在同济大学、华东师范大学、东北师范大学、哈尔滨工业大学进行试点，待取得经验后再逐步铺开"。

（二）发展性政策及其功能

发展性政策是指促进继续教育快速发展的政策法规或相关文件。国家层面发展性政策的出台对全国继续教育的大力发展具有明显的促进作用。

1. 成人教育发展性政策的促进作用

1980年9月，国务院批转教育部《关于大力发展高等学校函授教育和夜大学的意见》的通知，规定"高等学校举办函授教育和夜大学的工作，应当采取积极恢复、大力发展的方针。到1985年全国高等学校举办的函授教育和夜大学本科、专科在校学生总数，要达到相当于全日制高等学校在校学生人数三分之一以上"。这对成人教育的发展起着非常重要的促进作用，从1981—1985年，成人教育呈现直线上升趋势。1981年招生人数为17.11万人，1985年为87.78万人，1985年的招生人数比1981年增长了413%。②

1987年6月，国务院批转国家教委《关于改革和发展成人教育的决定》指出，"大力发展成人教育，不断提高亿万劳动者的思想道德素质和科学文化

---

① 岳瑛：《中国老年教育发展的背景和历史回顾》，载《天津市教科院学报》2016年第2期，第47-50页。

② 杨际军：《改革开放以来影响成人高等教育发展的政策法规探析》，载《成人教育》2008第10期，第25-26页。

素质，使经济和社会的发展具有更加坚实可靠的人才基础，这对于把我国建设成为高度民主、高度文明的社会主义现代化国家具有重要的战略意义"。在该决定的促进下，1988 年的招生人数为 69.83 万，比 1987 年的 49.83 万人增长了 40.14%。

1993 年 1 月，国务院办公厅转发国家教委《关于进一步改革和发展成人高等教育意见的通知》指出，"动员社会各方面的力量大力支持、积极兴办多种形式、多种层次、多种规格的成人高等教育，进一步增加和拓宽社会成员接受高中后教育的机会和渠道，使成人高等教育为经济和社会发展提供更加广泛的服务"。在该通知的促进下，1993 年的招生人数为 86.27 万，比 1992 年的 59.17 万增长了 45.8%，而 1994 年的招生人数在 1993 年的基础上增加了 17.9%。

2. 自学考试发展性政策的促进作用

1991 年 8 月，《国家教委关于加强自学考试工作的意见》指出，"各级教育行政部门和自学考试机构，应积极鼓励和支持政府职能部门、企事业单位、民主党派和社会团体根据自学考试的专业考试计划和课程自学考试大纲的要求，通过多种形式开展助学活动"。该意见鼓励开展各种形式的社会助学活动，社会助学活动的繁荣也促进了自学考试报名人数的上升。意见出台后，1991 年的自考报名人数为 535.52 万，比 1990 年的 436.26 万增长了 22.75%，1992 年的自考报名人数又在 1991 年的基础上增长了 9.25%。

1995 年 11 月，国家教委印发《关于高等教育自学考试社会助学工作的意见》指出，"各级教育部门、高等教育自学考试办公室对社会助学应积极支持、正确引导、改善服务、加强管理，使其充分发挥教育功能，促进自学考试事业的发展"。该意见要求积极支持社会助学活动，充分发挥社会助学的教育功能。在此促进下，1995 年的自考报名人数比 1994 年增长了 27.16%，1996 年自考报名人数比 1995 年增长了 25.23%。

3. 网络教育发展性政策的促进作用

教育部自 2000 年 7 月颁布《关于对中国人民大学等十五所高校开展现代远程教育试点工作的批复》（教高厅〔2000〕8 号）文件后，陆续颁布了教高厅〔2000〕9 号、教高厅〔2000〕10 号、教高厅〔2001〕1 号、教高厅〔2002〕2 号 4 个文件，试点高校数量从 1999 年的 5 家猛增至 68 家。其中 2000 年批准 26 家，2001 年批准 14 家，2002 批准 22 家。[1] 试点高校数量的增加，大大扩大了远程教育试点的门类和范围，对于丰富远程教育试点经验具有

---

[1] 张尧学：《高校现代远程教育调查与思考》，载《中国远程教育》2004 年第 16 期，第 18－22 页。

非常积极的意义。一系列政策的出台，使得2002年招生规模达到43.42万人，2003年更是增长了78.86%，招生人数达到77.66万人。

4. 社区教育发展性政策的促进作用

2004年12月，教育部出台了《关于推进社区教育工作的若干意见》，在各地政府的大力支持下，教育部先后确定了六批全国社区教育实验区，并在此基础上，建设了四批全国社区教育示范区。2016年6月《教育部等九部门关于进一步推进社区教育发展的意见》出台后，各地认真贯彻落实文件精神，相继出台了推进社区教育发展的政策措施。

（三）规范性政策及其功能

规范性政策是指规范继续教育办学行为，促进继续教育健康、可持续发展的继续教育管理政策。

1. 对成人教育办学行为的规范

随着成人教育的规模性发展，其在办学过程中出现了"乱办学、乱招生、乱收费、乱发文凭"等不规范行为。为保证我国成人教育的健康发展，国家出台了两项政策对办学行为加以规范。

（1）实行全国统一招生入学考试。1986年2月，《一九八六年各类成人高等学校实行全国统一招生规定》指出，"为加强对成人高等教育的宏观管理，提高新生入学质量，促进成人教育结构的调整和成人高等教育的健康发展，决定一九八六年各类成人高等学校实行全国统一招生"。可以说1986年我国成人高校招生实行全国统一入学考试，是我国现代高等教育史上的一件大事，是成人高等教育发展的一个重要里程碑。该规定出台后，1986年的招生人数56.4万比1985年的78.7万人下降了28.34%，1987年的招生人数49.8万比1986年的56.4万人又下降11.70%。

（2）进一步明确了函授、夜大学办学的地域和范围。1990年6月，《关于普通高等学校成人教育治理整顿工作的若干意见》指出，"高校成人教育存在的主要问题是：一些学校办学指导思想不够端正，管理松弛，质量下降；少数学校存在着乱办学、乱收费、乱发文凭的'三乱'现象；宏观管理亟待加强"。要求"夜大学限在便于学生走读的学校所在地招生；函授教育的课程面授由主办学校负责，不能委托函授站等其他单位进行"；"函授、夜大学均应以业余学习为主。严格控制函授学历教育的招生范围。今后，省、自治区、直辖市、计划单列市所属学校举办的函授教育招生及设函授站，一般不得超出学校所在的省、自治区、直辖市"。这对规范夜大、函授的办学行为起到了积极的作用。该意见出台后，1990年的招生人数49.24万比1989年的57.84万人减少了 14.87%，1991 年的招生人数又比 1990 年降低了 5.46%。

2. 对自学考试的规范作用

社会助学是自学考试制度的重要构成，我国的自学考试助学单位的组织构成复杂多样，且具有数量大、分布广的特点，因此，对社会助学的规范成为教育部自学考试政策规范的重点。

1998 年 6 月，教育部《关于加强普通高等学校高等教育自学考试社会助学管理工作的通知》要求"普通高等学校从严控制举办全日制社会助学班。举办社会助学班，不得以营利为目的，不得挤占学校的教育教学设施，不得影响学校正常秩序"。这进一步明确了高校在自学考试中的定位，突出了高校的自学考试主考功能，弱化了高校自学考试的助学功能。

3. 对现代远程教育办学的规范

随着现代远程教育的快速发展，出现了规模扩张与办学质量不相协调的问题，引起社会的广泛关注，为及时解决这一问题，教育部加强了对现代远程教育办学的政策规范，规范的主要内容有以下三个方面。

（1）2001 年 8 月教育部办公厅《关于加强现代远程教育招生工作管理的紧急通知》，对以现代远程教育试点学校的名义乱发招生广告、乱招生、乱收费的现象进行了规范。

（2）2004 年 2 月教育部办公厅《关于做好 2004 年现代远程教育试点学校网络教育招生工作的通知》，第一次对违规招生的试点高校采取了停止招生的措施。自 2004 年至 2013 年，教育部每年都出台招生工作文件，公布可以招生的高校网络教育学院名单，并对招生工作提出要求，对违规高校作出停止招生的处理。

（3）2019 年 12 月，教育部办公厅《关于服务全民终身学习促进现代远程教育试点高校网络教育高质量发展有关工作的通知》，提出"网络教育学生数将按国家规定计入各高校折合在校生规模，作为测算学校办学条件的基础数据之一""教育部将把试点高校网络教育办学情况纳入质量常态监测和高校评估范围""试点高校党政主要领导是第一责任人、分管校领导是直接负责人"等。这是网络教育试点以来最严厉的规范举措。

4. 对培训工作的规范

2018 年 8 月，国务院办公厅印发《关于规范校外培训机构发展的意见》，释放了关于做好线上教育监管工作的信号。同年 11 月，教育部、国家市场监督管理总局、应急管理部三部门办公厅联合印发《关于健全校外培训机构专项治理整改若干工作机制的通知》，落实国务院精神，推动各地加快校外培训机构整改进度，其中，明确指出要强化在线教育监管问题，并提出"按照线下培训机构管理政策,同步规范线上教育培训机构",从此填补了在线培训监管体系的空白,对促进在线培训的良性发展意义重大。

二、继续教育政策的特征分析

我国继续教育政策功能的作用表明,政策的制定具有明显的变迁性质。就政策变迁的整体情况看,具有以下三个主要特征。

(一) 先试点,再铺开

生成性政策出台的轨迹是先进行试点,再全面铺开。

从夜大、函授教育形式的产生看,夜大、函授教育首先在中国人民大学开展,然后才在全国逐渐铺开。高校开展夜大、函授教育需要经过教育部的批准。

从自学考试形式的产生看,自学考试政策出台后,教育部没有马上在全国铺开,而是先在北京、上海、天津和辽宁省开展试点工作,经过两年的试点,再逐步铺开。

从网络教育和开放教育的产生看,两者均是先试点,再铺开。全国共批准现代远程教育试点高校68所,目前仍然处在网络教育试点中。

从成人学士学位授予工作看,教育部也是先在同济大学等4所高校进行试点,直到1988年,国务院学位委员会才正式颁布《关于授予成人高等教育本科毕业生学士学位暂行规定》。这标志着成人学士学位授予工作已成熟。

自2016年11月教育部等六部门《关于公布第一批国家级农村职业教育和成人教育示范县名单的通知》以来,至2019年,已先后公布五批国家级农村职业教育和成人教育示范县名单。

(二) 先发展,后规范

积极的发展性政策往往会带来办学不规范的问题,办学不规范的问题又引发了规范性政策的出台。

1. 成人教育

1980年,教育部发文大力发展成人教育后,成人教育获得了快速发展,但同时也出现了一些规范性问题。因此,于1982年颁布了《关于高等学校函授教育和夜大学招收新生工作的几个问题的初步意见》。1984年开始实行由省、市、自治区统一招生考试,1986年开始由全国统一招生考试。又于1990年颁布了《关于普通高等学校成人教育治理整顿工作的若干意见》,规范成人高等教育的办学行为。

国务院学位委员会于 1988 年颁布《关于授予成人高等教育本科毕业生学士学位暂行规定》后，1991 年国务院学位委员会、国家教委印发了《关于整顿普通高等学校授予成人高等教育本科毕业生学士学位工作的通知》，对普通高校授予本科毕业生学士学位工作进行规范。

2. 自学考试

教育部在 1995 年颁发自学考试的发展性政策后，于 1998 年教育部印发了《关于加强普通高等学校高等教育自学考试社会助学管理工作的通知》，规范自学考试社会助学工作。

3. 网络教育

教育部在 2000—2002 年陆续发布了多个发展性政策文件，鼓励试点高校积极探索现代远程教育办学模式。而且对现代远程教育采取了较为宽松的政策：自主招生，自主组织入学考试，自主录取学生，自主确定文凭类型等。自 2003 年开始，教育部又陆续出台了一系列规范性政策，以规范现代远程教育的办学行为。

（三）先规模，后质量

成人教育的三个标志性文件充分体现了从规模发展到质量提升的特征。

1980 年，国务院批转教育部《关于大力发展高等学校函授教育和夜大学的意见的通知》，特别强调办学规模的发展，如要求"1985 年全国高等学校举办的函授教育和夜大学本科、专科在校学生总数，要达到相当于全日制高等学校在校学生人数三分之一以上"；1987 年国家教育委员会颁布的《关于改革和发展成人教育的规定》，也强调成人高等教育的规模发展，如提到"一些地方和部门的领导同志对改革、开放和两个文明建设向成人教育提出的巨大需求估计不足"，并要求"制定相应的政策措施，充分调动地方和企业事业单位举办成人教育的积极性"。

然而，在 1993 年国务院办公厅转发国家教委《关于进一步改革和发展成人高等教育意见的通知》中，则更强调质量提升的理念，要求"强化成人高等教育质量控制机制，切实保证国家高等教育的质量和规格"。

三、继续教育政策管理问题

我国继续教育政策对于我国继续教育的发展起着非常重要的导向作用。各种继续教育形式在继续教育政策的引导下产生，并在继续教育政策的规范下发展。继续教育政策的导向，必须从尊重教育规律、适应国家实情、满足社会需求、充分发挥高校主体作用等方面出发,更加充分地体现其政策价值。就今后继续教育教育政策的导向而言,笔者认为应注重三个方面。

(一)继续教育政策的统筹一体问题

当前,学历继续教育与非学历继续教育的政策是隔离的,学历继续教育中各种教育类型之间也是相互隔离的。比如成人教育与网络教育是共性比较多的教育类型,然而两者的管理政策是隔离的;又如成人教育要求报考者参加全国统一的入学考试,而网络教育则是自行组织入学考试。网络教育本科学生需要参加全国网络教育公共基础课统考,而成人教育则不需要。

继续教育政策的统筹一体包括两层含义:第一层,学历继续教育与非学历继续教育的政策要做到统筹一体;第二层,学历继续教育的各种办学类型的管理政策要统筹一体。

(二)继续教育政策的延续性问题

通过上述对生成性政策、发展性政策与规范性政策的分析,显而易见,我国继续教育政策的延续性还不足。为了促进继续教育的发展,往往将继续教育政策的口子放得较为宽松,以至于办学规模或办学质量出现失控的情况;为了管控这种失控的情况,往往会出台过于严厉的管理举措,使得继续教育的发展又受到抑制。如果能够充分考虑继续教育政策的延续性,以及继续教育管理与控制的"度",出台"放"的政策时不要过松,出台"收"的政策时不要过紧,那么继续教育的发展会更为平稳、更为顺畅、更为有序。

(三)继续教育政策的多头管理问题

当前,我国的继续教育主要由教育部、人力资源和社会保障部进行管理与规范。两者在继续教育的管理范畴上难免有所重复。其主要表现在政策的出台上,即容易政出多门。也正因为此,一些文件的出台往往是由多个部门联合发布的。

四、继续教育政策管理模式

对于不同阶段的继续教育,行政管理部门对继续教育的管理采取的模式有所不同。一般来说,继续教育管理模式有四种类型:培育型管理、发展型管理、规范型管理、评估型管理(见图3-5)。

初生期　　　　成长期　　　　成熟期

图 3-5　不同发展阶段的继续教育管理模式

（一）培育型管理

培育型管理是指在继续教育发展初期，采取以培育为主的政策，促进继续教育的发展。行政管理部门在该阶段主要以激励性政策为主，引导教育机构积极参与继续教育办学，引导社会公众积极参与继续教育学习。如我国的社区教育，兴起于20世纪80年代，最早在上海和天津两个城市开展。①但是，社区教育在我国一直没有取得很大的进展仍处于培育期，所出台的政策也都是以培育与保护社区教育发展为主。

（二）发展型管理

发展型管理对应发展性政策，一般在继续教育发展的上升期，需要行政管理部门"点一把火"。发展型管理的政策特点是适当放松继续教育办学的限制。然而，基于我国继续教育政策的发展历史，发展型管理最重要的是要把握一个"度"，做到有理、有利、有节，而不是"一放就乱，一管就死"。

（三）规范型管理

规范型管理对应规范性政策，一般在继续教育发展的中期或中后期。规范型管理与发展型管理相伴而生。最理想的情况是规范中有发展，发展中有规范。而最容易出现的问题是有规范没发展，或有发展没规范。

（四）评估型管理

评估型管理，一般在继续教育发展的成熟期。继续教育的发展比较稳定，对继续教育的管理已步入正轨。在这种情况下，行政管理部门基本可以不对继续教育的办学过程进行直接管理，而主要通过考核评估继续教育机构的办学条件与办学质量实现对继续教育机构与办学的管理。通过对继续教育机构的办学进行评估，实现对继续教育办学机构的优化，从而促进继续教育健康有序的发展。

---

① 厉以贤：《社区教育、社区发展、教育体制改革》，载《教育研究》1994年第1期，第13-16页。

第四章 继续教育机构管理

第一节 继续教育机构的战略定位

继续教育机构的战略定位是对继续教育机构的顶层设计与宏观规划,是基于继续教育机构的战略发展所做的布局性安排。不同继续教育机构基于自身特点应有不同的战略定位,即一流大学应有一流大学的继续教育定位,普通高校应有普通高校的继续教育定位,社会培训机构也应有其自身的定位。

一、继续教育机构战略定位的要素

制定继续教育机构战略定位需要考虑以下四个方面的要素。

(一) 国内外继续教育的发展趋势

了解国内外继续教育,特别是国内继续教育的发展趋势,对确定继续教育的战略定位非常必要。当前,继续教育作为学历补偿的任务基本完成,学历继续教育需求总体减少,名牌高校不断退出学历继续教育领域。在这种情况下,大力发展学历继续教育就不一定明智了。从我国经济发展的现状以及学习型社会的建设需求来看,非学历继续教育将会获得越来越好的发展。

(二) 继续教育机构的自身条件

继续教育机构差异很大,不仅有公办与民办之分,各机构内部的办学实力和条件差距也很大。继续教育机构需要充分了解自身的基础和条件。近年来,干部培训市场需求较为红火,如北京大学、清华大学、中山大学、浙江大学等均有进入。但是干部培训市场的切入并不容易,上述高校不仅拥有优秀的师资力量,也是由中组部指定的干部培训基地。为此,一般高校的继续教育进入干部培训市场,特别是理工类高校,并不一定能开展起来;又如学历继续教育当前还有一定的市场空间,但是对于民办继续教育机构来说,即使有市场也难以进入,因为其不能自主开展学历继续教育;而依托第三方开展学历继续教育,则会受到很多客观条件的限制。

(三) 继续教育机构的核心竞争力

继续教育相对学校教育来说，是一个开放竞争的市场。继续教育机构的核心竞争力是其在继续教育领域确立地位、树立品牌声誉的保障。客观评价继续教育机构的核心竞争力，是确定继续教育机构战略定位的前提。如开放大学与高校继续教育机构的竞争，前者的核心竞争力是其体系优势，而后者的核心竞争力则是其师资、品牌优势。为此，开放大学应依托其体系优势开展中低端的、大众化的继续教育，而普通高校继续教育机构应依托其师资与品牌优势开展高端的、精英型的继续教育。

(四) 继续教育机构的价值取向

不同类型的继续教育机构的价值取向存在较大差异。对于依附于普通高校的继续教育机构来说，其价值取向可能是为高校获得一定的经济利益，但是其最大的价值取向应该是助力高校的战略发展。而对于普通高校的继续教育机构来说，为高校获取一定的经济利益可能是高校的价值要求；对于民办培训机构来说，获取一定的经济利益，促进自身的可持续发展，则更可能是其追求的目标。

二、一流大学继续教育的战略定位分析

教育部、财政部与国家发展改革委联合印发的《世界一流大学和一流学科建设高校及建设学科的名单》，公布了北京大学、清华大学等 42 所高校为世界一流大学建设高校。[①] 在新的历史时期，我国一流大学承担了问鼎世界一流大学的责任和义务，同时也承担了更大的发展压力，为了实现这一目标，一流大学将会不遗余力地集中优质资源和精力向这一目标进军。那么，对于一流大学的继续教育，应该如何定位呢？

(一) 一流大学继续教育的重要作用

1. 建设学习型社会的一面旗帜

我国的继续教育，随着其自身的快速发展与壮大，已经成为建构终身教育体系和建设学习型社会的核心力量。一流大学作为中国高等教育的核心构成与

---

① 《教育部财政部国家发展改革委关于公布世界一流大学和一流学科建设高校及建设学科名单的通知》，见 http://www.moe.gov.cn/srcsite/A22/moe_843/201709/t20170921_314942.html。

引领者,利用自身最优质的教育教学资源开展继续教育,是建设学习型社会的一面旗帜,同时也是一流大学服务社会的神圣使命。

从世界一流大学的视角看,"但凡享誉全球的世界一流名校,无一不拥有令人称赞的继续教育,而且排名越靠前的大学,继续教育越发达,从事继续教育的机构也越多","哈佛大学、斯坦福大学、剑桥大学、多伦多大学、瑞士苏黎世联邦理工学院等世界名校都已经将继续教育纳入本校的整体战略规划之中,把继续教育作为学校教育的重要组成部分,而且其中部分大学开展继续教育的历史已有百余年之久"。①

2. 一流人才继续培养的责任担当

在普通教育中,一流大学的生源是最优的,其教师资源、教学资源也是最优的,因此,有利于其培养出一流的学生。特别是在"双一流"(世界一流大学和一流学科建设,简称"双一流")大学建设中,培养一流人才更是其根本任务。那么进入社会的一流人才,是否不再需要一流大学了呢?

在学习型社会,这些一流人才需要在工作中不断学习、深造,需要不断提升自身的能力和素质,只有这样,才能在激烈的竞争中保持优势,才能让自己继续成为"一流人才"。对于具有优秀的师资、教学资源的一流大学,其有能力、有水平为这些一流人才提供继续教育,让他们在社会中持续成为一流人才。而普通大学因为缺乏优秀的师资、教学资源等条件,所以难以为这些一流人才提供令人满意的继续教育服务。可以说,一流大学开展继续教育、培养一流人才,是"舍我其谁"的担当与必然选择。

如中山大学对于普通教育的人才培养,提出了"德才兼备、领袖气质、家国情怀"的目标,在继续教育领域,对一流人才的继续教育同样也需要这样的培养格局和培养目标。

3. 一流继续教育办学的方向引领

继续教育作为终身教育体系的核心构成,其覆盖的范围和领域远远超过普通教育。在广阔的继续教育领域,不仅需要快速地横向发展,覆盖终身教育的各个领域,同时也需要快速地纵向发展,实现继续教育从低端向高端、从国内向国际发展。继续教育已经成为国家的重大发展战略,继续教育不应该长期徘徊在低端的继续教育项目和质量上,向高端、高质量、国际化发展是一种趋势和潮流。

高端、高质量、国际化的继续教育需要高端的教师资源和教学资源,需要

---

① 王红新、陶爱珠、沈悦青:《大学使命:国际视野下的一流大学继续教育》,上海交通大学出版社 2013 年版,第 35 - 36 页。

国际化的视野、格局和拓展能力，同时也需要较强的理论研究和趋势引领能力，而这些正是一流大学的优势所在。作为一流大学，可以充分利用自身的人才、资源和国际化优势，开展一流继续教育，甚至是世界一流的继续教育，为我国继续教育发展做方向与趋势的引领。

4. 一流大学持续发展的战略布局

随着终身教育体系的逐步形成，我国继续教育获得了快速、长足的发展，各级各类高等学校、社会机构也参与到继续教育中，都在继续教育领域"圈地"。一流大学在高端继续教育领域布局、圈地，这是十分必要的，也是为一流大学的可持续发展提供未来的发展空间。

基于对继续教育的使命与担当、引领与布局，一流大学不应离开继续教育，继续教育也需要一流大学的积极参与。

（二）一流大学继续教育的战略定位

继续教育作为一流大学的有机构成，作为一流大学培养人才的一种途径与方式，其应与本科教育、研究生教育成三足鼎立之势。继续教育要达此目标，应重新确定其战略定位，服务于一流大学的战略目标，只有这样，继续教育才会有充足的发展空间、持续的发展动力。

1. 一流大学的战略目标

一流大学建设的宗旨是建设中国特色的世界一流大学。为实现这一宗旨，一流大学有两大战略目标：一是培养一流人才；二是建设一流学科。

（1）培养一流人才。关于一流大学的人才培养，习近平总书记在全国高校思想政治工作会议上明确指出："高校立身之本在立德树人，只有培养出一流人才的高校，才能够成为世界一流大学。"[①] 徐飞认为"培养人是大学的根本"，"培养一流人才不仅是一流大学的本分，也是一流大学的本然价值"。[②] 可见，培养一流人才是一流大学的根本任务和战略目标。一流大学的最终目标将是培养世界一流人才。

（2）建设一流学科。2015年10月，在国务院印发的《统筹推进世界一流大学和一流学科建设总体方案》中，将"以学科为基础"作为建设原则。[③] 2018年8月在教育部、财政部、国家发展改革委联合印发的《关于高等学校

---

① 习近平：《思想政治工作贯穿教育教学全过程》，见 http：//www.xinhuanet.com/politics/2016-12/08/c_1120082577.htm。

② 徐飞：《培养一流人才是一流大学的本分》，载《中国高教研究》2017年第5期，第29-33页。

③ 国务院关于印发《统筹推进世界一流大学和一流学科建设实施办法（暂时行）》的通知，见 http：//www.gov.cn/xinwen/2017-01/27/content_5163903.htm#1。

加快"双一流"建设的指导意见》中,将学科建设作为核心任务,专门用六个自然段的篇幅,分别从"明确学科建设内涵、突出学科优势与特色、拓展学科育人功能、打造高水平学科团队和梯队、增强学科创新能力、创新学科组织模式"六个方面阐述一流学科建设。① 足见,一流学科建设是一流大学的战略目标之一,也是一流大学最核心的竞争力。

一流人才培养与一流学科建设相辅相成,随着国家"双一流"大学号角的吹起,一流大学将越来越聚焦在这两大战略目标上。

2. 一流大学继续教育的战略定位

作为服务于一流大学的战略目标,一流大学继续教育需要开展一流继续教育,培养一流人才,助力学科建设,打造国内一流、世界领先的继续教育的战略定位。具体来说,包括继续教育的人才培养定位、学科建设定位与办学目标定位。

(1) 继续教育的人才培养定位。首先,从一流大学的战略目标看,培养一流人才是其根本任务,只有当继续教育的人才培养也定位于一流人才培养时,普通教育与继续教育才能真正实现人才培养质量的统一,继续教育才会被一流大学认可,才能为一流大学加分,才能面向社会输出高质量人才。其次,从继续教育自身的作用看,继续教育作为终身教育体系的核心构成和中坚力量,是在更大范围内为社会培养人才的途径和方式。其不仅是普通教育人才培养的延续,更是普通教育人才培养的升华。从这个意义上说,继续教育是大学为社会培养人才的制高点,是一流人才持续一流的保障。因此,对于一流大学来说,其继续教育的人才培养定位是培养一流人才,如图4-1所示。

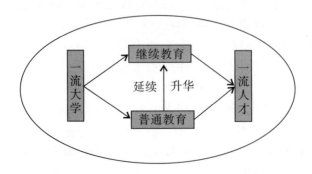

图4-1 一流大学普通教育与继续教育人才培养的定位

---

① 教育部、财政部、国家发展改革委关于印发《关于高等学校加快"双一流"建设的指导意见》的通知,见http://www.moe.gov.cn/srcsite/A22/moe_843/201808/t20180823_345987.html1。

（2）继续教育的学科建设定位。尽管当前继续教育在一流大学的学科建设方面显得可有可无，然而，通过继续教育战略定位的重新调整，继续教育可以在很大程度上助力一流大学的学科建设。一是为学科建设提供可持续发展动力。一流大学可以通过继续教育，不断提升科研人员的学术、科研能力，不断丰富他们的前沿学科知识，提升他们的国际化格局和视野。二是为学科建设提供平台和基地。继续教育面向全社会提供教育服务，其教育对象是全体社会成员，其教育领域几乎无所不包。为此，一流大学在开展继续教育过程中，可以发掘更多的学科研究空间，搭建更大的学科研究平台，网罗更多的学科研究人才。三是建设一流继续教育学科。继续教育作为一个庞大的教育体系，具有非常广阔的研究领域和研究空间，由于当前继续教育的定位，以致其学科研究远远没有获得重视。因此，一流大学可以率先开展继续教育学科研究，打造国内一流、世界领先的继续教育学科。

（3）继续教育的办学目标定位。对于一流大学来说，开办一流继续教育是其办学的目标定位。只有开办一流的继续教育，才有可能培养出一流的人才。一流大学开办继续教育可以分为两个层次：一是国内层次，即开办我国一流继续教育；二是国际层次，即开办世界一流继续教育。因此，开办世界一流继续教育是一流大学继续教育的最终目标。

3. 一流继续教育的基本特征

（1）趋势引领，是指继续教育办学符合国家发展导向和继续教育的发展方向。对于一流继续教育而言，其办学方向应该是前瞻的、领先的，比如清华大学早在2003年就停办成人学历教育，是全国第一个将非学历继续教育作为继续教育的全部内容，全部精力开展非学历继续教育，充分体现了一流大学继续教育理念的引领性与前瞻性。当前，很多名校正在逐步停办学历继续教育，这正是适应继续教育趋势和方向的一种价值取向和理念跟随。

（2）定位高端。继续教育作为终身教育体系的核心构成，其办学领域没有高低之分，具有"有教无类"的特点。但是在同一领域或同一项目类群里，则有高、中、低端之分。其中，一流继续教育的高端定位，是指继续教育的项目高端和人群高端，即一流继续教育项目应该是面向各个行业领域的高端人群所开展的高端项目。如工商企业领域，面向总裁、经理人的继续教育项目属于高端项目。又如在社区教育领域，面向社区教育的高端管理与科研人才的继续教育属于一流继续教育项目。

（3）师资优秀。不论在普通教育，还是继续教育领域，师资永远是教育的核心竞争力。对于一流继续教育来说，一流的师资是产生和保障一流继续教育质量的基本条件。这里的一流师资是指能够服务于高端人才培养的优秀师资的总称，不单指高校自身优秀的专家学者，同时也指行业系统内高水平的实践型师资。对于继续教育的人才培养来说，应用型、实践型的优秀师资尤为重要。

（4）技术领先。在"互联网+"时代，快速发展的信息技术引发了继续教育的深刻变革，表现为日新月异的教学形式、形式多样的学习方式、丰富高质的网络资源等。尽管面授教学仍然是继续教育的主要教学手段和方式，学习者也更喜欢面授教学的学习氛围。但是，作为一流继续教育，其应该做到技术引领，充分利用先进的网络信息技术，优化继续教育的教学方式、管理手段、服务形式，营造时时可学、处处能学的学习环境，解决继续教育人群的工学矛盾，使得继续教育更好地为全民终身学习服务。

（5）质量一流。一流继续教育的根本是一流的教育质量。在继续教育领域，对于继续教育质量有更为广泛的内涵，一流的质量不仅表现为教学资源的一流，更表现为教学服务的一流以及教育效果的一流。继续教育质量评价应该是多维的，包括学习者评价、用人单位评价、社会评价以及机构自身的评价等。

三、其他继续教育机构战略定位的思考

（一）普通高校继续教育的战略定位

行业系统类普通高校，具有鲜明的行业特色，其面向行业系统的专业，往往比综合性高校的专业更强，如财经类高校的财经专业、师范类高校的师范专业、医学类高校的医学专业。行业系统类普通高校可以利用自身所具有的核心竞争力专业，面向行业系统开展继续教育，如师范类高校应在教师教育类体现自身的优势，面向中小学教师、高等院校教师开展继续教育。

综合性高校，其综合实力都比较强，专业面广、师资力量雄厚。综合性高校可以利用这些优势，开展量大面广的继续教育，特别是素质类继续教育，以及综合性的、跨学科专业类的继续教育项目。同时综合性高校的品牌优势也很明显，可以利用自身品牌开展中高端培训。

（二）职业院校类继续教育战略定位

职业院校的核心竞争力在于技术与技能教育，职业院校的定位是为社会培训各级各类的技能型人才，其主要领域为企业。因此，职业院校类继续教育应定位于职业技能培训，以行业企业为主阵地，打造自身的继续教育品牌和核心竞争力。同时职业院校类继续教育还可以与职业资格证书紧密相连，服务于国

家工业化4.0发展战略。

例如，2019年1月，国务院印发的《国家职业教育改革实施方案》提出，要启动"1+X"证书制度试点工作。2019年4月，教育部等四部门联合印发的《关于在院校实施"学历证书+若干职业技能等级证书"制度试点方案》提出，自2019年开始，重点围绕服务国家需要、市场需求、学生就业能力提升，从10个左右领域做起，启动"1+X"证书制度试点工作。在国家的战略布局下，对于职业院校而言，将职业教育的学历证书与职业技术类继续教育做整体的规划与部署，不仅能适应国家战略发展，也能使得自身有更大的发展空间。

（三）开放大学（广播电视大学）战略定位

庞大的办学体系是开放大学（广播电视大学）的优势，其教学体系遍布各市、县、乡，办学项目繁多，有开放教育、职业教育、培训教育、老年教育、社区教育等。因此，开放大学可以充分利用自身的办学优势，通过整合体系内的办学资源、教学资源，开展融合学历继续教育与非学历继续教育为一体的继续教育体系化办学。如广东开放大学所提出的"开放办校、技术立校、创新强校、人才兴校、质量荣校"五位一体战略定位，就充分体现了开放大学的特点。

（四）社会培训机构继续教育的战略定位

社会培训机构的核心竞争力在于市场化的体制机制优势，社会培训机构虽然没有普通高校所依托的专业和师资优势，但是其具有市场化体制优势，具有灵敏的市场嗅觉，能够帮助其快速捕捉继续教育市场机会。因此，社会培训机构应基于自身的市场化优势，结合自身的过往经验经历，在市场缝隙中寻找适合自身生存发展的继续教育办学空间。虽然社会培训机构可以通过作为高校继续教育机构的教学点切入学历继续教育，但是从继续教育的发展大势来看，社会培训机构致力于非学历继续教育，在自身的专长领域深耕细作，是其战略定位的重要关注点。

第二节 继续教育机构的战略规划

一、继续教育的战略思维

继续教育机构战略规划,首先要有一定高度的战略思维。继续教育的战略思维可以分为四个层面,即教育思维、继续教育思维、市场化思维、信息化思维。

(一)教育思维

继续教育学属于教育学的分支学科,服从于教育的本质属性。对此,继续教育的办学需要坚持教育理念,应以学习者为中心、以质量为导向开展继续教育,而不是以利益或利润为中心。只有这样,才能体现继续教育办学的特征,体现继续教育的归属。

(二)继续教育思维

继续教育办学需要充分考虑自身的特点,包括供给端、需求端、资源端的特点。基于继续教育的特点对继续教育进行布局,才能促进继续教育的发展。

(三)市场化思维

为了满足面向全体社会成员的继续教育需求,单独依靠政府部门的投入是远远不够的。在继续教育中引入市场机制、促进各级各类教育机构以及社会机构积极参与有其必要性。对于继续教育办学,基于市场化思维,利用市场化机制开展继续教育,不仅能够增强继续教育的市场活力,也能快速地满足全体社会成员的继续教育需求。基于市场化思维,继续教育布局包括三个方面:一是立足市场需求,即遵循市场的优胜劣汰机制,面向学习者的需求,为学习者提供其所需要的继续教育产品;二是采用市场机制,包括市场化的用人机制和评价机制,市场化的运营机制,市场化的项目推广、项目服务与项目评价机制等;三是注重品牌建设,品牌是继续教育机构的无形价值,继续教育机构应该拥有强烈的品牌意识,通过树立品牌建立其在继续教育市场中的地位。

(四)信息化思维

继续教育作为面向全体社会成员、覆盖全社会的一种社会化教育活动,充分利用信息技术手段,是实现继续教育全覆盖的基础和条件。信息化思维包括三个方面:一是趋势引领,即基于现代信息技术的发展趋势,选用最适合继续教育的信息技术,提高教育教学效率与效果;二是深度融合,即将信息技术深度融入继续教育的教学中,如利用信息技术建设在线学习平台、教务管理信息系统,利用信息技术实现移动学习、建设网络学习资源等;三是模式创新,即将信息技术应用于继续教育的教学与管理中,促进继续教育的教学改革,如利用信息技术开展网上教学、移动教学、翻转课堂等。

二、继续教育的战略目标

继续教育的战略目标,需要基于继续教育思维,结合继续教育机构自身的优势和特点,面向社会的继续教育需求,拟定适合自身的继续教育发展目标,基于自身的发展目标,拟定继续教育发展路径,形成继续教育发展规划。

(一) 继续教育战略目标的制定

继续教育战略目标的制定,首先要开展继续教育的市场调研,其次要明确继续教育的办学方向,最后要拟定继续教育的战略目标。

1. 开展继续教育市场调研

对于继续教育的市场调研,继续教育机构可以自行开展,也可以聘请咨询公司开展。调研的目的有三:一是明确继续教育市场的发展趋势,特别是未来5~10年继续教育的发展趋势和方向;二是明确待进入领域的市场竞争情况,包括该领域现有继续教育机构的规模、运行与盈利情况;三是明确待进入的继续教育领域的成长性情况,是蓝海市场,还是红海市场。

2. 明确继续教育办学方向

基于继续教育市场调研结果,结合自身的市场团队、教学团队、过往办学经验,利用 SWOT 分析法,分析自身在继续教育领域所具有的竞争优势与劣势,分析所面临的机遇与挑战,明确能够进入哪些继续教育领域以及进入该领域的投入与产出等。

在进入继续教育领域后,要进一步明确是进入继续教育的高端领域还是中低端领域。比如中山大学,依托其雄厚的管理学、经济学背景,可以进入继续教育领域的干部培训和企业培训等高端市场。如果是一般性大学,如师范类高校,则可基于自身优势进入教师继续教育领域。而开放大学一类的高校,如果要进入继续教育领域,则应充分利用其网络教学与网络学习资源的优势,面向中基层公务员或企业基层员工,开展规模化的在线培训。

3. 拟定继续教育发展目标

继续教育发展目标，可以分为近期目标和远期目标。近期目标一般为两三年内，而远期目标一般为 5 年左右，也可以是 10 年。继续教育发展目标不仅是指经济指标的完成情况，即一定时期内继续教育的收入和盈利情况，更重要的是指市场核心竞争力的形成以及继续教育品牌的建立等。

以某继续教育机构为例，其总体目标是扩大高校继续教育的社会影响力和服务社会的能力，提升经济效益和社会效益，致力于打造以继续教育为核心业务的综合性教育集团。该机构的近期目标是完成继续教育办学结构的调整，形成以非学历继续教育为中心的多类型继续教育办学格局；其远期目标是树立继续教育的形象和品牌，成为高校服务社会的重要渠道，将自身打造成为全国继续教育重要阵地，全国继续教育格局中的核心成员。

（二）继续教育战略目标的实现路径

继续教育机构实现继续教育战略目标，可从以下四个方面入手。

1. 搭建继续教育大平台

（1）搭建与继续教育机构合作的大平台。可以建立与继续教育机构之间的联盟，共同做大做强继续教育。结成联盟的基本条件是继续教育机构相互之间存在互补性，包括继续教育业务领域的互补性、地域的互补性、定位的互补性。如 A 机构在广东省开展继续教育，B 机构在湖南省开展继续教育，则两者有办学地域上的互补；或者 A 机构开展高端继续教育，B 机构开展中低端继续教育，则两者能形成业务上的互补；A 机构和 B 机构之间建构联盟，就充分利用了其相互间的互补性，从而产生"1+1>2"的效果；同时 A 机构和 B 机构还可以共同申报或投标国家级的继续教育项目或国际性的继续教育项目等。

（2）搭建与行业企业合作的大平台。可以与行业企业建立联盟或合作关系。如与某个行业或大型企业建立长期的继续教育合作关系，则可以长期、深度地为其开展继续教育。这种与行业企业建立长期的合作关系，特别是在行业性的高校中最为明显。如中国石油大学网络教育学院与石油行业的长期合作，就为石油行业培养了大量的人才。

（3）搭建与学分银行相沟通的大平台。可以为继续教育搭建终身学习桥梁，实现继续教育与各级各类高等教育之间的成果转换与学分互认。继续教育学习者的学习成果可以与其他高等教育机构或其他继续教育机构互认和转换，实现学历与非学历继续教育之间、资格证书与培训证书之间的互联互通等。

2. 开展继续教育大项目

继续教育大项目是指体系化的继续教育项目，继续教育项目因由若干个相关项目共同组成而体系化显得大。如围绕"中国制造2025"战略部署,以制造行业的创新型技能人才培养为重点,可以开展新一代信息技术产业、新材料、生物医药相关领域的培训;面向教师继续教育,可以开展基于中小学教师全方位的继续教育培训项目,包括继续教育信息技术能力的培训、教师教学能力提升的培训、学科专业知识的培训等;面向组织部门的干部培训,可以基于组织部门的各类工作职责;面向组织部门的各级各类工作人员进行全方位的培训项目。此外,继续教育大项目所覆盖的地域广,如承接全国或全省范围内的继续教育项目、基于《教育信息化2.0行动计划》的继续教育项目等。

3. 组建继续教育大团队

继续教育大项目的开展,需要有继续教育大团队的支撑。继续教育大团队是指由市场、运营、管理和服务人员共同组成的为继续教育大项目服务的团队。团队中的成员既是一个整体又要有明确的分工,成员之间相互协作,共同完成大项目。当然,继续教育大团队的组织与管理,也需要强有力的团队组织者与引领者。

4. 建设继续教育大信息系统

在"互联网+"时代,充分利用信息技术提升继续教育的办学效率与办学质量,是继续教育的内在需求。因此,建立融继续教育教学、教务、管理与服务为一体的信息化大系统,不仅是适应现代信息技术发展的需要,更是提升继续教育机构自身竞争力的需要。继续教育大信息系统的建设,需要基于当前大数据、云计算、云服务技术,在充分理解继续教育的教学与管理流程的情况下,实现继续教育各类数据的融通共享,实现信息系统的一体化。

三、继续教育的战略布局

基于继续教育的战略定位,不同高校应有不同的战略布局。这里以一流大学继续教育机构为例,介绍继续教育的战略布局,其他类型的高校可做布局性参考。基于一流大学开办继续教育的战略布局,一流大学的继续教育应有体现其自身价值和地位的整体性、前瞻性。

(一)参与国家战略部署,引领继续教育发展方向

一流大学作为继续教育领域的领头羊,是国家建构终身教育体系、建设学习型社会的中坚力量。一流大学理应积极主动参与国家及地方政府部门对继续教育的政策制订和战略部署,立足终身教育体系的建构,为继续教育献计献策,使得继续教育政策更接地气、更符合实际、更适应潮流,也能使一流大学

自身的继续教育布局更具合理性、更有前瞻性。

（二）布局高端项目，创建一流继续教育品牌

随着继续教育不断向纵深发展，日趋明显的专业化发展趋势。高校基于自身的定位，向体现自身优势和特色的行业系统或专业领域延伸，将不断增强其继续教育的核心竞争力。对于一流大学来说，虽然依托自身的品牌优势，在各个领域都能找到一定的发展空间，但是从长远的发展和核心竞争力的培养来说，一流大学应深入行业系统或专业领域，占据行业系统或专业领域继续教育的高端，通过专业化的项目与课程设计、专业化的教学与服务，打造自己的核心竞争力，树立一流继续教育品牌。

布局高端继续教育，也是打造一流大学核心竞争力，开展错位竞争，实现差异化发展的需要。当前，各高校之间的继续教育项目的差异化不明显，区隔化不清晰，同质化竞争严重。对于政府部门来说，需要建立一定的体制机制，引导和促进继续教育机构的差异化布局，尽可能使得每一个继续教育机构都能基于自身的核心竞争力开展继续教育。

（三）推进智慧继续教育，创新人才培养模式

随着互联网的高速发展，大数据技术的快速应用与推广，教育领域逐步走向智能时代。2017年7月8日国务院印发并实施的《新一代人工智能发展规划》提倡"利用智能技术加快推动人才培养模式、教学方法改革，构建包含智能学习、交互式学习的新型教育体系。开展智能校园建设，推动人工智能在教学、管理、资源建设等全流程应用。开发立体综合教学场、基于大数据智能的在线学习教育平台。开发智能教育助理，建立智能、快速、全面的教育分析系统"①。一流大学需要充分利用人工智能技术，促进其在继续教育领域的全方位、全局性应用，包括继续教育的智慧化决策、管理、教学与服务等。

智慧继续教育主要表现在四个方面：一是继续教育决策的智慧化，基于大数据技术的应用与分析，不仅可为继续教育的决策提供素材和依据，也能作为领导决策的参谋和助手；二是继续教育管理的智慧化，通过整合继续教育的各类管理业务，创新继续教育管理，建构智慧化的管理信息系统，实现管理业务与管理数据的互联互通、智能共享，提升管理效率和效果；三是继续教育教学的智慧化，通过整合各类继续教育的教学工作，基于"互联网+技术创新"教学模式，建构智慧化的在线教学系统，利用大数据、云平台和云服务技术，

---

① 国务院关于印发《新一代人工智能发展规划》的通知，见 http://www.gov.cn/zhengce/content/2017-07/20/content_5211996.htm。

实现教学的个性化、多样化、多元化，建设智能推送的网络资源体系和学习评价体系；四是继续教育服务的智慧化，搭建智慧化的继续教育服务系统，利用多种媒体技术，提供多样化、智能化的学习服务，不仅使学生能够随时随地便捷地获取学习服务，也能通过大数据分析和智能化分析，提供更为精准的学习服务。

（四）拓展国际继续教育，引领继续教育国际化潮流

网络信息技术的快速发展，使得国际化的继续教育变得更为容易和便捷。一流大学的继续教育，应有全球化、国际化视野，肩负开展国际继续教育的使命，使得我国的继续教育走出国门，并能在国际继续教育领域拥有一席之地。一流大学继续教育的国际化布局，主要从两个方面发力。

1. 走出去

开展具有大学自身优势的国际继续教育项目，"走出去"，为其他国家提供人才培养服务。基于"一带一路"倡议的国家战略布局，面向"一带一路"沿线国家开展职业技能教育，如面向国外高端学习者开展中国国情（政策）与商务（投资）环境、中国文化与管理智慧、中国历史民俗等研修项目；又如与东盟或东南亚高校合作，联合开展与农业、高铁等相关的继续教育。

2. 引进来

将国外的继续教育项目引进来，如引进各类国际职业资格证书考试培训等。这样，学习者不出国，也能学到国际文化、国外技术，提升自身的格局、视野和能力。因此，一流大学的继续教育走向国际化，是一流大学与其他高校的一个重要区隔点，也是其自身核心价值的体现。

（五）率先融入学分银行，建构终身教育体系

随着终身教育体系的逐步形成，学分银行体制的逐渐成熟，一流大学可以率先加入学分银行体系，助力人才培养"立交桥"的建构。一流大学可以通过学分银行，实行学分互认和资源共享，将自身的优质资源推向社会，让更多的社会公众享受优质教育，体现了一流大学的社会服务功能性，体现了继续教育的社会公益属性，同时也体现了一流大学对终身教育体系建构的贡献。

（六）培养专业人才，引领继续教育专业化办学

继续教育的专业化办学，需要专业化的人才队伍支撑。培养专业化的继续教育人才，是继续教育可持续发展的保障。继续教育专业化人才包括专业化的继续教育师资、继续教育管理人才、继续教育项目与课程设计人才等。目前，绝大部分继续教育机构尚未真正布局继续教育的专业化人才培养。因此，一流

大学可以率先布局继续教育的专业化人才培养，探索继续教育人才培养模式，引领继续教育机构的专业人才培养实践，使得继续教育机构逐步走向专业化发展的道路。

（七）开展继续教育研究，用理论指导实践

对于一流大学而言，要开办一流继续教育，不能一味地跟风和模仿，需要以业务引领为核心，在学术、理念、业务、技术、质量等方面发挥全面引领作用。为实现这一目标，一流大学有必要开展基于继续教育的研究工作。通过理论研究，促进实践水平的提高，实现理论与实践的结合，推进继续教育的学科建设。继续教育研究领域广泛，包括继续教育体制机制、方向趋势、政策法规、教学方法与策略、质量保障体系建构、继续教育项目设计与开发、继续教育国际化等。因此，一流大学也只有开展继续教育研究，才有可能在继续教育领域发挥全面的引领作用，体现一流大学继续教育的一流水平。

四、继续教育的战略管理

继续教育战略管理是为了实现继续教育战略目标而开展的宏观管理工作，是依据继续教育机构的战略规划，对继续教育的战略实施加以组织、监督、分析与控制，特别是对继续教育的资源配置与发展方向加以约束，最终促使继续教育机构顺利达成继续教育发展目标。继续教育的战略管理需要聚焦方向、汇聚资源、保持定力、化整为零、"多快好省"五项战略目标。

（一）聚焦方向

聚焦方向，是指继续教育机构在众多的业务中，时刻聚焦战略目标方向，不让继续教育机构的战略目标产生偏移。例如，中山大学是中组部指定的干部培训基地之一，有全国一流的行政管理学专业，将继续教育聚焦于面向政府部门的干部培训有其必要性，也能体现其核心竞争力。

（二）汇聚资源

汇聚资源，是指继续教育机构汇聚自身的人力、物力、财力、资源，集中投入实现战略目标的核心业务上。例如，2016年以前，中山大学开展的继续教育分散于学校的高等继续教育学院以及各专业院系；2016年以后，学校启动继续教育改革，整合全校继续教育资源，成立中山大学高等继续教育中心，并停办了学历继续教育，集全校的办学资源、管理资源开展继续教育。

(三) 保持定力

在继续教育的发展过程中，特别是在一个相对较长的目标实现期内，继续教育机构需要保持定力，评估和克服各种干扰和诱惑，保持继续教育机构的战略目标的相对稳定性。如对于学历继续教育的办学规模而言，其继续教育的规模越大，继续教育机构的收益越大；继续教育所开办的专业越多，则招生的领域越广；继续教育机构所设置的教学点越多，则招生的范围越大。继续教育机构该保持怎样的办学规模、该开设多少专业、该建设多少教学点，是考量继续教育机构能否保持办学定力的一个重要指标，同时也是考量继续教育机构价值取向的重要尺度。

(四) 化整为零

在继续教育战略目标的实施过程中，需要将战略任务分解，责任到部门或团队，使得继续教育战略目标实现化整为零。而在目标的实现上，既是一个整体，又能够化零为整。继续教育化整为零的策略，其实是继续教育组织任务的分解策略，科学、合理的目标与任务的分解，是继续教育战略管理的一项基础工作。

(五) 多快好省

"多快好省"是指继续教育战略的实现，需要遵循"完成业绩尽可能多、完成时间尽可能快、任务完成尽可能好、消耗资源尽可能省"的基本原则，以促进战略目标最高效、最高质地实现。

第三节 继续教育机构的组织建设

一、继续教育机构的组织建构

继续教育机构组织建构是指继续教育机构为实现继续教育办学功能所进行的内部设置。

(一) 继续教育机构的组织建构原则

1. 以业务发展为中心

继续教育机构的部门设置应以业务为中心，围绕业务的开展，梳理业务工作环节与工作流程。在继续教育机构的部门布局中,应以业务部门为重,服务性部门围绕业务部门开展工作,而业务部门则应围绕继续教育市场开展工作。

2. 以专业化办学为引领

基于专业化分工进行部门设置,促进各个部门工作的专门化,以及实现部门员工的专业化发展。

3. 以高效运行为目标

继续教育机构的部门设置应基于自身的办学规模和项目特征,以实现高效运行为目标,实现管理集权与管理分权的相对平衡。对于规模较大的继续教育机构,管理层级不应过多,亦不能一味地实施扁平化管理,如果实施扁平化管理势必会导致管理变得复杂。当然,对于继续教育办学规模相对较小的组织,进行职能整合,设置适当的部门,更有利于提高管理效率。

4. 以适度规模为区隔

部门设置,应以管理人员规模适度为区隔。如果一个部门的人员数量太多,会导致管理难度增大,而人员数量太少则会增加管理成本;同时还需要考虑未来一段时间部门人员的增长,如成长性部门,初始人员可相对少些。

(二) 继续教育机构的组织建构模式

继续教育机构的组织建构,可基于实际情况采取不同的建构模式,主要有三种:基于工作流程的组织建构、基于项目的组织建构、基于区域的组织建构。

1. 基于工作流程的组织建构模式

基于专业化分工的理念,以业务流程为主线,将继续教育办学分成若干环节,并对应分别设置独立部门。继续教育办学主要包括继续教育的规划、招生、教学、服务等环节,可以设置相应的部门,如事业发展部门、招生部门、教学部门以及综合服务部门。其中,事业发展部门负责继续教育的规划与项目设计等工作;招生部门则负责继续教育组织中所有继续教育项目的营销推广、招生宣传、报名入学等工作;教学部门则负责所有继续教育项目的教学实施工作;综合服务部门则负责提供各类教学服务和后勤保障。同时,部门的设置还需根据继续教育发展规模和阶段做进一步的细分和整合。

当继续教育发展到一定阶段,或者同一单位有多个继续教育办学实体时,则需要根据实际情况实施管理与办学的分离,即将继续教育项目的申报、审批、管理、监督等职能分离出来成立专门的部门。如普通高校的继续教育,不仅有继续教育学院的办学,还有各专业院系的办学。为了规范管理,则需要在学校层面成立专门的继续教育管理部门,实施对各个办学单位的规范管理以及协调各办学单位之间的关系。

基于工作流程的职能划分，可以促进各个办学环节的专业化。但是当办学项目较多、项目差异较大时，则容易出现工作内容的脱节与服务工作的不到位。由于每一个办学项目都会有一个办学流程，当办学项目较多时，就会有很多的工作流程，这时一个部门（如招生部门）就要同时负责多个部门的招生工作，比如当继续教育机构既有干部培训，也有企业培训，同时还有在线培训时，则一个招生部门就需要同时负责这三类培训的招生工作。

2. 基于项目的组织建构模式

当前继续教育组织的办学项目相对独立，项目之间资源共享不多时，可采取基于项目的组织建构模式，即业务部门的设置不再按照工作流程进行划分，而是按照项目类型进行划分，将后勤服务部门整合在一起。继续教育组织既有干部培训项目，又有企业培训项目，同时还有在线培训项目，而这些项目的运作模式与培训对象相对独立，因此可以分别成立干部培训部门、企业培训部门以及在线培训部门，同时还可将其人事、后勤、办公、服务等职能进行相对统一的整合。

基于项目的组织建构模式，有利于促进项目的专业化办学。如在专门设置干部培训部门时，可将干部培训项目的设计、招生、教学和后续关系进行维护统筹，有助于实现干部培训项目的高效运行及关系的高效维护。

3. 基于区域的组织建构模式

当继续教育办学项目的业务不断扩大，其办学区域开始覆盖全国或走向国际时，基于项目的组织建构模式难以满足项目运行的需要，干部培训项目势必相互之间会有业务的冲突。例如，中山大学的干部培训项目，覆盖全国，每年有近1000个培训班，而且是多个项目团队运营。在这种情况下，在某个相对成熟的区域，会出现多个项目团队扎堆竞争的现象，而某些具有战略布局意义的区域，可能出现没有团队愿意去开拓业务的现象。对于同一类项目，可以采取区域分隔的原则，让不同的项目团队在不同的区域开拓和运营。这样既避免了相互之间的业务冲突，也能适应继续教育的发展布局，每个团队都会在自身的区域开拓新的项目。当然基于区域的业务与部门或团队的分隔，需要实现区域市场之间的平衡以及有配套的激励机制的支撑。

每一种模式代表着继续教育发展的不同阶段。一般来说，继续教育发展初期，继续教育项目相对较少，适合采取基于工作流程的组织建构模式；而当继续教育发展到一定规模，办学项目相对较多，项目之间区隔明显，适合采取基于项目的组织建构模式。当继续教育发展到相当规模，某一类继续教育项目覆盖全国或走向国际化时，基于区域的组织建构模式则是相对合适的。

同时，各种组织建构模式之间又是相互融通的，不同模式也可以采取有机组合的方式，在某些继续教育环节，按照流程进行部门设置，如后勤服务、教学评价等。而在业务环节，则可按照项目或区域进行部门的设置和分隔。

二、学习型继续教育组织建设

继续教育机构立足终身教育，服务于继续教育领域，其自身有义务、有责任成为学习型的继续教育组织。

（一）学习型继续教育组织的定义与特征

1. 学习型继续教育组织的定义

学习型组织理论源于 20 世纪 90 年代，由美国哈佛大学佛睿斯特教授在系统动力学原理基础上提出，并由他的学生彼得·圣吉博士完善。学习型组织是指通过营造弥漫于整个组织的学习气氛，充分发挥员工的创造性思维能力而建立起来的一种有机的、高度柔性的、扁平的、符合人性的、能持续发展的组织。[①]

学习型继续教育组织是指在终身学习理论的指导下，依据学习型组织的理念所建构的继续教育组织，这里的继续教育组织是指从事继续教育的教育机构，包括院校类、行业企业类、社会培训机构类等继续教育组织。

2. 学习型继续教育组织基本特征

在终身学习理念的指导下，学习型继续教育组织具有以下六个基本特征。

（1）全员学习的组织。学习型继续教育组织首先是一个全员学习的组织，即所有的组织成员（包括领导和员工）都应该在终身学习理念的指导下，自觉、主动地学习。通过全体员工的不断学习，提升员工的业务能力和水平，继而提升继续教育组织整体的办学能力和水平，树立继续教育组织的声誉和品牌。

（2）倡导分享的组织。信息技术的高速发展，使得我们的学习不再孤单。分享式、协作式已成为当下学习的主流。学习型继续教育组织也是一个倡导分享的组织。继续教育组织可以利用各种信息技术手段，促进组织成员间的沟通和交流，实现知识、经验、体验、信息的分享。通过组织内的分享互动，提高员工的学习效率和效果。

（3）鼓励创新的组织。学习型继续教育组织在倡导学习的同时还鼓励创

---

① 罗春燕：《学习型组织理论在建设科研团队中的应用》，载《西北成人教育学报》2009 年第 3 期，第 55 - 57 页。

新,如果说学习是实现学习型继续教育组织的手段和方式,那么创新则是目的和任务。学习型继续教育组织建构的最终目的,旨在通过组织内部的不断学习和交流,获取创新的灵感和动力,促进组织的完善和发展。可以说,在学习型继续教育组织中,学习是为了创新,创新是为了发展。

(4) 自我修复的组织。学习型继续教育组织倡导员工对工作中问题的自我识别、自我分析和自我解决。学习型继续教育组织能够通过对问题的自我识别、自我分析、自我解决,实现组织内问题的自我修复。我们知道,每一个组织在发展过程中必然会遇到这样或那样的问题。在常规的继续教育组织中,领导往往是问题的解决者;而在学习型继续教育组织中,全体员工是问题的解决者。由于员工处于工作的第一线,因此,由员工解决问题,能使问题更快速、更有效地被解决。只有组织具有很强的自我修复功能,才能是真正意义上的自我修复的组织。

(5) 超越自我的组织。学习型继续教育组织以终身学习理念为指导,倡导全体员工终身学习、持续学习,因此继续教育组织中的成员不能安于现状,需要通过不断学习,超越自我。组织成员通过超越自己的知识局限、认识局限和工作局限,扩大自己的视野和视角,实现对自身业务能力和水平的不断提升。

(6) 跨界融通的组织。学习型继续教育组织倡导分享,倡导自由平等的交流,因此,继续教育组织应该是一个跨界融通的组织。通过实现组织内的跨界融通,可以为员工创造沟通与交流的环境,促进组织内成员之间的深度交流和分享。跨界融通的学习型组织,有利于组织成员对继续教育组织的全面了解,增强组织成员对继续教育组织的归属感和依附感,同时也能为继续教育组织集中全体员工的智慧,促进组织发展奠定基础。

(二) 建设学习型继续教育组织的必要性

对于继续教育机构来说,建构学习型继续教育组织具有社会、组织、个体层面的必要性。

1. 社会发展需要

我们身处学习型社会,全民学习、终身学习已经成为当今社会的共识。作为现代社会的一分子,继续教育组织以终身学习为理念,建构学习型继续教育组织,是适应社会发展的必然要求。继续教育组织自身只有不断学习,不断更新知识,才能保持自身活力,获取可持续发展动力。

2. 组织发展需要

随着信息技术的发展,特别是远程教育的出现,彻底打破了继续教育办学的时空限制，使得每个继续教育组织都具有了扩大办学规模的实力和潜力，而学历继续教育市场日渐饱和，非学历继续教育市场也逐渐成熟，激烈的继续教育市场竞争已不可避免。激烈的市场竞争将引导继续教育组织走专业化发展的道路，通过提升组织的专业化水平，培养专业化人才，打造自身的核心竞争力，促进组织的可持续发展。而打造学习型继续教育组织，则可以通过组织内的不断学习和研究，培养专业化人才，以提升组织的专业化水平。

3. 个体发展需要

继续教育组织作为学习型社会建构的核心力量，其功能就是倡导和促进社会成员的终身学习。在开展继续教育过程中，教育者会不断地向学习者灌输终身学习的理念，倡导学习者进行终身学习。作为继续教育组织中的成员又是社会成员的一分子，教育者更应该，且必须开展终身学习。因此，建构学习型继续教育组织，开展终身学习，是继续教育组织中每个成员的内在要求。

（三）学习型继续教育组织的建设路径

1. 建设学习型组织文化

组织文化是组织自身发展完善的精神支柱和灵魂，每一个组织都有其自身的组织文化。以终身学习理念为指导的学习型继续教育组织，其组织文化的建设应围绕终身学习展开，在终身学习的指导下，确定组织的发展理念、发展路径和发展目标。

（1）发展理念。继续教育组织应该以"入职即入学、工作即学习"为理念，将入职的员工当成需要学习的学员，将员工工作的过程看成学习的过程，员工通过研究探讨工作中的问题，实现工作过程中的学习，实现自身能力的提升。继续教育的竞争，归根结底是人才的竞争，树立"入职即入学、工作即学习"的理念，能够将员工工作的过程转变为人才培养的过程，实现组织内人才培养的最终目的。

（2）发展目标。在继续教育组织的发展目标上，专业化是学习型继续教育组织的发展目标。专业化发展目标可以用"专注—专心—专业"概括，组织成员专注于自己所负责的工作内容，专心做好每一项工作，从而能够专业地完成工作。每一个组织成员的专业化工作，必然会提升继续教育组织整体的专业化水平，实现继续教育组织的专业化办学。

（3）发展路径。基于学习型继续教育组织的学习性，学习型继续教育组织的发展路径的起点应该是学习，而学习是为了创新，为了实现工作内容和工作业绩的突破，最终是为了组织发展。为此，继续教育组织应该以"学习—

创新—发展"为路径,通过全体组织成员的不断学习,促进继续教育组织的不断创新,最终促进继续教育组织的可持续发展。

2. 建构学习型领导体制

学习型继续教育组织的成功建设,依赖于学习型领导体制的形成。具体来说,学习型继续教育组织,需要建立引领式的领导机制,建构自上而下的服务模式,打造学习型的领导集体,提升领导者的决策能力。

(1) 建立引领式的领导机制。在学习型继续教育组织中,组织内的各种问题主要由员工在工作中通过自身的学习研究来解决,即全体员工是问题的发现者、分析者以及解决者,领导者的工作更多的是对其负责工作的引领和规划。因此,学习型继续教育组织应建立引领式的领导机制,即领导者主要负责对所负责的工作领域进行规划、引领和协调,尽可能不干预员工对问题的分析和解决。相对于传统指令式的领导机制,领导者的管理方式应为引领式,应将更多的权力下放给负责具体工作的员工,让员工有更多的决策权力。当员工拥有更多权力的时候,就被赋予了更多的义务,如此能够促进员工更主动地在问题中学习,通过解决问题获得成功的满足感。

引领型的领导机制对领导者提出了更高的要求,不仅要求领导者分散手中的部分权力,而且要求领导者拥有更高的引领能力。为了做好对员工的引领工作,领导需要有较高的行业发展趋势掌控能力、系统解决和分析问题的能力。只有当领导者比一般员工具有更好的知识水平和能力时,领导者才能发挥对员工的引领作用。

(2) 建构自上而下的服务模式。传统的继续教育组织的服务模式往往是自下而上的,即员工按照领导的安排开展工作,员工服务于领导。然而,学习型继续教育组织,需要改变这种模式。我们在开展继续教育时候,倡导以学生为中心,全心全意地为学生服务。在学习型继续教育组织中,员工即学员,其以员工为中心,为员工的工作和学习提供服务。当领导者为员工提供服务,员工为教师、学生等服务对象提供服务的时候,自然而然地就会形成自上而下的服务模式,真正体现管理就是服务的理念。

(3) 打造学习型的领导集体。学习型继续教育组织作为一个全员学习的组织,领导者也需要不断学习、不断超越自我。由于员工在不断成长,领导者只有不断学习,才能维持比一般员工更高的能力和水平,才能实现对所负责工作领域的规划,以及对员工工作的引领。因此,在学习型继续教育组织中,领导者不仅要不断学习,而且要更高效地学习。学习型领导集体的形成,有利于保持较高的集体领导智慧,也容易在集体决策时达成共识、获得共鸣。

(4) 提升领导者的决策能力。学习型继续教育组织的领导者,仍然是决策者，需要更高的决策能力。而学习型继续教育组织中的员工在不断学习，其工作能力也在不断产生变化。对于学习型员工解决不了的一些更难、更棘手的问题，领导者要有更高的决策能力，通过更系统、更全面的分析，引领和帮助问题的解决，同时也能在问题的解决过程中，获得员工对领导者能力和水平的认可。

3. 培养学习型员工

学习型继续教育组织的成功实现，除需要建设学习型组织文化、形成学习型领导体制外，还需要培养学习型员工。员工作为组织中的最大群体和核心构成，培训学习型员工是学习型继续教育组织的核心工作，能否培养学习型员工，是学习型继续教育组织建设成功与否的关键。学习型员工的培养主要有两种方式，一种是专门培养，另一种是在工作中培养。

（1）专门培养。专门培养是指继续教育组织通过专门组织的培训对员工进行系统的培养，根据员工的工作阶段，可以分为入职培训和进阶培训。①入职培训是指员工入职时，专门组织面向新员工的培训。系统设计的入职培训不仅能够帮助新员工熟悉工作内容、提升工作技能，而且能够帮助新员工理解"入职即入学、职员即学员"的发展理念，为今后基于工作的学习做好思想准备。②进阶培训是指在员工入职后，为了提升员工业务能力和水平所专门安排的培训，包括组织内的专门培训（如邀请专家做讲座，举办工作沙龙等）和组织外的专门培训（如对口的外出开会、考察以及培训等）。进阶培训有利于突破员工在工作中所遇到的发展瓶颈，开拓员工的视野，更新员工的知识和技能，快速提升员工的业务能力和水平。

（2）在工作中培养。由于员工长时间都在工作，因此，在工作中培养员工的业务能力和水平显得更为重要。要实现在工作中培养学习型员工，需要做好以下四个方面的工作。

第一，明确培养主体。在学习型继续教育组织中，领导者是学习型员工培养的主体，也是学习型员工的"导师"。领导者培养员工，正是领导者对员工引领作用的充分体现。为了能够做好对员工的培养工作，领导者要发挥对员工工作方向的引领作用、问题解决的引领作用以及能力培养的引领作用。

第二，创设培养环境。学习型员工的培养，需要有一个良好的培养环境。对于领导者来说，一是要充分地放权，让员工能够真正解放思想、开动机器，主动做好所负责的工作，并在工作中通过不断学习，提升自身发现问题和解决问题的能力。二是要尽可能地创设轻松的工作氛围，使员工在工作中既严肃也活泼，只有这样，才能使得员工在工作中产生灵感的火花。三是要打破与员工之间的工作隔阂，在明确工作职责的同时，也要模糊员工之间的工作界限，打破与员工工作内容之间的壁垒，防止各自为政，促进与员工之间自由的交流。

第三，创新培养方式。应根据员工及其工作的特点，创新培养方式，采取多种形式培养学习型员工。例如，可以是基于某一改革措施或问题的专题讨论，基于继续教育发展前沿的工作沙龙；也可以是与员工之间的学习资料分享（如建立 QQ 群资料分享），开展读书分享活动等；还可以采取课题式培养方式，拓展深化学习内容，着力在全局性、根本性问题上学深学透。

第四，建立激励机制。学习型员工培养的顺利进行，还依赖于组织内配套的激励机制。继续教育组织在鼓励员工进行基于工作的学习和研究时，也要对其与工作相关的学习成果进行表彰和奖励，如基于工作内容的研究报告或论文、创新性的工作改进意见和建议等。

第四节　继续教育人员管理与绩效考核

一、继续教育人员管理

人力资源管理是指在经济学与人本思想指导下，通过招聘、甄选、培训、报酬等管理形式对组织内外相关人力资源进行有效运用，满足组织当前及未来发展的需要，保证组织目标实现与成员发展的最大化的一系列活动的总称。

继续教育人员管理是指利用人力资源管理的方法，实现对继续教育机构人员的最优配置、最优利用和最优发展。

（一）继续教育的用人条件

继续教育既具有普通教育的公益性特点，也具有普通教育所没有的市场性特点，因此，继续教育机构与普通教育机构在人员构成方面有较大差异。继续教育从业人员应具备的基本条件主要有以下三个方面。

1. 教育情怀

继续教育属于教育，具有教育属性，服务教育基本规律，以人才培养为核心。从事继续教育的一个基本要求就是要有教育情怀，具有为教育事业做贡献的精神。只有这样，才不会使继续教育偏离教育的方向，偏离人才培养的目标。

2. 市场意识

继续教育的市场属性，使得继续教育从业者需要具备市场意识。只有具备了较强的市场意识，才能够敏锐地发现继续教育市场、服务继续教育市场，获得市场收益，使得继续教育机构得以生存和发展，同时也能使得从业人员获得良好的生存和发展机会。

3. 终身学习

继续教育作为终身教育体系的核心构成，终身学习是继续教育的核心理念，对于继续教育从业者来说，其应该是终身教育的受益者，也应该是终身学习者。只有这样，才能以身作则真正做好继续教育。

（二）继续教育的用人机制

建立以"用人"为核心的"选、育、用、留"的人力资源管理机制。

1. 选人策略

可基于"外引内举"的方式选聘人才。外引，如果要大力开展非学历继续教育，就需要通过社会招聘等方式引进市场型人才，充实继续教育办学队伍。内举，即对于继续教育机构内部的现有人员，特别是有潜力的年轻人，通过培养、选拔的方式，让其精通继续教育业务，提高继续教育管理能力，帮助其逐步进入继续教育的管理层。

2. 育人策略

继续教育的育人策略包括专业化育人、个性化育人、过程育人、专项育人。

（1）专业化育人。基于工作岗位，开展专业化的业务培训，培育专业化的继续教育人才。如鼓励从业人才在职攻读更高的学历学位，邀请行业专家开展系列化的专业讲座，外派从业人员参加专业化的培训等。

（2）个性化育人。基于业务细分、工作流程的细化，开展个性化的育人计划。如基于某个部门不同岗位制订个性化的培养方案，对某个岗位从业人员进行专门培训与培养等。

（3）过程育人。在继续教育业务开展过程中，领导或专业人士有意识地对从业人员进行培养、培训，不仅要帮助下属员工解决问题，更要对员工做方法上的指引，通过对员工不断地指导，实现工作过程的育人。

（4）专项育人。对于业绩突出、能力强的从业人员，可以通过制订专门的人才素养提升计划等方式培养。如"课程思政"是将思想政治教育融入课程教学中，在大部分教师不是很熟悉的情况下，继续教育机构可以开展"课程思政"专项培训计划，通过批量派教师外出培训或者邀请专家开展系列讲座等方式，促进教师对"课程思政"方法与技巧的掌握。

3. 用人策略

人力资源管理的目标在于搭建人才发展平台，实现科学用人。一是提供匹配的岗位。人员的利用不因人设岗，但是有必要为管理人员提供与其能力匹配的岗位，充分发挥人才的优势和潜能，使其能够在工作岗位上找到用武之地。"有为有位"与"有位有为"是辩证统一的。给予员工合适的工作岗位，其容易"有为"，然后就能"有位"；如果没有给员工匹配合适的工作岗位，就不能人尽其才，即使有能力也难以有作为。二是提供开阔的平台。为人才的成长提供开阔的平台，一个可以进行充分业务交流、业务学习的平台，使得继续教育机构的每一个人都能在工作中找到自己的着力点、兴趣点和发展点，实现人尽其才、人尽其用。三是建立公平的机制。公平公正的用人机制、人才选拔机制以及绩效考核机制，能够实现一流人才有一流业绩，一流业绩也能得到一流回报，从而形成良性循环。

4. 留人策略

在社会经济快速发展的今天，科技是第一生产力，而人才是核心竞争力。留住人才，才能保持继续教育机构的可持续发展力。继续教育机构的留人策略包括三个方面：一是文化留人，通过创设进取务实、团结向上的继续教育文化，让人才有安全感和成就感；二是事业留人，为人才创设事业发展空间，用事业空间留住人才；三是机制留人，通过建立公平公正的用人机制、提供合适的待遇留住人才。

(三) 继续教育的团队建设

制订团队建设计划，打造专业、团结、协调、合作的高战斗力团队。

对于学历继续教育来说，主要有三类：一是招生与教学点管理团队，负责教学点的建设、管理，学历继续教育的招生宣传、招生报名等；二是教学与教务管理团队，负责学历继续教育的专业建设、教学组织与管理、学籍与考务管理等；三是教师团队，负责课程建设与教学实施工作。

对于非学历继续教育来说，其管理团队可分为研发与拓展团队、管理与服务团队、教师团队。研发与拓展团队主要负责继续教育的项目规划、产品开发、业务拓展、市场推广、招生等，需要具备敏锐的市场意识、较强的创建精神和开拓意识；管理与服务团队负责继续教育项目的教学教务、技术支撑、公共服务、后勤支持等工作内容；教师团队负责继续教育的教学实施工作，教师团队以兼职为主，通常是学校教师、行业企业精英共同组成的松散组织。

二、绩效考核

(一) 绩效考核与管理

对员工的工作绩效进行绩效考核是绩效管理的一个环节；绩效管理是以绩

效实现为目标的一种管理方式，其目的在于通过上级与员工之间就岗位职责、工作业绩和员工发展进行持续的双向沟通，不断提高工作绩效，保持人力资源的活力和竞争力，确保个人、部门和企业绩效目标的实现。

（二）绩效考核目标

1. 实现战略目标

通过绩效考核，激发员工的工作激情，有利于继续教育机构的短期目标与战略目标的实现。

2. 优化用人机制

实施绩效考核要有利于调动全体员工的积极性，激发潜能，促使员工创新性、创造性开展工作；有利于建立能上能下的用人新机制。

3. 激发员工活力

既要体现多劳多得原则，又要体现员工工作价值；既有薪酬激励，又有职位晋升的激励，考核结果将作为院内职务晋升的重要参考依据。

4. 创新继续教育文化

在文化建设层面，有利于创新精神、团队精神、协作精神的发挥；有利于促进部门内部和不同部门之间的协同发展；有利于培育"团结合作，和谐包容，共同进步，创新发展"的继续教育文化。

（三）绩效考核原则

1. 开放性原则

绩效考核与员工的薪酬、晋升直接挂钩。坚持公平、公正、公开的原则，是促进继续教育机构健康、有序发展的基础。应以设定的考核目标、工作表现为事实依据进行考核，避免主观臆断。

2. 正向激励原则

绩效考核既是目标也是手段。作为目标，通过绩效考核的方式，发挥正向的激励作用，营造公平、公正、公开的竞争环境，促进继续教育机构的可持续发展；作为手段，促进了被考核者对继续教育机构目标的有效贯彻与执行。

3. 定性与定量考核相结合原则

对于继续教育人员的绩效考核来说，不仅包括量的考核，如业绩任务的完成情况；同时也要包括质的考核，如服务能力与服务质量、管理能力与管理质量、沟通协调能力与沟通协调质量等。两者结合，才能实现真正有效的绩效考核。

4. 过程与结果考核并重原则

继续教育的绩效考核不仅要重视结果考核，如每年的业绩完成情况，也要考核其工作过程，考核工作过程的质量，考核其服务质量，以及在此过程中，对继续教育机构的品牌维护与品牌建设的贡献度。

（四）绩效考核维度

继续教育绩效考核，应基于继续教育的教育特性与市场特性进行综合考虑，主要包括以下四个方面。

1. 经济效益维度

继续教育的市场属性以及自负盈亏的运作模式，要求继续教育机构必须有经济效益。因此，继续教育机构将经济效益作为首要考核目标，有其必然性和必要性。

2. 社会贡献维度

继续教育的教育属性，特别是社会服务属性，要求继续教育机构在办学过程中获得经济收益的同时，还需要服务社会，为社会做贡献。继续教育机构为社会培养出高质量的人才，是继续教育机构为社会做贡献的一个基本要求和考核维度。

3. 教育质量维度

继续教育作为一种教育，以人才培养为核心，高质量的继续教育人才培养，是社会的要求，也是继续教育机构自身可持续发展的内在需求。同时，高质量的继续教育办学，也有利于继续教育机构品牌的建立。

4. 教育服务维度

优质的教育服务是保持和提升继续教育办学满意度，获得学习者认可，保障社会成员持续参加继续教育的基本条件。

继续教育机构开展面向自身职能部门以及从业人员的绩效考核，应以上述四个维度为基础和条件，使继续教育的绩效考核能够保持正确的方向。

（五）绩效考核程序

1. 绩效考核目标的设定

绩效考核目标的设定，一般包括以下两个层面。

（1）个人绩效考核，是基于工作岗位的考核，其绩效考核目标的设定，主要是由工作岗位的性质与特点所决定的。不同岗位的绩效考核目标设定差异很大。对于管理岗位而言，其绩效考核的重点在于管理工作的质量，如管理工作的有序性、与相关人员的协同性、管理结果的投诉率等。对于业务拓展类岗位而言，则主要基于业绩任务达成的考核，考核的指标和权重也会倾向于业绩指标。

（2）部门绩效考核，是对整个部门的绩效进行考核，其考核结果不是部门内个人绩效考核目标的简单相加，而是有不同的侧重点。部门绩效考核目标的设定，需要立足部门的性质来确定绩效考核的目标与方式。对于继续教育的招生部门来说，其绩效考核的目标主要是招生指标或业绩任务的完成情况；对于教学服务部门来说，其绩效考核的目标则是教学过程是否有序进行，对教师和学员的服务是否到位，以及相关部门和服务对象对其投诉率情况。此外，部门绩效考核的一项重要指标就是部门的团队协作能力。

2. 明确绩效考核指标及激励机制

绩效考核指标的确定是基于继续教育机构战略目标的分解，是对继续教育机构战略目标与战略任务的落实。绩效考核指标的确定，需要考虑三个方面因素：一是需要结合继续教育机构战略目标的达成；二是需要结合不同部门和岗位的特点，如管理类、服务类、项目拓展类业务的考核指标差异就比较大；三是要充分考虑被考核者的利益和承受能力，建立科学有效的考核指标体系，使得被考核者乐意接受。

绩效考核激励机制的建立，需要基于实用、实效的原则。既要有物质上的激励，也要有精神上的激励；既要有正向的激励机制，也要有反向的惩罚机制。

3. 确定绩效考核方式

绩效考核应成立考核领导小组，其职责包括绩效考核等级的综合评定、最终考核结果的审批、员工考核申诉的最终裁决。而继续教育机构的人力资源管理部门的职责则是与各部门共同设计考核指标，对各部门考核过程进行监督与检查，汇总考核评分结果及对各部门考核工作情况进行反馈，为每位员工建立考核档案，考核申诉处理，对考核结果实施运用。

继续教育的绩效考核应采取分类考核方式，对于业务部门，应以经济指标为考核的硬指标，以工作态度、工作效率、公共服务等为考核的软指标。而公共管理和服务部门，则应以管理与服务业绩为考核的硬指标，以经济指标、工作态度、工作效率、合作精神等为考核的软指标。对于业绩类的硬性指标，可以直接基于业绩数据考核打分；而对于管理类、服务类、沟通协调能力类指标，则需要采取利益相关者的考核方式。如中层管理者，不仅需要部门员工、上级领导以及相关兄弟部门负责人对其进行考核评价；必要时，还需要继续教育机构外的业务相关单位对其进行考核评价。

4. 公开绩效考核过程

绩效考核的目标在于激励，在于持续地推进工作。采取公开、公平、公正的方式对员工和部门进行绩效考核，可以传递继续教育机构的正能量。

5. 绩效考核结果的应用

绩效考核结果主要有以下四个方面的应用。

（1）用于年度奖金的分配。作为年度奖金的计算依据，体现对员工的激励。

（2）用于员工岗位的竞聘。拥有良好绩效考核记录的员工，可作为人才选拔或职务晋升的优先候选人。

（3）用于员工培训。通过绩效考核可以发现员工群体与组织要求的差距，通过制订相应的员工培训计划，提升员工的素质与能力。

（4）完善绩效考核方案。基于绩效考核结果，管理者通过绩效反馈面谈，使员工了解自己的目标和表现，认识自身工作的不足，探讨如何提高工作效率，从而达到完善绩效考核指标，推进继续教育机构可持续发展的目标。

第五节　继续教育的管理与办学关系

当高校内有多个继续教育办学机构，各继续教育办学机构之间出现利益博弈时，就会产生继续教育的管理与办学问题。这一问题是普通高校所存在的普遍问题。

一、管理与办学的三种类型

基于高校继续教育管理与办学之间的关系，可以划分为三种类型。

（一）管办合一型

管办合一型是指继续教育的管理与办学合二为一，如高校的继续教育学院既负责管理，也负责办学。而高校的专业学院无论办学与否，继续教育的管理统一都在继续教育学院。这一类型往往是在高校继续教育的初级阶段。

（二）管办分离型

管办分离型是指继续教育的管理与办学是分离的，高校有专门的机构负责对全校继续教育的管理，高校的继续教育学院与专业学院都开展继续教育。管办分离型通常是在高校继续教育学院与专业学院的办学规模都比较大，同时还存在业务上的竞争时，管办分离型有利于规避和协调相互之间的矛盾。

（三）管办融合型

管办融合型是指高校的继续教育管理和办学全部整合到一个专门的机构，该机构既负责继续教育的管理，也负责继续教育的办学。管办融合型是高校继续教育充分发展，规模较大的一种办学形式，是高校继续教育的高级阶段。

二、管理与办学的协同关系

管理与办学是矛盾的统一体，为了实现继续教育管理与办学的协调，管理与办学应建立优势互补的协同关系。

（1）小管理大办学，即继续教育的管理机构要尽可能的小而精简，主要发挥监管与协调的功能。办学机构则要尽可能的大，让继续教育办学百花齐放。

（2）少管理多服务，基于"管理即服务"的理念，继续教育的管理机构尽可能多为办学机构提供服务，管理性的事务要尽量少，服务性的事务要尽量多。

（3）多宏观少微观，继续教育的管理要抓大放小，多做宏观规划与引领，少做微观干扰与干涉，从而可以让继续教育的办学有更多自由发挥的空间。

三、管理与办学分离的优势、条件和原则

（一）管办分离的优势

天下大势，合久必分。继续教育的管办分离是继续教育发展到一定历史阶段程度的产物，是继续教育从初级阶段发展到中级阶段的一种必然结果。只有在条件成熟的时候，继续教育的管理才适合进行分离。当继续教育尚处于起步阶段，办学规模小、办学单位少时，则应在管办一体的情况下，先大力发展，再进行分离。

管办分离，既是管理与办学的分离，同时也是将分散于各办学部门的管理功能进行集中、整合，实行一体化的管理，以实现更高质高效、更公平的管理，提高工作效率、落实管理政策、灵活调度资源。

（二）管办分离的条件

1. 办学规模较大

继续教育机构已经具有较大的办学规模、较多的办学部门、较多的办学项目、较广的业务范围。

2. 内部矛盾凸显

继续教育发展迅速，各办学部门之间存在市场竞争与利益冲突；存在运动员与裁判员现象，即继续教育管理部门同时也是办学部门。

3. 外部竞争激烈

需要专门的管理部门，协调引领继续教育办学，通过形成合力，应对外部继续教育市场的激烈竞争。

(三) 管办分离的原则

1. 公平性原则

管办分离的结果有利于促进办学部门之间权益的公平，包括竞争的公平性、资源的公平性、政策的公平性、利益分配的公平性。

2. 效率性原则

管办分离的结果有利于办学效率的提升，通过将管理性事务进行整合，提升办事效率。不能由于管理部门的增设，增加管理的流程与环节，提高其复杂度，而降低办学的效率。

3. 效益性原则

通过对管理与办学的分离，能够提升办学的效果，精简办学的功能，使得办学部门能够集中精力办学，同时也使得管理部门更好地宏观规划和引领办学部门，提升办学效益。

4. 专业化原则

通过对管理和办学的分离，能够促进管理和办学的专业化，从而提高继续教育整体的工作效率和办学质量。

四、管理与办学的融合时机

当继续教育从中级阶段发展到高级阶段时，就可以考虑从管办分离走向管办融合。具体分为两步：一是实现多部门继续教育办学的融合；二是实现继续教育管理与办学的融合，有利于提高继续教育的办学效率和办学质量。

第五章　学历继续教育

第一节　概述

我国的学历继续教育类型繁多,当前主要包括成人教育、自学考试、网络教育、开放教育等。

一、学历继续教育办学类型

（一）成人教育

1. 夜大学

夜大学是我国最早的学历继续教育形式,始于 1950 年。其主要利用晚上及周末的时间实施教学,学生需要回到学校或教学点上课学习。夜大学解决了工学矛盾,但是没有突破空间的局限性。在社会节奏日益加快的今天,学习者回到学校或教学点上课所付出的时间成本很高,以至于造成学习者到课率普遍较低的情况。但是,夜大学师生面对面的教学优势不容被忽视。

2. 函授教育

函授教育始于 1953 年。函授教育是最早的远程教育方式,其突破了时间和空间的局限性,学习者不用回到学校上课学习,只需在教学点上课学习。举办高校通过发放纸质文本学习资料供学习者学习,学习者还可通过信件、电话以及电子邮件跟教师交流互动。随着信息技术的高速发展,函授教育已逐渐被网络教育与开放教育取代。但是,因为我国的网络教育只限于 68 所普通高校,开放教育只限于广播电视大学（开放大学）体系,所以,目前仍然有部分高校采取函授教育方式。

（二）自学考试

自学考试 1981 年,经国务院批准创立,是鼓励学习者自主学习所产生的一种考试制度。自学考试从其专业与课程体系的设计上、从学历文凭的性质上属于学历继续教育,但是从自学考试助学的性质上看,其属于考试培训、考试辅导性质,更应归属于非学历继续教育。

(三) 网络教育

网络教育始于1999年我国的现代远程教育试点,目前尚有68所网络教育试点高校。网络教育充分利用了现代信息技术的发展成果,在学习平台上实施网络教学,提供学习支持服务,跨越了时空限制,真正解决了工学矛盾。然而网络教育师生分离所带来的问题仍然没能得到很好的解决。

(四) 开放教育

开放教育起始于1999年中央广播电视大学人才培养模式改革和开放教育试点。开放教育利用自身的办学体系开展开放教育试点工作,其庞大的办学体系支撑了开放教育庞大的办学规模。开放教育主要在学习平台上实施网络教学,通过教学点提供学习支持服务。其本质上与网络教育相同。普通高校的网络教育在师资与资源上有明显的优势,开放教育如果能够充分发挥其办学体系的优势,其在学习支持服务的提供上具有普通高校网络教育无可比拟的优势。

二、学历继续教育的差异性

各类学历继续教育的差异性主要表现在招生模式、教学模式、管理政策、学历文凭上。

(一) 招生模式的差异性

成人教育具有政府部门设置的入学门槛,即教育行政部门采取统一组织成人高考的方式,按招生计划招收成人教育学习者。而网络教育采取自主招生考试方式,由举办高校自主命题、自主组织考试、自主录取等方式招收网络教育学习者,教育行政部门在招生规模上没有做出明确的限制。开放教育则采取注册入学的方式招收开放教育学习者,但教育行政部门没有对招生规模进行限制。

(二) 教学模式的差异性

成人教育主要采取面授教学模式,学习者回到学校或教学点的课室上课,网络教育与开放教育采取网络教学模式,主要通过网络进行授课。其中,网络教育主要通过学习平台由总部教师提供学术性学习支持服务。开放教育主要通过教学点提供学术性学习支持服务。对于非学术性支持服务,网络教育与开放教育主要由教学点提供。

（三）管理政策的差异性

成人教育、网络教育、开放教育三者的管理政策是相互隔离的。网络教育与开放教育采取"宽进严出"的政策，政府部门没有统一组织入学考试，真正实现了"宽进"，然而在"严出"方面，目前还没有严格的标准，主要通过阳光招生平台对学生的录取情况进行形式审核，对网络教育与开放教育本科的部分公共基础课实行全国统一考试。成人教育从某种意义上还属于"严进严出"范畴，虽然目前成人高考的录取分数很低，招生计划限制较少。

（四）学历文凭的差异性

成人教育、网络教育与开放教育的学历文凭虽然都属于学历继续教育，但三者有专门的类别和代码区分，学历文凭的不同也为各类教育自行其是提供了依据和条件。

二、学历继续教育的同一性

尽管成人教育、网络教育与开放教育在招生模式、教学模式、管理政策与学历文凭方面存在差异性，但在本质上是一致的，相互之间具有同一性。

（一）专业体系的同一性

专业体系的同一性是指各类学历继续教育专业的价值取向、培养目标的同一性。这是因为各类学历继续教育专业均以在职人员为主体，以应用型人才培养为目标。所以，成人教育、网络教育、开放教育的人才培养目标是一致的。同一个专业体系，虽然教学实施的方式有较大差异，但是教学内容体系、课程体系是一致的。在充分考虑各类教学手段的优势互补与整合应用的前提下，各专业之间的课程体系应该是可以资源共享、学分互认的。

（二）教师来源的同一性

学历继续教育的教师来源具有同一性。对于普通高校的继续教育机构，不论是成人教育，还是网络教育，其主要依托高校自身的教师承担教学工作，由于普通高校的继续教育学院一般同时负责成人教育和网络教育办学，因此在教师管理上往往也是一体的。开放教育体系的教师来源主要依托自身办学体系的教师，也会外聘兼职教师。

（三）学生来源的同一性

各类学历继续教育，主要面向社会招生，以在职人员为主体，其在学生来源上具有明显的同一性。

（四）教学规律的同一性

各类学历继续教育，虽然在教学形式上差异较大，成人教育以面授教学为主，网络教育与开放教育以网络教学为主，但是其遵循的教学规律是一致的，即面向业余学习者的教学规律，如各类学历继续教育均以学习者为中心，实施体系化的教学，基于业余学习者的特点，采取相对松散的教学组织与管理、开展多样化的教学评价等。

（五）教学质量的同一性

各类学历继续教育，尽管教学实施方式有较大差异，但是因为教育的对象相同，而且都是以应用型人才培养为目标，所以，各类学历继续教育的教学质量要求应该是同一的，应该采取相同的教育质量要求与标准。

三、学历继续教育的整合性

基于以上分析，各类学历继续教育的差异主要是外在"形"的差异。而其内在的"神"是同一的，表现在学历继续教育的专业体系、教师来源、教学规律以及教学质量上的同一性。整合各类学历继续教育，实现各类学历继续教育的一体化发展，是学历继续教育的必由之路。

第二节　专业

一、专业设置

每个学历继续教育的专业设置都需要开展必要的专业调研。专业调研的目标在于明确自身是否具备专业开设的条件。

《高等学历继续教育专业设置管理办法》提出了专业设置的四个基本条件：符合学校的办学定位和发展规划；适应经济社会发展和产业结构调整需要，满足学习者多样化终身学习需求；有科学、规范、完整的专业人才培养方案及其所需的教师队伍及教学辅助人员；具备开办专业所必需的经费、教学设施、图书资料或数字化学习资源、仪器设备、实习实训场所等办学条件，有保障专业可持续发展的相关制度和必要措施。总的来说，学历继续教育的专业设置需要明确是否具备以下四个基本条件。

（一）师资队伍

师资队伍是专业开设的先决条件，决定着专业能否开设、如何开展的问题。不同的学历继续教育队伍的师资结构有所不同。成人教育，每门课程有专任教师即可，由专任教师负责整个课程的教学与辅导工作。对于网络教育与开放教育而言，不仅要有网络授课的主讲教师，还要有负责提供学术性支持服务的辅导教师，主讲教师与辅导教师相互之间需要协调沟通，协同作业。

（二）教学条件

教学条件是指拟开设专业的教学设施设备要求。成人教育，需要基于预期的生源，做课室、实验实训、设施设备的准备，如计算机专业的计算机设备。网络教育与开放教育，需要做网络学习平台的准备，网络资源建设环境的准备，如网络课件录播室，以及各类摄影、摄像设备等。不准备自建网络资源环境的机构，不仅要有稳妥的课程资源建设外包计划，还要对校外教学点的支持服务设施设备做相关考量和评估。

（三）生源条件

专业生源直接决定了专业的可持续发展。基于学历继续教育自负盈亏的运营模式，适度的生源规模是保障专业可持续发展的前提和条件。准确定位拟开设专业的学习者来源，并能预估相对长时间（如5年）内学习者的招生数，是保障专业开设的必要举措。生源条件包括专业所在行业人才的需求情况、现有专业从业人员的学历现状、专业自身的竞争优势、现有教学点的布局及辐射范围、机构自身的品牌声誉等。

（四）人才需求

人才需求是专业人才培养的出口，专业所在行业系统的人才需求大、毕业生就业率高、专业人才提升机会多，会直接影响专业人才的招生。由于学历继续教育以在职人员为主体，在职人员的专业学习目标主要是专业能力的提升、职业的发展以及便于自身的再就业。人才需求量大的专业自然是专业开设的必备条件，如行政管理、会计学、电子商务等专业。然而对于人才需求量相对较小，但是有专业特色，所培养的人才在其领域能够发挥特殊作用的专业更值得开设。

二、专业规划

专业规划是对专业体系的整体设计。专业规划包括专业定位的明确、专业人才培养方案的制订等。专业规划需要明确六个方面的要求,即需要明确为谁培养人(人才培养方向),培养什么人(人才培养目标),谁来培养人(师资队伍建设),用什么培养人(专业课程体系),怎样培养人(教学实施方案),为什么能培养人(教学质量保障)的问题(见图5-1)。

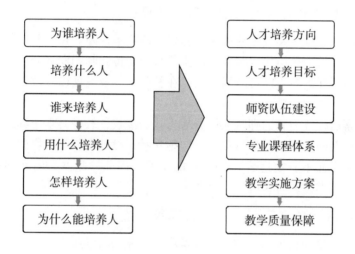

图5-1 专业规划路径

(一)为谁培养人——人才培养方向

"为谁培养人"是回答人才培养的政治方向与价值取向问题,专业人才培养应该立足立德树人的根本任务,围绕"全员育人、全程育人、全方位育人"的方向,为国家与社会的发展培养栋梁之材。

(二)培养什么人——人才培养目标

"培养什么人"是回答专业人才的培养目标与培养标准问题。2016年出台的《高等学历继续教育专业设置管理办法》,2018年发布的《普通高等学校本科专业类教学质量国家标准》,是我国学历继续教育专升本教学质量标准。

在按照上级行政部门的相关专业设置与管理办法,设定基本的人才培养目标与标准的情况下，不同继续教育机构开设的专业应有自身的特色。比如英语专业，具有较强商务英语师资和教学条件的机构，可以将英语专业定位在以培养商务英语专业人才为主体的目标上。如果自身的师资和教学条件偏向传媒英语方面，则可以将英语专业定位于以传媒英语专业人才的培养为主的目标上。

学历继续教育的专业与普通教育的专业在人才培养目标与标准上要有差异，以体现自身的比较优势。学历继续教育最明显的比较优势是基于业余学习者的教学特色，如社会化的教学师资、网络化的教学方式、随时随地的学习支持服务等。

（三）谁来培养人——师资队伍建设

师资队伍建设是实现专业人才培养目标的根本保障。在专业规划中，应明确专业体系的教师队伍构成与专业课程体系中每位教师的职责分工，并形成协作机制。为了促进专业的可持续发展，在教师的专业发展以及教学团队的建设方面，应有具体的举措。

由于学历继续教育的师资大部分来自普通高校，教师对学历继续教育的教学方式、对在职人员的教学特点不一定很熟悉，教师在教学内容的规划与教学策略的选择方面不一定适合在职人员的学习。因此，建立面向教师的培训机制，对于学历继续教育来说非常重要。

（四）用什么培养人——专业课程体系

专业人才培养目标的达成在于教学内容体系的科学规划与设计，即专业课程体系的规划设计。每一门课程都是专业课程体系的有机构成，各课程之间既相互联系也相互区别，共同构成专业人才培养的内容体系。

专业课程体系的规划与设计，既要考虑专业基本培养目标的达成，使得所培养的专业人才在专业领域具有普适性，又要通过设置特色的课程，使得专业所培养的人才具有特色性，在某个专业领域具有专精性。

每门课程的学分、学时设计，不仅关系课程教学内容的多少，也体现了课程在专业体系中的地位。而每门课程中思想政治内容的有机融入，也体现了专业课程中人才培养的价值取向，是当前"课程思政"的主推方向。

（五）怎样培养人——教学实施方案

当人才培养的方向、目标、师资与课程体系明确之后，就需要确定人才培养的模式及教学实施的方案。学历继续教育专业，应基于以在职人员为主体的业余学习特性选择人才培养模式，制订教学实施方案。

人才培养模式是实现人才培养目标的方法与手段。基于网上教学的网络教育与开放教育是一种人才培养模式，基于面授教学的成人教育也是一种人才培养模式。在当前学历继续教育类型区分明显的情况下，确定了开放教育方式后，开放教育的人才培养模式既已确定，需要进一步明确的是基于开放教育人才培养模式下的具体教学实施方案，即每一门课程所采取的教学方式、教学手段。

（六）为什么能培养人——教学质量保障

"为什么能培养人"是回答教学质量保障问题。在质量保障方面，需要制订专业层面及课程层面的质量保障举措。在专业层面，包括专业人才培养方案的保障举措、专业教学的管理与监督制度等；在课程层面，需要明确每一门课程的形成性考核与终结性考核的方式、手段，以及相应的监管、监控举措，确保教学过程质量与课程考试质量。

三、专业建设

专业建设是对专业规划的落实与发展，是夯实专业人才培养实力，打造强有力师资团队的保障。专业建设包括教学内容建设、教学团队建设、教学环境建设与质量保障体系建设等方面。

（一）教学内容建设

在教学内容建设方面，需要在教学过程中，不断优化与完善专业教学内容。在促进专业教学内容体系不断完善的前提下，需要不断强化专业特色，包括教学内容、教学模式、教学手段、实验实训等方面，从而形成本专业的比较优势和核心竞争力。

（二）教学团队建设

在教学团队建设方面，可以采取"外引内举"的方式不断增强教学团队的力量。如对开放教育专业，可以通过引进名师、专家，引领专业教学团队的建设，指导年轻教师的成长，引导教师参加教研教改项目、各类教学竞赛等，提升教师的教学能力与教学研究能力，从整体上提升教学团队的整体水平，打造强有力的教学团队。对于普通高校的继续教育机构来说，如果能够充分发挥办学体系的力量，其教学团队的建设就会相对容易。

（三）教学环境建设

教学环境建设是指在专业的办学过程中，基于教学需要不断优化教学环境,不断丰富本专业的教学设施设备,通过与行业企业的合作,建设实验实践基地;通过信息技术的利用,建设虚拟的实验实训软件;等等。

在教学资源环境方面,充分利用国家或省级开放共享的在线课程,将是改善学历继续教育资源环境的一个有效途径。

(四) 质量保障体系建设

继续教育质量保障体系的建设,应基于全面的教学质量观,以专业为基点,从具体包括办学思想与办学目标的正确性、教学条件的充裕性、师资队伍的保障性、培养方案的适切性、教学资源的合适性、教学组织的严谨性、教学服务的周全性,以及质量目标的达成度等方面建构全面的质量保障体系。

第三节 课程

课程是专业人才培养体系与教学内容的有机构成,课程教学目标的达成是实现专业人才培养目标的前提条件。在课程层面,主要有课程设计、课程开发与课程教学三部分。这里主要阐述课程设计与课程开发,课程教学部分将在第四节中系统阐述。

一、课程设计

课程设计是基于课程在专业人才培养体系中的定位所做的教学调研、教学目标分析,从而对教学内容与媒体、教学策略与活动以及教学评价与特色等进行设计。

(一) 教学调研

教学调研是开展课程设计的基础。教学调研包括课程学习者的调研、教学团队的调研、同类课程的调研,以及教学环境的调研四个部分。学习者的调研目的在于了解业余学习者的特征,如学习者的知识基础、学习动机、学习风格、学习方式、学习时间、学习环境、学习条件等;教学团队的调研目的在于了解课程团队教师的整体实力、教师的专业能力与水平、教学辅导力量的构成及强弱等;同类课程的调研目的在于了解现有课程所用的课程教学方法、教学内容布局,以形成自身的课程特色与优势;教学环境的调研目的在于了解当前及未来能够支撑课程教学的设施设备与实验实训条件。

(二) 教学目标分析

教学目标分析需要考虑五个方面的因素：一是专业人才培养目标的达成，因为教学目标必须服务于专业人才培养的目标；二是学习者的学习需求，以服务于应用型人才的培养；三是课程在专业课程体系中的地位，专业核心课与专业选修课在教学内容体系的布局上差异较大，在师资力量的配备上也有差异，对于专业核心课，应该有更高标准的课程教学目标；四是课程的教学环境条件，没有教学条件保障的教学目标是难以实现的；五是课程教学团队的状况，基于教学团队的师资力量与专业能力设置有一定倾向性的教学目标，将有利于教师能力的充分发挥，实现课程教学目标的增值。

(三) 教学内容与媒体设计

基于课程教学目标建构课程教学内容体系，从教学内容的生成视角看，教学内容分为预置性与形成性。预置性教学内容是基于课程教学目标提前设计、规划的教学内容；形成性教学内容是在教学过程中，为满足学习者的学习性需求提供的教学内容。形成性教学内容的建构，一方面体现了以学习者为中心的教学理念，另一方面弥补了教学设计存在的不足，完善课程教学内容体系。

教学内容的选择应体现其政治性，坚持立德树人的根本任务；体现其科学性，做到内容正确、客观呈现；体现其应用性，做到内容使用，满足应用型人才培养需要；体现其生态性，为学习者提供适需的、精简的学习内容。

教学媒体的选择以充分呈现教学内容、帮助学习者便捷地获取学习内容为前提。对于网络教育，应基于在线课程特点，选取最新、最优的媒体形式，展现教学内容、提供教学服务。在内容讲授上，可选择高清视频、虚拟演播、网络直播、动画演示等形式，充分且生动地展示讲授内容；在师生交互上，可选取论坛、微信、QQ等媒体形式，进行实时、非实时的交流互动；在内容传播上，可选取互联网、移动互联网、微信公众号等传播方式，便于学生随时随地的学习。

(四) 教学策略与活动设计

基于课程内容，选择合适的教学实现策略。对于不同的教学内容需要采用不同的教学策略与媒体呈现方式。常见的教学策略有先行组织者策略、"情景—陶冶"教学策略、示范模仿教学策略、启发式教学策略、支架式教学策略、抛锚式教学策略、随机进入式教学策略、自我反馈式教学策略、探究式教学策略等。基于教学策略的相关教材与书籍较多，这里不再详述。

教学活动的设计是促进教学真正发生的重要环节。教学活动是指有助于学习者学习的各类指导性、任务性、支持性的活动系统。教学活动旨在建构师生、生生共同体，使得学习真正发生，帮助学习者掌握知识技能。教学活动形式多样，如主题讨论、案例分析、阅读活动、网络资料收集、社会调查等。

（五）教学评价与特色设计

教学评价是依据教学目标对教学过程及结果进行价值判断并为教学决策服务的活动。教学评价功能在于"以评促建""以评促教""以评促改"。

教学评价包括形成性教学评价与终结性教学评价。形成性教学评价旨在促进学习真正发生，包括学习活动评价、课程作业评价、课堂或网络表现评价等；终结性教学评价主要采取课程考试或考查方式，不过课程论文、调研报告有时也会是比较好的终结性评价方式。

二、课程标准

课程标准是规定课程性质、课程目标、课程内容、实施建议的教学指导性文件，是基于课程设计所形成的规范性文件。课程标准的制定既要考虑课程教学体系建构的原则性与规范性，同时也要充分考虑课程教学体系建构的灵活性与特色性。

（一）课程性质

课程性质主要叙述课程在专业人才培养中的地位、作用和功能、课程类型，以及与其他课程的关系等内容，明确课程名称、课程学时、学分、适用对象、先修课程、学习方法、考核方式等。

（二）课程目标

课程目标是对学生课程学习预期结果的综合概括，是专业人才培养目标在课程中的具体体现，包括知识目标、技能目标和素质目标等。"知识目标"应说明课程预期达到的学科或专业知识目标；"能力目标"应说明课程预期达到的职业能力目标；"素养目标"应说明课程的人文素养、科学素养、信息素养、道德素养等目标。

（三）课程内容

课程内容即课程学习的主要内容，要根据课程学习需要基于模块（如知识模块、任务模块或项目模块）建构课程内容体系，各模块之间要体现内在逻辑性，符合学生知识学习的递进规律。每个模块应有学习目标、学习内容、学习活动、考核测评、拓展资源等基本构成。

课程内容要体现科学性、前瞻性以及政治的正确性,能充分体现该课程领域的最新发展与研究成果。课程内容体系可用表格或文字表达。

(四) 实施建议

实施建议用来说明课程教学实施的基本要求,主要包括以下七方面。

(1) 教学基本条件:明确开展课程教学所需的师资和教学设施、设备等要求。

(2) 教材选用与编写:基于专业人才培养目标,课程教学与内容体系设计,选择或编写课程教材。

(3) 课程资源建设:说明课程各类教学资源的建设或引进方式,对各类教学资源使用提出指导意见。

(4) 教学组织与实施:对课程教学模式、教学方法、教学组织形式、教学策略以及对学生的导学、实践活动等做出要求。

(5) 实践教学:按照一体化实践教学模式,提出对实验实训的功能、设备配置和教学实施要求。

(6) 教学评价:说明课程的评价方式,形成性考核和终结性考核的内容、方式、要求及考试试题类型等。

(7) 学习建议:根据课程实际情况,结合混合型教学模式的开展,对学生的学习提出指导性的学习建议,说明课程的学习周数、每周的学习用时,编写课程的学习进度参考表。

三、课程开发

课程开发是指基于课程教学设计所做的课程教学准备,包括教学资源、教学媒体、教学工具等。

对于成人教育,课程的开发主要是课程教学大纲的编制、课程教材的选用或编写,课程教案的制作等。随着信息技术的发展,成人教育也在逐步开发一些辅助性的网络教学资源。

对于开放教育与网络教育,课程开发是课程教学的重要环节,课程开发的成果主要是以网络课程形式来呈现的。网络课程开发的内容包括课程资源建设与平台课程建设,其中,课程资源建设包括导学资源、授课资源、评测资源以及平台课程建设等。这里主要介绍网络课程的开发内容。

（一）导学资源建设

由于网络教育与开放教育采取网络教学方式，存在教与学分离，教师难以面对面指导学生的学习，需要通过网络形式对课程的整体情况、学习方式方法等进行全面的介绍，因此，课程的网络导学非常重要。它可以是文本形式，也可以是视音频形式。课程导学资源一般包括六个方面。

（1）课程简介，包括课程的总体介绍、课程类别、适用专业、适用层次、课程学分与学时、先修课程、参考教材等信息。

（2）教学团队，介绍课程的教学团队及其成员，包括教师的基本履历、基本信息、教学教研成果等。

（3）教学大纲，包括课程的教学目标、教学要求、内容框架等，让学生对在线课程概览性、体系性的了解。

（4）考试方案，说明课程考试总体安排，明确形成性考核与终结性考试的形式与成绩构成。

（5）教学日历，根据教学工作安排制订课程教学日历，明确课程答疑、学习活动、课程作业等教学任务的具体时间安排。

（6）学习指引，基于课程特点，对课程的学习方法与学习要求等进行说明。

（二）授课资源建设

网络授课资源是对课程内容的讲解，其授课形式自然是以视音频类资源为主体，以文本类资源为辅助。

网络教学以自主学习为主，网络授课主要是讲解在线课程的重难点，也可以是对在线课程的系统讲解。基于学习者的学习特点，授课资源以微视频形式呈现为宜，每个微视频10分钟左右，每学分视音频总量一般不少于120分钟。

在授课资源中，还应有以文本形式呈现的授课资源，主要呈现网络课程的章节（模块）学习目标、核心学习内容、学习活动、重点难点解析等。文本资源一般采用最精简的文字，进行精心的排版。

（三）评测资源建设

评测资源建设主要任务是建设课程题库。题库建设应以教学大纲（课程标准）为依据，重点考核对基础知识和基本技能的掌握程度，以及分析问题、解决问题的能力。

题库建设应坚持"一库多用"的原则，即题库试题主要用于在线考试的自动组卷，同时也可用于形成在线课程的单元练习、课程作业与模拟试题等，促进学生在学习过程中检测学习效果。

题库建设对基本的题量与题型应有具体的要求。在题量方面,每门课程一般不应少于500题,题型一般不应少于4种。同时还应根据课程发展及教学需要及时更新题库试题,每门课程每年更新量一般不低于10%。

(四) 平台课程建设

平台课程建设是基于已经建设的在线课程资源,在学习平台上建设一门功能完全的在线课程。平台课程一般可以分为六个功能区:通知公告区,即发布课程公告、通知;课程导学区,即呈现课程基本信息,如教师团队、课程说明等;课程学习区,即对各类课程内容学习区域的陈列;活动讨论区,即各类课程内容学习活动、学习讨论的区域;拓展资源区,即呈现各类课程拓展资源的区域;个人信息区,即个人基本信息、成绩查询区域,如图5-2所示。

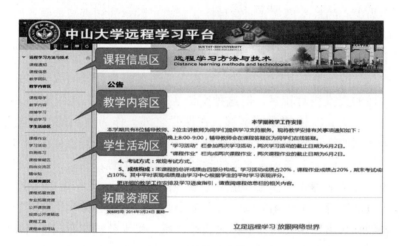

图5-2 平台课程界面示例

第四节 教学

教学是在一定教育目的的规范下,由教师的教与学生的学共同组成的一种教育活动,是由教与学两方面统一组成的双边活动。两者相互依存、相互促进、相得益彰。[①]

[①] 王道俊、郭文安主编:《教育学》,人民教育出版社2009年版,第161页。

老子的《道德经》中道："不言之教、无为之益，天下希能及之矣"，"善行者无辙迹，善言者无瑕谪"。教学重在引领，引领的最高境界是"不言之教"、无为而为，也就是顺应学习者的学习需求，水到渠成地实施教学。

一、教学理念

以学习者为中心是学历继续教育的核心教学理念。

（一）以学习者为中心的必要性

对于网络教育与开放教育，以学习者为中心的教学理念已成为一种共识。这是因为网络教育与开放教育所实施的网上教学，在跨越时空限制的同时，也产生了师生的分离，导致教师对学生的理解不多，因而教师更容易也更愿意采取以教师为中心的教学模式，而这种模式背离了教学的初衷与本原。回归教学本原，就应以教育对象（即学习者）为中心组织实施教学。

对于成人教育，仍应以学习者为中心。其中，函授教育本质上是一种远程教育，教与学的分离是其固有属性。而夜大学主要采取面授的教学方式，师生之间面对面的交流相对较多，但这种交流主要发生在"匆匆而来，又匆匆而去"的课堂之上，交流的深度不够，在课堂之外，作为兼职的教师与忙于工作的学生之间的交流更难发生。从这种意义上看，师生之间也存在教与学的分离，对于学习者的学习需求夜大学的教师也不容易了解。因此，只有坚持以学习者为中心的教学理念，才能真正满足学习者的需求。

对于普通教育，虽然也应以学习者为中心，但其不会像学历继续教育要求得这么强烈和突出，这是因为在普通教育领域，出于教师的专职性与学生的全日制性，师生之间有充裕的时间和精力相互了解。在这种情况下，即使以教师为中心实施教学，教师也能较好地融入并了解学习者的学习需求。

（二）以学习者为中心的内涵

以学习者为中心，是指在专业与课程的设计、规划、建设与实施过程中，始终从学习者的需求出发，将其融入专业与课程的各个环节中。在更大的意义层面上，专业人才培养目标就是该专业领域学习者群体的共同成长需求。以学习者为中心，并不是完全基于其个性化需求做教学内容的设计与规划。如果这样，教学内容将会成为一盘散沙，所开展的教学也不再是专业的，同时，教学也不能继续服务于专业人才的培养目标。

(三）以学习者为中心的特征

1. 全程性

全程性即在专业与课程的设计、规划、建设与实施过程中，均应贯彻以学习者为中心的理念，立足专业人才培养目标（实质上的学习者群体学习需求）、围绕学习者的特征与需求开展各项教学工作。

2. 发展性

发展性即课程教学不仅要关注学习者当下的学习需求，更应关注学习者在专业领域的未来发展需求，充分关注学习者的职业发展规划。课程的教学内容、方法与进度不仅要适合学习者的现有知识和能力水平，更要适应学习者未来的事业和职业发展。在教学中，不仅要传授学习者当前所需要的知识技能，更要传授学习者未来职业发展所需要的知识技能。在信息技术的知识传授过程中，不仅要传授当前流行的信息技术的应用，更重要的是要传授适应未来信息技术发展的知识技能以及方向趋势，如预示未来信息技术发展方向的人工智能、智能产业等。

3. 引领性

围绕在职学习者的特征，弱化知识的灌输性，强化学习的引领性，要与学习者做朋友，引领学习者的知识发现、挖掘与专业成长。

4. 终身性

继续教育是终身教育体系的核心主体，也是终身学习理念的忠实拥护者与倡导者。以学习者为中心，就是要立足学习者的终身学习，将终身学习的理念、方法融入专业教学中，帮助学习者形成终身学习理念，掌握终身学习方法，促进学习者实现终身性的专业成长。荀子的《劝学篇》"学不可以已"，是指学习不可以中断，不可以停止，充分体现了学习的终身性。

二、教学原则

教学原则是有效进行教学必须遵循的基本要求和原理，它既指导教师的教，也指导学生的学。教学原则贯彻于教学过程的各个方面和教学的始终。

学历继续教育的教学，除了要遵循教育学的一些基本教学原则，如科学性与思想性相结合教学原则、理论与实际相联系教学原则、系统传授与循序渐进相协调教学原则，还要遵循体现学历继续教育特色的教学原则，具体包括教学相长原则、应用导向原则、智慧启迪原则、个性化教学原则。

(一) 教学相长原则

教学相长是继续教育领域显著的教学特征。学历继续教育的在职学习者在其专业领域，往往有着丰富的实践经验与经历。教师的优势在于丰富的理论知识和相对较高的经验与知识的提炼能力。为此，在学历继续教育的教学中，教师应充分重视学习者的经验与能力。在传授学习者知识、技能的同时，也要不失时机地发挥学习者的优势，充分利用学习者经验的分享，促进学习者相互学习，共同提高。尊重学习者已有经验，基于其工作与生活的经历经验设计教学方法，建构教学内容，更容易让学习者接受，并让学习者通过经验的联结，获得更好的学习效果。比如在教学过程中，可以让学习者分享自身的实践经验，让学习者参与教学内容的设计、教学资源制作等。林德曼指出"成人教育是一项商讨性的协作活动，是一个不拘形式，以发现经验之意义为目标的知识获取过程"[①]。

(二) 应用导向原则

继续教育作为学校教育后的一种教育形式，以应用型人才培养为目标，其教学对象主要是成人，继续教育重在知识或技能的应用。因此，在继续教育的教学过程中，要贯穿应用型人才培养的目标，在传授理论知识的同时，也要充分结合学习者群体的实践，实现理论与实践的紧密联系。通过大量的案例、事例或实验实践等，让学习者在最短的时效内获得知识和能力的提升，并能尽快地将其应用于工作或生活中。

王守仁的"知是行之始，行是知之成"，充分体现了学以致用的应用型人才培养的特点。特别是对于实践性很强的课程，更需要将应用性的知识和技能传授放在首位，让学习者能够真正学以致用。

(三) 智慧启迪原则

教育的目的不仅在于传授知识，更重要的是启发学习者的智慧。在继续教育的教学过程中，应坚持知识与智慧相结合，以启发学习者的智慧为目标。在信息技术快速发展的时代，学习者可以通过各种途径获取知识，如通过百度、微博、微信等。单纯的知识性传授的继续教育，将越来越不被学习者需要，特别是难以受到在职学习者的欢迎。因此，在教学过程中，应充分发挥教师的理论提炼能力的优势，贯彻思想性、智慧性，这样不仅能给学习者带来知识的收

[①] 转引自［美］伊里亚斯、梅里安：《成人教育的哲学基础》，高志敏译，职工教育出版社1990年版，第81页。

获,更重要的是带来思想性、理念性的收获,让学习者在更高的思想格局中提升自己、发展自己。

（四）个性化教学原则

个性化教学分为两个层面：一是群体层面,即基于某一个年级或班级的学习者特征进行教学内容与教学方法的适当调整,以适应该群体的个性化学习需求；二是学习者个体层面,即基于学习者个体的差异性,进行有的放矢地差别化教学,使每个学习者都能够扬长避短,获得最佳发展。在当前情况下,个性化教学更适合第一个层面,即基于某一特殊群体的个性化教学。

在学历继续教育领域,更需要也更容易在教学中实施个性化教学,这是因为在学历继续教育中,同一专业的学习者知识基础差异较大,一样的授课内容可能让中等水平的学习者收获满满,但会让基础较好的学习者"吃不饱",让基础较差的学习者"吃不了"。在网络教育和开放教育领域,借助先进的信息技术手段,可以较好地解决这个问题,即教师在建设常规网络学习资源的同时,也可以为基础较弱的学习者提供补充性的、基础性的网络学习资源,为基础较好的学习者提供拓展性的网络学习资源。

三、教学方法

教学方法是为完成教学任务而采用的方法,它包含教师教的方法和学生学的方法,是教学引导学生掌握知识技能、获得身心发展而共同活动的方法。[1]

以成人学习者为主体的继续教育,其教学方法应该是灵活多样的,应该充分结合成人学习者的特点,采取合适的教学方法与手段。相对于学校教育,继续教育的教学方法更灵活、更多样。具体来说,主要有四种。

（一）面授教学法

面授教学法是指在传统课堂所进行的面对面的授课。成人教育的大部分授课基本采取面授教学法,网络教育与开放教育的线下辅导答疑也常常采取这种方式。面授教学法没有师生之间的距离感,相对网络授课更受学习者欢迎,但是这需要学习者集中在课堂上课,对于在职学习者来说,则会变得越来越困难。也因为这样,能参加面授教学的学习者越来越少,这一点特别明显地体现在成人教育上。

---

[1] 王道俊、郭文安主编：《教育学》,人民教育出版社2009年版,第234页。

面授教学法对继续教育机构的教师与学习者弥足珍贵。这是由于面授教学一般在教学点举行，对于继续教育机构而言，需要安排教师专门到教学点上课，有时授课教师可能需要横跨市县，舟车劳顿；对于学习者来说，需要专门前往教学点听课，两者都需要耗费大量的业余时间。因此，面授教学的课程数量也是有限的，一般是做课程重难点的讲解，或者课程的辅导答疑。同时，为了让学习者在每次授课中都能有所收获，精心的教学准备就显得非常重要，如授课前学生的预习与问题准备，教师授课内容的精心准备，以便在课堂上实现高效、高质的授课或师生交流。只有当学习者在每次面授教学中都能获得较大的学习收获，学习者才有动力继续参加后续的面授教学。

（二）网络教学法

网络教学法是指教师提前将授课内容制作成网络课件，布置在学习平台上，学习者点播教师的网络课件进行课程学习，通过辅助网上学习活动促进学习者学习。网络教学法是网络教育与开放教育的主要教学方法，部分继续教育机构的成人教育也在逐步采用这种方式。

网络教学法因为跨越了时空的局限性，解决了工学矛盾，学习者可以不离家、不离岗实现时时处处地学习。然而，网络教学法也有缺陷，即网络授课缺乏师生面对面的互动交流，缺乏对学习者听课的直接监督，需要学习者自主进行网络学习。网络教学法一方面对学习者的要求高，需要学习者有较强的自主学习能力和自我控制能力，能够通过自我控制完成课程内容的学习；另一方面对教师的授课内容要求也高，如果教师的授课内容照本宣科没有生气，不能激发学习者的学习兴趣，不能与学习者的已有知识产生关联，则学习者更不愿意学习网络课件，网络授课的效果也就可想而知。对此，每个开展网络教育或开放教育的机构都很重视网络课程的规划与设计，尽可能采取最合适的媒体形式，选择最合适学习者的内容建设网络课程，特别是网络授课内容。同时，还通过开展形式丰富的网络学习活动促进学习者的自主学习。

（三）直播教学法

直播教学法是随着信息技术发展以及网络速度的提升所产生的一种新的教学方法。直播教学法本质上属于网络教学法，但是直播教学法有其自身的特点。首先，直播教学法充分利用网络教学法的优点，通过网络直播的方式，让学习者能够不离家、不离岗随时随地的进行课程学习。其次，直播教学法充分利用面授教学法的优点，即通过互联网缩短了师生之间的距离——学习者能实时看到教师，教师也能实时看到学习者的听课情况，并能通过互联网实现实时的交流互动。教师在需要的时候，还可以同单个学习者进行视音频的互动交流。同时，直播教学的内容可保存下来，学习者在直播后还可以随时点播回放。

（四）混合式教学法

混合式教学法是指课程教学采取线上线下相结合的方法，是网络教学法与面授教学法的结合。混合式教学法充分利用网络教学的优点，让学习者能够时时处处自主学习，同时也充分利用面授教学的优势，让学习者能够现场感受教师的授课风采、仪态语言。对于学历继续教育，应根据学习者所参加的继续教育类型以及学习者的学习时间进行科学布局。对于成人教育来说，在当前教学模式下，应以面授教学为主体；而对于网络教育与开放教育来说，则应以网络教学为主体，面授教学主要用来答疑解惑。

除以上四种教学方法外，还有很多具体的教学方法，如研讨法、案例分析法、调查研究法、启发式教学法等。这里不再详述。

四、教学过程

教学过程是教师、学习者与教学内容三者交互的过程，是实现教学目标、体现教育价值的过程。教学过程以实现教学目标为导向，以促进学习者学习为动力。教学过程的设计需要体现教、学、测、评的一体性，体现课程教学的循序渐进性。同时，不同的教育类型、不同的专业课程也可以采取不同的教学过程。

成人教育主要采取面授形式，其教学过程与传统教育比较接近。这里主要以网络教育与开放教育为例，阐述教学过程的各个环节及其作用。网络教育与开放教育的常规教学一般包括课程导学、自主学习、学习活动、形成性测评、辅导答疑、课程测评六个环节（见图5-3）。

（一）课程导学

课程导学是教师提前将课程导学内容制作好，布局在学习平台上，供学习者了解课程的整体情况，包括课程简介、课程学时学分、课程内容体系框架、课程教学安排、课程学习方法以及课程教学参考书等。

课程导学可以采取教师讲解方

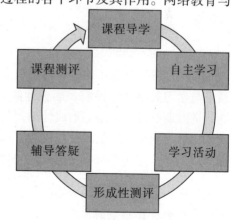

图5-3 网络教育与开放教育的常规教学环节

式，也可以是文本方式。不过，课程导学是学习者进行课程学习的第一印象，需要认真准备与布局。

（二）自主学习

学习者在了解课程学习整体情况后，即可利用网络课件进行自主学习。由于在职人员的碎片化学习特点，网络课件以微课形式为宜，每节网络课件一般 10 分钟左右。

在学习者的自主学习阶段，教师或辅导教师需要通过各种教学交互手段为学习者答疑解惑。答疑解惑的方式有很多，如课程的 BBS、微信群、QQ 群等。每一种答疑都有其自身的优缺点，比如 BBS 答疑，难以做到实时性的交互，但是学习者的问题可以保留，教师可以通过跟帖方式实现一对一的答疑。微信群答疑具有良好的实时交互性，能够通过视音频和文本方式进行答疑，但较适合课程学习者不多的情况，如果学习者多，学习者的问题很容易被微信群中后续的信息所覆盖，而且微信群文档只能短时保留也是其软肋。QQ 群答疑的实时性相对较微信群弱一点，但是文档保留是其优势。

（三）学习活动

为了促进学习者理解课程内容，每门网络教育或开放教育课程都很重视学习活动的组织与开展。学习活动主要以网络学习活动为主，继续教育机构通过各种方式促进学习者参与学习活动，如参加活动计算课程成绩，参加活动作为优秀学习者或学习之星的评选指标等。基于课程的特点，学习活动门类繁多，如主题讨论、案例分析、实践经验分享、学习资源分享、调查研究、网络资料收集等。

（四）形成性测评

形成性测评是为了促进学习过程真正发生，在教学过程中对学习者的学习质量与学习效果进行评测。形成性测评能帮助教师及时发现教学中存在的问题，适时调整教学策略。形成性测评的方式很多，如学习者在学习平台的登录次数、学习网络课件的时长与次数、课程作业完成情况、参加学习活动及学习活动成果等，这些都可作为形成性测评的依据和手段。

（五）辅导答疑

辅导答疑是指学习者自主学习一段时间后，教师帮助学习者进一步理解课程教学的重点难点，或集中解答学习者在学习过程中遇到的学习问题、作业完成过程中存在的问题等，或指导学习者进行课程的总体复习所进行的授课式讲解。

辅导答疑可以选择多种形式进行，可以通过网络直播形式进行远程授课，也可以到教学点进行面对面辅导，还可以制作专门的辅导课件供学习者点播学习。

（六）课程测评

课程测评既是课程教学的结束性标志，也是教师检验整个课程教学过程的综合性环节。课程评测是对学习者完成整门课程学习后的学习质量与效果的检验，是学历继续教育课程的教学过程必备环节。课程测评能否达标直接关系到学习者能否毕业。

五、教学评价

基于教学评价在教学过程中发生的作用，教学评价可分为诊断性评价、形成性评价与终结性评价。不同的教学评价所起的作用不同。

（1）诊断性教学评价是在教学工作开展前，面向学习者所开展的评价性调研，用于了解学习者的知识基础、学习风格、学习习惯、学习动机等。诊断性教学评价结果是进行课程教学设计的基础，是教师确定教学内容、选择教学媒体、设计教学策略、组织教学活动的重要依据。

（2）形成性教学评价发生于教学过程中，用于检测教学过程中学习者的学习效果与质量。形成性教学评价的作用主要有三个方面：一是为了督促学习者的学习进程，促进学习者按时完成学习任务；二是为了检验学习者的学习效果与学习质量，帮助教师了解学习者存在的学习问题；三是为了检测教师的教学过程组织的效果与质量等。通过形成性教学评价，教师可以及时调整教学策略、优化教学环节、帮助学习者在后一阶段的过程中更好地学习。

终结性教学评价是在课程终结时，对学生学习的成果进行的较为正规的、制度化的考察、考试及其成绩的全面评定。教师通过开展终结性教学评价，可以全面总结学习者的知识基础、学习表现、学习效果，也可以全面评估课程的教学资源质量、教学过程组织效果等。通过终结性教学评价，教师可以对课程的教学内容、媒体形式、教学组织等方面做进一步的优化与完善，让下一轮的课程教学能够更好地实施。

第五节　学习

一、学习者特征

学历继续教育的学习者，以在职人员的业余学习为主体，他们都是业余学习者。业余学习者相对于全日制学生存在较大的差异性。具体来说，两者的差异性，如表 5-1 所示。

表 5-1　业余学习者与全日制学生的特征差异

类　型	业余学习者	全日制学生
职业岗位	一般有职业	一般无职业
学习时间	学习时间少	学习时间多
学习地域	分散学习	集中学习
学习条件	学习条件一般	学习条件优越
学习环境	学习环境复杂	学习环境单纯
学习动机	动机很复杂	动机较单纯
学习风格	风格差异大	风格差异小
知识基础	基础相对弱	基础相对好
认知起点	起点差异大	起点较一致
学习状态	经历经验多	经历经验少

二、学习动机

学习动机是激发个体进行学习活动、维持已引起的学习活动，并将使个体的学习活动朝向一定学习目标的一种内部启动机制。[①] 在《论语·雍也》中"知之者不如好之者，好之者不如乐之者"体现了三个层面的学习动机：从"知之者"到"好之者"再到"乐之者"。学习者的学习兴趣越浓，则越容易

---

① 冯忠良等：《教育心理学》，人民教育出版社 2000 年版，第 217 页。

将自身融入其学习中。

关于成人学习动机,主要有三种理论:一是动机指向理论。霍尔将成人学习者分为目标指向、活动指向和知识指向等三类。二是势力场理论。20世纪60年代,美国成人教育家米勒(H. L. Miller)提出的成人学习动机的势力场理论表明,在西方社会中,成人学习动机具有鲜明的阶级特征。[1] 三是一致性理论。新西兰成人教育家鲍西埃(Boshien)指出,成人学习是学习者与教育环境之间相互制约和影响的过程,两者协调一致,教学顺利进行;反之,则产生障碍。[2]

继续教育因社会、职业、生活的变化而引发,学习者则是为了回应这些变化而产生学习的动力。学历继续教育的学习动机主要分为内生型学习动机与外生型学习动机。

(一)内生型学习动机

内生型学习动机是指学习者的学习动机源于自身内在需求。当学习者的专业、职业、兴趣融为一体时,其参加专业学习时,就会产生一种强烈的内在学习动力,这种学习动机是一种内生的、自发的动机,是一种难以动摇的学习动力。学习者的学习,最终在于内在的自我知识建构,对外部教育输送的内在消化。因此,内生型学习动机是最重要、最关键、最宝贵的学习动机。

(二)外生型学习动机

外生型学习动机是指外部环境迫使学习者进行学习的动力机制。外生型学习动机又分为被动型与主动型两种。被动型学习动机是指学习者在外部环境的压力下被动地进行学习,如学习者在家人的要求下进行专业学习。因为其学习是被动的,所以学习动力也会比较弱。主动型学习动机是指学习者在外部环境的压力下主动适应环境进行学习,如学习者为了提升自己的学历、职称,为了有更好的晋升机会而进行专业学习。主动型学习动机带着一种功利性,学习者会在理性的支配下认真学习,其学习效果一般也会相对较好。

三、学习方式

学历继续教育的学习者主体既是业余学习者,也是成人学习者,成人学习者的学习主要有以下五个特点。

---

[1] 高志敏编著:《当代世界教育科学发展与成人教育》,上海交通大学出版社1997年版,第243–244页。
[2] 毕淑芝、司荫贞:《比较成人教育》,北京师范大学出版社1994年版,第207页。

（一）转化性的学习

转化学习理论（transformative learning），是由美国著名成人教育学家麦基罗（Jack Mezirow）于 1978 年首次提出的。他的三个核心观点是成人转化学习的来源是经验、成人转化学习的条件是批判性反思、成人转化学习的过程是理性交谈。① 运用经验进行学习，必定能诱发学习的内在动机。

成人学习者，由于具有丰富的经历和阅历，其参加继续教育学习，可以与自身过往的经验、经历和阅历关联。也就是说，他们不仅能够获取教师传授的知识和技能，同时还能将自身所拥有的经验、经历和阅历，经过学习过程的触发，转化为自身的知识。

（二）实践性学习

实践性学习是指将理论与实践相结合，把知识和经验相统一，要求人们结合工作经验反复思考，运用多种技巧开展学习，注重学习行动的规划，强调个人、团队和组织之间的互动体验，要求理性分析与直觉和想象结合起来。②

成人学习者丰富的实践经验，是有别于学校教育的全日制学习者的显著特征，能够帮助学习者更好、更深入地理解学习内容。

（三）批判性学习

成人学习者具有较强的批判性思维，对于教师的教学内容不会是全盘接受，会基于自身的思考和判断，结合自身的经验有选择的接收。成人学习者不仅会学习，而且更会思考。在《劝学》中"吾尝终日而思矣，不如须臾之所学也"体现了学是思的基础和源泉。同样，在《论语》中"学而不思则罔，思而不学则殆"，也体现了"学而思，思而学，学中习，习中学"。

（四）目标导向性学习

成人的学习具有太多的社会责任和义务，其不仅面临工学矛盾，同时也面临家庭事务与学习任务之间的矛盾。多重任务使得学习者的学习时间更为宝贵，学习者更重视自身的学习效率和学习效果。为此，成人学习者的目标十分明确，其是一种目标导向性学习。

---

① 徐君、邱雪梅：《成人转化学习理论述评》，载《教育发展研究》2010 年第 21 期，第 42 - 46 页。
② ［美］约瑟夫·A. 雷林：《实践性学习——学习型组织的实现途径》，贺广勋、姚冀、张维红译，电子工业出版社 2002 年版，第 2 - 6、20、21、24、26、67、68 页。

(五) 自我导向式学习

自我导向式学习可以将学习活动真正引向深入，将学习效果变得更加具有持久力。其关键有三：一是要明确自我导向学习的特点；二是要与学习者建立合作关系；三是要精选学习策略。因此，自我导向式学习能否顺利推进，其中一个重要环节就是要让学习者学会综合利用多种学习资源与方法。[①]

自我导向式学习，要求学习者进行自我学习的设计，制订和调整自我学习计划。相对于全日制学生来说，成人学习者更具有这种自我导向和自我控制能力。同时，在学习手段与方法日益增多、学习资源日益丰富的今天，自我导向式学习将更能发挥作用，学习者也更有自主性。如基于慕课的学习，虽然在慕课中有教师的指导，但是由于学习者众多，教师难以关注到每个学习者。在这种情况下，自我导向式学习就显得更为重要。

四、学习方法

学习方法是学习者通过学习实践总结出的快速掌握知识的方法与手段。基于不同的视角有不同的分类方法。如基于学习者学习的能动性，可将学习方法分为主动学习与被动学习；基于学习者的学习是否与他人协作，可分为个性化学习与协作式学习；基于学习者融入学习场景的程度，可以分为探究式学习、体验式学习、情景式学习等；基于学习者的学习场景，可分为移动学习与非移动学习；基于学习者是否利用互联网进行学习，可分为线上学习与线下学习。

关于学习方法的书籍较多，这里专门介绍一种适合继续教育学习者的新的学习方法——健康学习法。健康学习法是网络时代的产物，是学习者适应网络时代应掌握的一种学习方法。

(一) 问题的提出

1. 学习资源的甄选问题

随着信息技术的高速发展，学习资源的开放普及，以及资源复制的日渐便捷，网络时代为我们带来了极其丰富，而又极其繁杂的学习资源。我国自1998 年启动《面向 21 世纪教育振兴行动计划》，先后组织评审出了一大批国家级的优质网络学习资源，包括 363 门新世纪网络课程、3910 门国家级精品课程、992 门国家级视频公开课、2911 门国家级精品资源共享课、2100 门国

[①] Malcolm S. Knowles. *Self-directed Learning：A Guide for Learners and Teachers*. （Englewood Cliffs，N J：Prentice-Hall, Inc, 1975）.

家级精品在线开放课,其中的大部分资源布局在网络"爱课程"上。除此以外,还有很多海量的门类繁多的网络学习资源:公开课类资源,如新浪公开课、网易公开课等;搜索类资源,如百度、搜狗等;问答类资源,如知乎等,还有很多专业类网站与社会性网站等。

这些海量的学习资源中,有高质量的,也有低质量的;有适合自己的,也有不适合自己的;有精致的,也有冗长的。这些丰富、海量的学习资源,让我们能够尽享网络时代的知识盛宴,而极其繁杂的学习资源,又使我们面临资源甄选的难题。

面对海量的学习资源,如果学习者不会对学习资源进行甄选,那么可能会变成"暴饮暴食"者,无法很好地消化和吸收;面对学习资源的良莠不齐,如果学习者不会对学习资源进行甄别,则这些低质甚至劣质的学习资源就会像垃圾食品一样,影响学习者的学习健康;面对丰富多样的学习资源,如果学习者不注意平衡自身的知识结构,而是一味地根据自己的嗜好进行学习,则可能会变成"偏食"者,造成自身知识体系的"营养不良";基于网络资源的学习,由于缺乏教师面对面的引导和交流,学习者也不能会出现"厌食"行为,不愿意利用学习资源进行学习。

2. 支持服务利用问题

信息技术的快速发展,使得学习者能够获得越来越多的学习支持服务,其形式可以是线上的,也可以是线下的;可以是实时的,也可以是非实时的;其交互手段可以是视音频会议、电话、电子邮件、BBS,也可以是QQ、微博、微信等。多样化的学习支持服务使学习者能够随时随地获得学习支持服务,能够更快捷地解决学习问题。

然而,丰富多样的学习支持服务也是一把双刃剑。一方面,学习者可以随时获得学习支持服务,解决学习中的问题;另一方面,学习者也容易产生对学习支持服务的依赖,容易使学习者变得不愿意思考、不善于思考。这种过度依赖学习支持服务的行为,是对学习支持服务的过度消费。

3. 学习时间分配问题

社会经济的发展,使得我们每个人的生活和工作节奏加快。对于学习者来说,在繁忙的工作和生活之余,抽出时间学习已经不容易了,而如何充分利用这宝贵的时间进行高效地学习则更不容易。在学习资源相对匮乏的时代,学习者总会有时间停下来思考。而在网络时代,面对海量的学习资源,学习者很容易将绝大部分或全部的学习时间分配在学习资源的获取上(如搜索、阅读、点播学习资源等),而容易忽视给自己预留消化知识、吸收知识的时间。就像我们不断地吃东西,而不给自己预留消化食物的时间一样,最终会导致学习者对学习资源"食而不化",没能真正地消化和吸收。

可见,处在网络时代的今天,我们面对极其丰富的网络学习资源,面对花样繁多的网络学习方式,仅仅具有"勤学苦练"的精神是远远不够的,还需要我们健康地学习,就像面对品类繁多的食物一样,我们需要选择健康的饮食。特别是对于继续教育的学习者来说,工学矛盾突出,每一分钟都非常宝贵,而健康学习则更为必要。

(二)健康学习定义

健康学习(healthy-learning),是指学习者以终身学习理念为指引,根据自身学习风格及学习需求,充分利用信息技术,主动获取并甄选适量、优质的学习资源,合理获取、利用学习支持服务,科学分配学习时间,构建适合自己的个性化学习方式,进行持续、高效、高质的学习。健康学习的特征包括动机健康、资源健康、方法健康、过程健康和结果健康五个方面。

(1)动机健康,指学习者具有积极健康的学习动机。积极健康的学习动机能够让学习者的学习更主动,能够采取"拿来主义"的学习策略,主动地选择和利用学习资源和学习支持服务,而不会随意接受推送过来的资源或服务;积极健康的学习动机也能让我们的学习目的更健康。网络时代的学习,不应单纯地追求学历文凭,而应该以获取知识和技能为目标。

(2)资源健康,一般包括两层含义:一是指政治视角的资源健康,即教学内容不包含敏感的政治内容,符合国家的相关法律法规要求;二是指健康学习视角的资源健康,即有利于学习者进行健康学习的资源。本书主要指第二种资源类型。具体来说,资源健康是指学习者拥有适量、优质的学习资源,能够使学习者避免因学习资源太多而"暴饮暴食",以及在学习资源的甄选上浪费时间;优质的学习资源,则能够确保学习者获取健康、高质的知识。

(3)方法健康,指学习者根据自身的学习风格和学习习惯,选择适合自己的学习方法,合理分配自己的学习时间,实现个性化学习。

(4)过程健康,指学习者拥有健康的学习过程。健康的学习过程主要是指学习者能够合理地获取和利用学习支持服务,在解决学习问题的同时,也能使自己的分析问题和解决问题能力得到锻炼和提升。

(5)结果健康,指学习者的学习结果是健康的。学习结果的健康性包括所获得方法技能的健康性、行为方式的健康性,以及知识的正确性和科学性等。

(三)健康学习方法

健康学习是一种方法体系。健康学习的发生,取决于教育机构教育供给的健康性，以及学习者自身学习行为和学习方式的健康性。

1. 教育机构应建构健康学习环境

（1）树立健康的办学理念。办学理念作为教育机构办学的指挥棒，决定着教育机构的价值取向和办学质量。健康的办学理念，有利于引领教育机构将工作重心放在教学质量的提高上，实现高质量办学；而非健康的办学理念，则容易导致教育机构唯利是图，一味追求经济利益，忽视教育的社会效益与对教学的投入，也就难以实现高质量的办学。健康的办学理念，也有利于学习者树立健康的学习动机，产生健康学习的原动力。因此，教育机构应该拥有健康的办学理念，为学习者创建和提供良好的学习环境。

（2）建设合适的学习资源。为了促进学习者的健康学习，保障学习资源健康，教育机构应该以适量、优质为原则建设学习资源。①定位准确，是指学习资源要针对性强，能够将资源目标准确地定位于学习者群体。互联网上海量的学习资源，已经能够基本满足各类学习者对普适性知识的需求。对于教育机构来说，只有采取差异化策略，针对特定的学习者群体建设专门的学习资源，才能提高学习资源的针对性、适用性和实用性，才能真正满足学习者的实际需要。②资源优质。在网络时代，学习者缺乏的不再是网络学习资源，而是优质学习资源，粗制滥造式的批量生产学习资源的模式已经过时。海量、低质、重复建设的学习资源，只会增加学习者面对海量学习资源的压力。对学习者来说，只有被利用的学习资源才是真正有用的学习资源。[1] 因此，教育机构应该采取精品资源建设策略，建设优质学习资源。③包装精致，是指教育机构基于学习资源特点，选择最恰当的媒体形式，将学习资源精致包装、完美呈现，让学习者获得更好的学习体验，如对于教师的视频授课，可以采取高清视频、多机拍摄等录制方式，为学习者清晰地呈现教学内容和教师风采，使得学习者在学习教学内容的同时，也能获得良好的视觉享受。④导引清晰。为减少学习者甄选学习资源的时间，避免学习者在学习资源的海洋中迷航，教育机构应该为学习资源建立学习导引，包括建立学习资源的索引与提供学习资源的简介。学习者可以通过索引快速搜索需要的学习资源，通过阅读学习资源简介，能够快速判断搜索到的学习资源是否能为我所用，从而为学习者节省时间。同时，教育机构也可以建立学习资源推荐系统，基于学习者的学习能力、知识基础以及学习兴趣，向学习者推送资源，引导学习者利用学习资源进行学习。[2]

---

[1] 曾祥跃：《网络远程教育学习资源生态设计》，载《现代教育技术》2012年第3期，第27 - 30页。
[2] 刘旭东、张明亮：《个性化 E - learning 学习资料推荐系统设计与实现》，载《中国成人教育》2013年第10期，第106 - 107页。

（3）提供能力培养导向的学习支持服务。教育机构为学习者提供学习支持服务，不仅解决了学习过程中所遇到的问题，更重要的是培养学习者的能力；对此，教育机构应该为学习者提供以能力培养为导向的学习支持服务，以保障学习过程的健康。诚然，教师在回复学习者的问题时，快速给出问题的答案是最有效率，也是学习者最满意的；然而，从能力培养的角度看，有问必答式的学习支持服务方式未必是最好的，而且这种方式容易引发学习者对学习支持服务的依赖。刘婷认为教育机构切忌将学习支持服务变成"保姆"式服务。① 如果教师在提供学习支持服务的过程中，能够引导学习者去分析问题、解决问题，虽然学习者没能马上获得问题的解答，但是，这种以能力培养为导向的学习支持服务，有利于提升学习者分析问题和解决问题的能力。

以能力培养为导向的学习支持服务，对教师有更高的要求。一是需要教师投入更多的时间和精力。以能力培养为导向的学习支持服务，不是一次性地解决学生者提出的问题，而是需要师生之间进行多次的交流和沟通；因此，教师在时间和精力上要做更多的投入。二是需要教师具有更高的服务水平和服务技巧。如果教师不是直接解答学习者的问题，而是引导学习者自己去分析问题、解决问题，那么学习者可能会对教师不满意，认为教师在推诿。为此，教师需要具备较高的服务水平和服务技巧，利用更具亲和力的文字或语言，通过持续的引导和跟踪，帮助学习者解决问题。

2. 学习者运用健康学习方法

健康学习的实现，除了依赖教育机构为学习者创建和提供健康的学习环境，提供合适的学习资源和学习支持服务，更需要学习者掌握健康学习的方法。具体来说，学习者的健康学习方法包括六个方面。

（1）树立健康的学习理念。健康学习理念是指学习者充分认识到健康学习的重要性，具有健康学习的意识，掌握健康学习的基本方法。学习者只有具备健康学习的理念，才会有积极健康的学习心态和学习动机，才会有学习的主动性和积极性，这样，健康学习才有可能发生。如果学习者没有充分认识到网络学习资源的繁杂性，没能认识到恰当利用学习支持服务的重要性，那么网络学习只会是浅尝辄止。

（2）掌握资源甄选办法。在教育机构尽可能提供健康学习资源的同时，学习者也需要掌握甄选健康学习资源的方法。健康学习资源的甄选，主要包括两个方面：一是要甄别优质学习资源。学习者可以根据学习资源的介绍、学习

---

① 刘婷：《现代远程教育学习支持服务满意度调查——以华南理工大学现代远程教育为例》，载《成人教育》2013年第7期，第38-40页。

者的评价，以及对学习资源的快速浏览等方式，对学习资源质量进行判断、识别，挑选出真正优质且适合自己的学习资源。二是选择适量的学习资源。学习者应该根据自己的学习时间，选择适量的学习资源。

（3）选择合适的学习方法。学习者在网络学习时，有多种多样的学习方式可以选择，如自主性学习、协作式学习、移动化学习等。学习者需要根据自身的学习习惯、学习风格，选择最适合自己的学习方式。自我控制能力较强的学习者，可以更多地选择自主性学习方式，靠自身的努力去学习教学内容、完成学习任务；性格较为外向的学习者，可以选择协作学习方式，通过与学习者之间的相互协作进行资源的学习、学习任务的探讨；而希望使用移动学习终端的学习者，则可以选择时尚的移动学习方式，如利用手机等移动终端学习课程、完成作业、与师生交流。当然，学习者还可以开展混合式学习。总的来说，只有适合自己的学习方法，才是最好的学习方法。

（4）合理利用学习支持服务。学习者对学习过程的管理，关键是对学习支持服务的合理利用。学习者面对教育机构所提供的形式多样的学习支持服务，需要对各种学习支持服务进行评估、鉴别，结合自己的实际情况，选择最适合自己的学习支持服务，如经常使用QQ的学习者，其利用QQ获取学习支持可能是最好的途径；此外，要避免滥用和过度依赖学习支持服务，要给自己预留独立思考的时间，培养独立思考的能力、分析和解决问题的能力。

（5）科学分配学习时间。每个人的时间和精力是有限的，而学习资源是海量的、无限的。如果一味地将学习时间分配在学习资源的获取上，就会大大减少学习者对学习资源的消化和吸收，这种"囫囵吞枣"式的学习难以获得好的学习效果。简单堆积于大脑中的学习资源，只会使学习者成为学习资源的大"胖子"。同时，学习资源在大脑中的不断堆积，也会占据大脑的思维空间，不利于学习者对学习资源的深加工。对此，学习者需要根据自己的知识基础和经验，科学地分配学习资源，以获取和消化学习资源，使之实现动态平衡，确保学习者在一个单位时间内，能够将学习资源充分地消化、吸收，并转化为自己的知识。

（6）定期梳理知识。学习者在学习和生活过程中，会不由自主地获得一些对自己并不一定有用的知识。定期梳理知识，并对其进行归类整理、去伪存真，为下一步的学习腾出更多的存储和思维空间。

第六节 服务

一、服务内容

继续教育服务,根据所提供的学习支持服务是否直接与教学内容相关,可以将其分为学术性与非学术性学习支持服务。虽然学习支持服务的提法主要在网络教育与开放教育领域,但是同样也适用于成人教育。

(一)学术性学习支持服务内容

学术性学习支持服务与教学内容直接相关,包括导学服务、助学服务与促学服务等。成人教育的学术性学习支持服务主要由继续教育机构本部或教学点的任课教师提供;网络教育与开放教育的学术性学习支持服务主要由继续教育机构的责任教师(主讲教师)、辅导教师或教学点的辅导教师提供。

1. 导学服务

导学服务是引导学习者开展课程学习的一种指导性的教学服务。对于成人教育,主要由任课教师在课堂中完成,对于网络教育与开放教育,则主要由辅导教师通过网络或面授形式完成。

不论是哪种非学历继续教育类型,均包括方法导学、专业导学与课程导学。方法导学,是面向学习者的学习方法及学习技能的学习,方法导学对网络教育与开放教育尤为重要,需要引导学习者掌握网络学习的方法与技巧,为此,很多网络教育与开放教育机构将这种方法导学固化成了专门的导学课程,如中山大学网络教育学院的"远程学习方法与技术"导学课程,华南师范大学网络教育学院的"网络学习方法"导学课程等。专业导学,即从专业层面介绍本专业的教学师资、内容体系、课程设置、发展方向、发展前景等内容,帮助学习者了解所学专业的概貌,明确今后的学习方向;课程导学,是教师结合本课程的特点,介绍本课程的学习方法、教学重点与难点等,帮助学生有的放矢地学习课程内容。

2. 助学服务

助学服务是帮助学生理解、消化课程授课内容所提供的一种教学服务。从教师的"传道、授业、解惑"职能看,助学服务属于答疑解惑环节,其重在"助",如课程的期末复习、辅导答疑、网上答疑等。教师通过网络、电话、电子邮件等方式与学习者交互，解决学习者的问题，都属于这一环节。

3. 促学服务

促学服务是指教师通过各种考核、激励方式，促进学生自主学习。促学服务主要通过形成性考核方式开展，如教师通过批阅学习者的课程作业，总结讲评学习者存在的问题，促进学习者的学习，同时也促进教师的教学工作。

（二）非学术性学习支持服务

非学术性学习支持服务跟课程教学内容不直接相关，但是与学习者的学习息息相关。继续教育机构通过组织提供非学术性学习支持服务，可以促进学习者的学习。非学术性学习支持服务主要包括信息服务、咨询服务与督学服务。非学术性学习支持服务通常由继续教育机构的管理人员、教学点的班主任提供。

1. 信息服务

信息服务是指为学习者提供与专业学习相关的各种信息、资讯，帮助学习者按期、按时完成专业与课程学习。与学习者相关的信息与资讯包括教学计划、教学日历、开课信息、教材信息、考试信息以及各类教学教务通知等。信息服务通常包括信息发布、信息传播、信息检索和信息处理等服务。信息发布是指将各类教学信息通过各种媒体发布出去，如发布教学计划、教学日历和教学通知等；信息传播是指将各类教学信息通过电话、短信、QQ等形式传播给学习者；信息检索是指将学习者所需要的信息集中在一起，开发检索功能，方便学习者查找信息，如将学习者经常咨询的问题进行整理等；信息处理则是指将各类信息分类，对不再有用的教学信息进行删除或隐藏处理，避免学习者受到冗余信息的干扰。

2. 咨询服务

咨询服务是指为解答学习者非学术性问题而提供的服务。咨询服务通常包括教学咨询、学籍咨询、考务咨询、心理咨询等。教学咨询内容主要包括学习流程、教学安排、学习平台登录等；学籍咨询内容包括注册、缴费、成绩、毕业等；考务咨询内容包括考试地点、考试时间、考试方式等；心理咨询则是为了帮助学生缓解学习压力、解决心理问题而提供的咨询服务。

3. 督学服务

督学服务是指为督促学习者跟进学习进程所提供的服务。督学服务与教学内容不直接相关，其重在"督"。在职学习者不仅要完成规定的学习任务，还要处理工作中的各项事务。繁忙的工作和学习，使得学习者需要有人及时提醒自己完成各项学习任务，因此，督学服务是一项重要的非学术性学习支持服务。督学服务包括对学习者作业完成、活动参与、课程考试等的提醒与督促（见表5-2）。

表5-2 教学点督学内容示例

督学事项	教学点督学内容
开学安排	根据继续教育机构的教学安排和教学日历，将学期整体教学安排告知每位学习者，比如课程作业和学习活动的次数与起止时间、课程考试时间等
课程学习	每周在学习平台上进行一次学习者的学习进度巡查，了解每位学习者的学习情况
形成性考核	在形成性考核截止日期前至少开展3次巡查，了解学习者形成性考核完成情况，提醒、督促学习者完成形成性考核
期末复习	每学期期末考试前2~3周，提醒学习者做好期末考试的准备
期末考试	在期末考试前1~2周，提醒学习者期末考试的时间及相关注意事项
毕业论文	在毕业论文开始时，告知毕业论文总体安排，包括需要提交的材料以及要求、各阶段时间节点等，特别要强调不能抄袭；在资料提交的各个时间节点前2周，提醒并督促学习者提交相关资料，避免错过资料提交时间

基于学习支持服务内容分析，继续教育的学习支持服务内容可用图5-4表示。

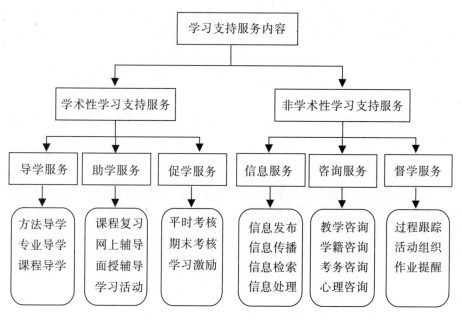

图5-4 继续教育的学习支持服务内容

二、服务模式

不同类型的教学点，其学习支持服务提供的方式与能力存在差异。当前，继续教育机构的教学点主要有四种类型。

（一）依托社会机构建设的教学点

依托社会机构建设的教学点即继续教育机构依托具有教育教学资质的高校或社会培训机构建设教学点。成人教育、网络教育主要采取这种模式。部分开放大学也在探索这一模式。继续教育机构与社会机构之间主要基于学费分成的利益关系。社会机构，特别是社会培训机构体制机制较灵活，为了实现利益的最大化，往往会在招生方面投入大量的人力、物力。而为了降低成本，则会有意无意地在学习支持服务的人力、物力投入上缩水，造成学习支持服务不足。同时，依托社会机构所建设的教学点，也存在师资力量不足的问题。因此，继续教育机构在学习支持服务的职能分工上，应尽可能承担学术性的学习支持服务，加强对教学点的学习支持服务监管监控，确保学习支持服务到位。

（二）依托公共服务体系建设的教学点

继续教育机构与奥鹏教育、弘成教育等公共服务体系合作，由公共服务体系承接教育机构本部范围之外的招生与学习支持服务工作。公共服务体系拥有专业的管理服务团队，也有相对完善的信息管理系统，其在提供专业化的非学术性学习支持服务方面有较大优势。但是在学术性学习支持服务方面，因为其面向的高校继续教育机构较多，同时也缺乏足够的专业化的师资队伍，所以其在学术性的支持服务方面相对较弱，继续教育机构也应承担学术性的学习支持服务。

（三）继续教育机构的直属教学点

继续教育机构自建的直属教学点，因为有本部直接提供学术性与非学术性学习支持服务，所以在学习支持服务的质量与水平上是有保障的。也因为此，国家是鼓励这种教学点的建设方式的。2019年12月，教育部办公厅发布的《关于服务全民终身学习促进现代远程教育试点高校网络教育高质量发展有关工作的通知》，明确提出"鼓励高校自建直属学习中心，慎重选择合作办学机构"。

（四）依托自身办学体系提供学习支持服务

依托自身办学体育提供学习支持服务是开放大学（广播电视大学）面向

社会提供学历继续教育的特有模式。开放大学（广播电视大学）总部与基层开放大学（广播电视大学）本来是一体的，而且基层开放大学（广播电视大学）自身也有专门的师资，如果能够将办学体系做强、做实，基层开放大学（广播电视大学）将能提供更好的学术性与非学术性学习支持服务。如广东开放大学就有19所市级开放大学与69所县级开放大学。而国家开放大学则有45个省级分部，4000多个学习中心，体系非常庞大。

三、服务保障

继续教育学习支持服务的保障，主要包括三个方面。

（一）人员保障

学习支持服务保障首先表现在人力资源上。学习支持服务由继续教育机构与教学点共同提供，应基于各自的分工，分别配备足够的服务人员。对于继续教育机构来说，应有负责学术性学习支持服务的人员（如辅导教师、论文指导教师等），也应有负责非学术性学习支持服务的人员（如教学教务管理人员、技术人员、心理咨询人员等）。在教学点层面，要根据教学点的服务内容配备合适的服务人员。由继续教育机构完全承担学术性学习支持服务的教学点，主要安排班主任及教学教务管理人员；而承担部分学术性学习支持服务的教学点，则除了安排非学术性学习支持服务人员，还需要配备一些学术性学习支持服务人员，如辅导教师、论文指导教师等。

（二）条件保障

信息技术的快速发展极大地便利了学习支持服务的提供。为此，继续教育机构以及教学点应充分利用现代信息技术提供学习支持服务，如利用网络直播，可以提供实时的课程期末复习与辅导答疑；利用微信群或QQ群，可以提供网络师生交互，答疑解惑；利用智慧课室，可以提供更为高效的、互动性更强的面授辅导；等等。

（三）制度保障

完善的学习支持服务管理制度是保障学习支持服务开展的基础。继续教育机构可以建立教学辅导管理制度，规范教学辅导的环节与过程，促进教学辅导工作的开展；教学点通过建立班主任管理制度，促进非学术性支持服务的开展。

第六章 非学历继续教育

第一节 概论

一、分类

非学历继续教育从大类上可以分为职业技能类继续教育、文化素养类继续教育与社会生活类继续教育。从不同的维度,可以对非学历继续教育做进一步细分,以便更好地理解和认识非学历继续教育。

(一) 职业技能类继续教育

职业技能类继续教育是基于职业发展的知识、技能、能力提升的继续教育,可以有不同的分类。

1. 基于证书类别

基于证书类别,职业技能类继续教育可分为国际职业资格证书类、国家职业资格证书类、行业系统证书类、组织自发证书类等。

(1) 国际职业资格证书类的继续教育是指为帮助学习者获得各类国际通用资格证书所开展的继续教育。国际职业资格证书种类很多,如国际商业美术设计师证书,剑桥大学旅游管理、商务管理证书、特许金融分析师证书等。人社部职业技能鉴定中心专门建设了国外职业资格证书管理平台(http://gjzsb.osta.org.cn/),对各类国际职业资格证书进行管理与规范。

(2) 国家职业资格证书类的继续教育是指为帮助学习者获得国家职业资格证书所开展的继续教育。国家职业资格证书分为专业技术人员与技能人员两类,还有执业资格证与从业资格证之分。其中,从业资格证又包括初级、中级、高级、技师、高级技师等。

(3) 行业系统证书类的继续教育是面向行业系统的从业人员开展的继续教育。如中国营养学会组织的注册营养师与注册营养技师的培训、中国注册会计师协会组织的注册会计师的培训等。

（4）组织自发证书类继续教育通常是大型企业利用自有的培训机构所开展的基于职业岗位的培训。合格者颁发岗位或技能合格证书。

2. 基于职业行业系统

基于职业行业系统，职业技能类继续教育可分为教师教育类、公共服务类、医疗卫生类、物流类、三农类等。每个行业在继续教育领域都有很大的市场。

3. 基于职业能力层级

基于职业能力层级，职业技能类继续教育可分为行业能力、专业能力、岗位能力、专项能力继续教育。行业能力是指对整个行业的理解及趋势方向的把控能力；专业能力是指对某个职业领域的理解及趋势方向的把控能力；岗位能力是基于某个岗位的胜任能力；专项能力是基于某个专门项目的胜任能力，包括知识、技能与管理能力等。

4. 基于职业阶段

基于职业阶段，职业技能类继续教育可以分为职前、职中与职后继续教育。职前继续教育包括上岗培训、就业培训，职中继续教育是基于职业岗位所进行的培训，职后继续教育主要是再就业培训。

5. 基于管理层级

基于管理层级，职业技能类继续教育可分为高端、中端与初级继续教育。高端继续教育主要面向高层管理者，以提升决策与管理能力为主的继续教育；中端继续教育一般面向中层管理者，更多的是基于管理能力与职业能力的综合继续教育；初级继续教育主要面向基层员工，以开展职业技能、技术及规范要求为主。

6. 基于教学内容

基于教学内容，职业技能类继续教育可分为管理类培训、技术类培训、技能类培训以及服务类培训等。

7. 基于办学主体

基于办学主体，职业技能类继续教育可分为职业院校类、普通高校类、行业组织类、社会机构类等。

（二）文化素养类继续教育

文化素养类继续教育旨在提升学习者的文化素养、综合素质。其主要对象为儿童与青少年，包括亲子教育类、语言培训类、K12课外辅导类、考研培训类、自考辅导类等。

（1）亲子教育类，主要面向家长，通过对家长的培训和提升达到对亲子关系的调适，从而更好地促进儿童身心健康、和谐地发展的一种培训方式。其强调社会修养、知识教育、能力素质与情感性格四者合而为一，而不是单纯的知识传输。

（2）语言培训类，类别繁多，包括各类语种的培训，其中以英语类为主。语言培训面向各个年龄层次，其中以青少年及出国留学人员居多。英语培训机构也非常多，如新东方英语培训、英孚英语培训、华尔街英语培训等。

（3）K12课外辅导类是指基础教育阶段的课外辅导，包括从小学、初中与高中阶段。K12课外辅导的市场非常庞大。根据全球最大的企业增长咨询公司弗若斯特沙利文（Frost & Sullivan）的报告，K12课外辅导市场招生总人次自2013年的2.01亿增加至2017年的2.15亿，预计2022年将达到2.4亿人次。营业额预计2020年达到6402亿元人民币。2018财年，知名的K12课外辅导机构新东方、好未来、学大教育、精锐教育营收平均增长率分别是36.5%、64.69%、38.32%、2.81%，其中K12课外辅导行业毛利高，利润薄，收入可规模化特征凸显。[①]

此外，考研培训类、自考辅导类在继续教育领域也都拥有很大的市场份额。

（三）社会生活类继续教育

社会生活类继续教育是以提升社会生活品质为目标的一种继续教育类型，主要包括社区教育、老年教育。

1. 社区教育

社区教育是提高社区全体成员素质和生活质量以及实现社区发展的一种社区性的教育活动过程。我国社区教育兴起于20世纪80年代，最早在上海和天津两个城市开展，在其他一些城市相继得到推广和发展，而后又从城市推向农村，出现蓬勃发展的局面。[②] 1999年，国务院转批教育部《面向21世纪教育振兴行动计划》明确提出："开展社区教育实验工作，逐步建立和完善终身教育体系，努力提高全民素质。"2004年，教育部发布的《关于推进社区教育工作的若干意见》提出"采取切实可行措施，保障社区教育工作顺利进行"。同年公布的《关于推荐全国社区教育示范区的通知》，规定了开展社区教育评估的主要内容和基本标准，至2014年，确定了三批"全国社区教育示范区"。

---

① 《从5大K12培训巨头看行业生存法则》，见 https://www.iyiou.com/p/88147.html。
② 厉以贤：《社区教育、社区发展、教育体制改革》，载《教育研究》1994年第1期，第13—16页。

2016年，教育部等九部门联合发布的《关于进一步推进社区教育发展的意见》，提出"到2020年，建设全国社区教育实验区600个，建成全国社区教育示范区200个，全国开展社区教育的县（市、区）实现全覆盖"。可见，国家对社区教育十分重视。然而，当前社区教育尚处于"三无"状况，即"无法律明确定位，导致身份地位不明；无固定经费来源，导致设施运作艰难；无专业人员培养路径，导致专业队伍涣散匮乏"，还有很多待解决的问题。①

2. 老年教育

老年教育是以退休期的老年人口为教育对象，以满足老年人求知、进取、康乐、有为的需求为教育目的，增进老年人社会参与，实现老年人价值，提高生活质量与生命质量的教育过程。老年教育是一种幸福教育。我国老年教育始于1983年10月创办的山东老年大学。② 2016年，国务院发布《老年教育发展规划（2016—2020年）》，提出到2020年，老年教育法规制度逐步健全，老年教育基础能力有较大幅度提升，各类老年教育机构服务能力进一步提升，以各种形式经常参与教育活动的老年人占老年人口总数的比例达到20%以上。截至2017年，全国60周岁及以上老年人口24090万人，占总人口的17.3%，老年学校4.9万个，在校学习人员704万人。③ 可见，老年教育具有非常大的发展空间。

二、特征

有别于学历继续教育的专业体系，非学历继续教育通常以项目为分类单元，非学历继续教育所形成的是一种项目体系，如培训项目、社区教育项目、老年教育项目等。

非学历继续教育项目是可以独立存在的某一项或某一模块的继续教育内容。非学历继续教育的项目管理是指为完成某一继续教育项目，将该项目有关的计划、组织、实施、评价作为一个整体进行规划与管理。总体来说，非学历继续教育项目具有以下六个特征。

---

① 吴遵民、赵华：《我国社区教育"三无"困境问题研究》，载《中国远程教育》2018年第10期，第63－69＋80页。
② 杜子才：《试论当前老年教育的几个问题》，载《老年学杂志》1988年第2期，第65－68页。
③ 《2017年社会服务发展统计公报》，见 http://www.mca.gov.cn/article/sj/tjgb/201808/20180800010446.shtml。

（一）办学行为的市场性

非学历继续教育与学历继续教育有很大不同。学历继续教育具有办学的垄断性，需要经过严格的审批程序才能开展学历继续教育，办学过程也需要接受严格的质量监管与监控。虽然非学历继续教育办学也需要经过审核批准，但是门槛相对低很多，即对教师与教学条件的要求低。同时，非学历继续教育也没有办学规模、办学专业的限制，完全是市场化的行为，为此，非学历继续教育办学在遵循教育公益性的基本原则的前提下，应遵循市场化的规律。

（二）项目构成的灵活性

非学历继续教育项目构成的灵活性体现在继续教育机构可以基于学习者的灵活需要构建继续教育项目。继续教育项目可以是一个知识模块，也可以是多个知识模块的集合，还可以是知识模块与技能模块的组合。继续教育项目的灵活性，充分满足了继续教育学习者的个性化学习需求。学历继续教育专业的建设过程相对更为严谨，一个专业的形成需要经过专门、严格的论证程序。不过，非学历继续教育项目灵活性太强，有时也会造成对非学历继续教育项目监管与评估的困难。

（三）教学内容的延展性

非学历继续教育项目有可能是某一学历教育专业知识的延伸、延展，也可能是学历教育专业知识的一个部分，如学历教育专业中某一门课程的教学，或基于某一门课程的应用性知识的教学。继续教育项目有时可能是一门课程，也可能是多个课程的组合。而这些组合的课程，有可能是某一专业教学内容体系的一部分。同时，教学内容的专题化、项目化、模块化也是非学历继续教育的典型特征。

（四）教学组织的灵活性

非学历继续教育的教学组织具有组织形式灵活、更加注重实效的特点。教学组织形式可以是课堂授课式、现场教学式、座谈式、沙盘演练式等。同时也可以基于培训对象的需要随时调整，其真正能够体现以学习者为中心的教学理念。

（五）教学周期的短期性

非学历继续教育项目的完成周期相对比较短，具有短、平、快的特点。其教学周期少则半天，多则半年或一年。如一次讲座、会议可以是一个继续教育项目，这类项目可能半天或一天就能完成；而如果是专业能力提升或一个全新领域的知识技能培训，则有可能需要半年或一年才能完成。

(六) 教学评价的绩效性

非学历继续教育的教学评价属于绩效性评价，即"所见即所得"型评价。教学评价通常在项目结束后进行，主要是对当次培训内容的科学性、适合度以及教师的满意度进行评价。由于非学历继续教育项目往往是某一方面、某一模块知识的培训，故质量评价通常难以做到全面的评价。如面向会计人员的新会计法规培训，通常只能单纯地评价学习者对会计相关法规知识的掌握程度。对于培训后的知识应用效果及能力提升程度，则很难进行评价。

三、运营模式

非学历继续教育的运行模式，有别于学历继续教育的专业教学，其以市场需求与业务发展为导向，组织非学历继续教育的运行与管理，其运作模式可分为项目负责制、区域负责制、流程分工制与统分结合制。

(一) 项目负责制

项目负责制是指继续教育机构按照项目类别，将继续教育项目通过选聘、竞标或委托方式付给项目负责人运营。由项目负责人组建团队，负责整个项目的组织与管理工作，并对项目的盈亏承担责任。继续教育机构主要负责项目的监督和控制，建立相关管理制度和奖励办法。

项目负责制的设计应基于继续教育发展战略和规划，以及现有继续教育项目的办学规模、项目集合度、现有从业人员的情况，对继续教育项目进行分类，实施模块化的项目制运营。如将继续教育机构按业务类别，分为干部培训、企业培训、在线培训等业务板块，每个板块由一个或多个项目团队负责运营，独立核算，自负盈亏。

1. 项目负责制实施要点

（1）项目区分度。项目的分类需要考虑项目之间的区分度，以尽可能避免项目之间的相互竞争。如可以将培训项目按照干部培训、企业培训、行业培训进行区分，也可以按照高端企业培训、中基层企业员工培训进行区分，还可以按照培训区域进行区分。

（2）项目颗粒度。项目负责制一般是在继续教育机构内部实施的。其所划分出的项目大小，即项目颗粒度需要基于继续教育机构现有人员的结构考虑：如果现有能够担当项目负责人的数量较少，则项目的颗粒度可以稍大；反之，如果可承担项目负责人的数量较多，则项目的颗粒度可以稍小。

（3）项目差异性。不同的非学历继续教育项目，因为面向培训的对象差异大、市场开拓难度与市场成熟度差异大，所以项目之间的市场收益度也有很大的差异。如中山大学开展干部培训比企业培训相对容易，这是因为其有干部培训基地，有国内一流的行政管理专业，同时，也有政府部门专门的政策与专项的资金支持。而企业培训，需要企业自己出资参加培训，如果市场不景气，即使再好的大企业，也会考虑员工培训方面的支出。为此，在制定项目负责制的奖励策略时，继续教育机构需要基于项目类别、市场开拓难易度与成熟度以及现有项目的市场地位等因素采取差异性的奖励策略。对于继续教育机构已经成熟的继续教育项目，市场开拓难度较小，则继续教育项目的奖励幅度应该适当缩小；而对于新的拓展性的继续教育项目应适当增大奖励幅度。

2. 项目负责制的优势

项目负责制是针对某一个或某一类项目的整体运营，实现项目运营的专业化和一体化，基于项目做招生、教学、服务的一体化设计，从而能够将某一个或某一类项目做深、做细、做专。此外，项目负责制实施的是项目的独立运营和独立核算，项目团队有较大的财务控制权，能够通过控制成本，将项目效益最大化，能够最大限度地调动团队成员的积极性。

3. 项目负责制的劣势

项目负责制基于业务类别的区分，自然会造成项目团队之间的业务分隔。这种"个体户"型的承包制，造成项目负责团队只关注项目本身的利益，而难以关注整体的利益，这就要求继续教育机构有规范的管理制度和较强的团队协调能力。同时，项目负责制的项目服务、人脉关系的维护只限于本项目，在面向单位客户的时候，可能会出现多个项目团队面向同一单位或团体用户。在宣传推广方面，项目团队一般只针对自身项目的宣传推广，各个项目团队的独立宣传推广，可能会造成宣传推广的零散化、非一体化。因此，针对项目团队，需要继续教育机构做一体化的宣传策划。项目负责制还可能造成项目之间师资管理的相对分离，造成项目团队之间对师资的竞争。项目团队的师资往往会成为项目团队的一个核心竞争力，特别是在项目之间的区隔不很分明的情况下。同时，项目负责制也不利于项目之间的优质资源开放共享。

（二）区域负责制

区域负责制是指继续教育机构将自身的继续教育业务按照区域进行业务划分，实施板块化的运营。区域大小的划分，需要考虑业务体量的大小，以及业务负责人的团队运筹能力。一般来说，业务体量相对较大的继续教育项目，区域划分可相对较小。比如中山大学在广东省内有较大的业务，那么就可以将其划分为粤东、粤西、粤北、珠三角等地区。如果业务范畴遍及全国，则可以分为华南、中南、西北等片区。

1. 区域负责制的优势

区域负责制的优势很明显，即能够就某一区域的培训项目进行相对独立的运营与维护。区域负责制也能够就某一区域的各类培训业务实行统筹规划，包括宣传策划、师资统筹。区域负责制有利于区域团队建设、经营区域内的各类业务关系——区域团队也愿意在某一区域内做项目的推广与运营——也能促进区域范围内各类项目的有效衔接与资源共享。

2. 区域负责制的劣势

区域负责制的劣势也很明显。一是各个区域之间的经济发展会存在较大差异，市场培育力度会存在差异，这就造成了各区域之间业务和业绩的差异。同时继续教育机构在不同区域的品牌影响力有差异，现有业务的存量也有差异，存在"肥田""瘦田"之分，需要继续教育机构做区域团队之间的平衡。二是区域内的业务范畴和业务类别比较多，也容易造成各类培训项目不专业，不利于业务开展。

（三）流程分工制

流程分工制是指继续教育机构采取一体化的运营模式，将自身的继续教育业务按照业务流程进行职能部门的划分，实施继续教育的整体运营。比如基于非学历继续教育项目的策划、招生、教学、评价和服务等流程，设立事业发展部门、招生宣传部门、教学教务部门和后勤保障部门。

1. 流程分工制的优势

流程分工制的优势是能够在继续教育机构层面实现一体化的统筹与分工，能够实现基于业务流程的专业化，如营销推广的专业化、继续教育教学的专业化、继续教育后勤保障的专业化等。流程分工制的运营模式，要求继续教育机构有强大的统筹能力、战略规划与战略掌控能力。整个机构就是一个大团队，有利于承接大项目，也有利于集中力量推广和拓展某一业务。同时也有利于搭建继续教育大平台。

流程分工制是基于工业化生产模式的理念，是一种"流水线"的理念，在继续教育机构有较大规模和较强运维能力的时候，才能充分发挥其优势。

2. 流程分工制的劣势

其劣势主要有两方面：一是各业务部门对于继续教育业绩没有直接的关系，其内在的积极性需要相关的管理制度和激励机制保障；二是每一个项目的完成都牵涉相关部门和团队，一旦部门之间沟通不顺，或者某一部门的能力较弱，就会出现"短板"效应，影响整个项目的开展。

（四）统分结合制

统分结合制是指将继续教育的公共管理与服务职能统筹一体，将业务职能进行分块运行的运营模式。比如继续教育机构可以将所有继续教育业务的战略规划与运营推广，师资的挖掘、培育与统筹管理，业务单位的合作与管理以及后勤保障等公共性职能进行统一部门设置和职能归一。如可成立事业发展部负责继续教育业务的战略规划，师资库建设成立；业务合作部门负责专业的业务拓展与合作；后勤保障部门负责各类业务的后勤服务工作，如物料、车辆租赁、酒店预订等。可将继续教育的招生、教学业务按项目或区域进行部门划分，这样既能发挥继续教育机构对整体业务的掌控、规划，同时也能发挥各业务部门的积极性。

1. 统分结合制的优势

通过统一公共管理与服务部门，可以充分发挥继续教育机构的统筹功能，继续教育机构有更大的统筹权限掌控业务发展方向，以保障继续教育战略任务的完成。同时将招生、教学等业务部门分离，采取基于业绩的激励，也能够促进各业务部门的积极性与创新性。

2. 统分结合制的劣势

统分结合制的劣势体现在同一业务类型和项目的运作，需要多个部门的协调配合，各个招生团队的自主性受到一定的限制。继续教育业务的拓展，主要依赖于公共职能部门，如事业发展部门的宏观策划。另外，统分结合制的运营模式，需要继续教育机构有相对复杂的激励机制，需要分别制定业务部门的激励机制与公共服务部门的激励机制，并实现两者之间的平衡。而这种平衡的实现，最能考量继续教育机构领导层的规划与平衡能力。

四、师资队伍建设

（一）师资队伍建设要点

1. 建设复合型的师资队伍

为适应非学历继续教育的教学特点，满足非学历继续教育多样化的教学需求，需要建立一支来源广、力量强的复合型师资队伍，并建立继续教育师资库，支撑继续教育事业的可持续发展。来源广是指师资应来源于政府、高校、行业、企业等各个领域；力量强是指教师数量多，教师布局合理，要高中低层次皆备，师资库中还应有足够数量的名师、名家。

2. 建立相对稳定的师资队伍

非学历继续教育师资队伍的特点以兼职为主,其又因项目的多变性,决定了师资的不稳定性。通过建立合适的师资队伍建设与激励机制,可以保持师资队伍的相对稳定,是每一个继续教育机构的重要任务和重大挑战。

3. 建设一体化的师资队伍

虽然非学历继续教育以项目为单元组织教学,各项目团队之间有利益的分隔,但是在教学团队的打造上、师资库的建设上应该实现四个"一体化",即一体化的师资队伍建设、一体化的师资队伍管理、一体化的教师课酬标准、一体化的教师绩效考核。

(二) 师资挖掘与聘请

1. 师资挖掘

师资挖掘有三个渠道:一是基于继续教育业务类别,收集整理现有业务培训师资,建立基本师资库;二是充分利用网络信息手段,采取线上、线下相结合的方式,收集国(省)内外相关培训师资信息,重点挖掘政府、行业、系统的师资,师资信息作为潜在师资,进入师资库;三是通过加入政府行业组织、企业联盟,依托校友会、社会招聘等方式,挖掘政府、行业、企业师资等。

2. 师资聘请

继续教育的师资不像学校教育,由于继续教育机构与教师之间没有归属和依附关系,因而只能建立合作关系。

(1) 建立长期合作关系。对于继续教育机构相对成熟的项目,可以与教师签订较长期的合作协议,建立长期合作关系,明确在相对较长时间内的授课频次、付酬方式等。如果是高校的继续教育机构,还可以聘请教师为兼职讲师或教授,建立更强的合作关系。

(2) 建立短期合作关系。即与教师签订短期的甚至单次的合作协议,明确上课时间、班级、课酬等信息。短期合作关系主要限定于尚未确定发展前景的新项目,或者一些定制型的非主流项目。

(三) 师资队伍培育、服务、激励与管理

1. 师资培育

一是新师资的培育。帮助教师了解培训对象和培训特点,展示、演示优秀教师培训方式,对于在线教师,可以进行网络教学及学习平台操作培训。二是现有师资的提升,可以利用观摩其他教师的培训课程,参加专门的培训教学会议,开展培训教师之间的联谊与研讨等方式提升师资的教学水平。

2. 教师服务

可以建立专门的非学历继续教育的教师服务制度，实施规范化、流程化、一体化的教师服务，包括课前、课中与课后服务。在课前，可给教师提供相关教育资料，帮助教师了解项目的对象（单位和学员）、要求、时间、整体安排等，并做好沟通与联络服务；在课中，做好教学过程中的支持服务；在课后，做好教师酬金支付跟踪服务等。

3. 教师激励

可采取多样化、多维度的方式激励教师，参与非学历继续教育项目，具体可从五个方面开展。

（1）薪酬激励。基于教师声誉、职称等级，制定薪酬标准，吸引优秀的教师参加培训。

（2）评价激励。基于教学评价效果评选优秀教师，并给予优秀教师奖金等方式的激励。

（3）荣誉激励。通过签订协议，聘请社会教师为继续教育的培训讲师、教授等方式吸引教师，这一方式相对更适合高校的继续教育机构。

（4）分成激励。对于一些相对长期的继续教育项目，可以基于教师的教学效果，建立一种分成的激励机制，这一模式比较适合基于在线课程的培训项目。教师的利益主要来自在线课程的收益分成，而在线课程的收益依赖于缴费学习者的数量。如果教师积极参与在线课程教学，教学活跃高，能吸引更多学习者参加在线课程，则教师能获得的分成也就越高。

（5）其他激励。如通过包装、宣传教师，将其打造为名师；给教师提供免费的优质学习资源，以帮助教师实现知识增值等。

3. 师资库管理

非学历继续教育师资流动性强，建立师资库能够保障非学历继续教育项目师资的充分供给和适时调配。师资库的建设要有相应的师资库信息与管理规范。师资库的信息越丰富越好，包括教师职称、职务、经验、经历等基本情况，教师历次授课的教学评价，教师的兴趣爱好，等等。将教师的兴趣爱好纳入师资库，是非学历继续教育师资库建设的特色，能够帮助继续教育机构为教师提供更加人性化、精细化的服务。

师资库应实行动态化管理，即对师资信息进行动态更新，并对教师评价信息进行持续更新。同时，师资库的使用也应该是一体化的，即提供给继续教育机构的各类培训项目的师资选用。

(四) 教师评价与关系维持

1. 教师评价

教师评价一般在教师授课完成后进行,也可不定期进行面向全体教师的综合评价(或会议)。评价方式可以是学员评价、专家督导评价。评价维度可以从教师的基本素质、教学准备、教学实施与教学效果四个维度进行评价。评价等级可分为优、良、中、差。在基本素质方面,可评价教师的仪表仪态、语言表达、板书规范等;在教学准备方面,可评价教师的电子教案的准备程度、教学内容的适合程度等;在教学实施方面,可考核教师方式的灵活程度、教学内容的熟练程度、课堂气氛的活跃程度等;在教学效果方面,可以用学员对教师的满意度问卷调查进行综合评价。

2. 关系维持

基于继续教育师资的不稳定性,需要采取多种措施维持与教师的关系。一是情感维持,与教师进行不定期的信息沟通和问候;二是活动维持,如邀请教师外出参会、召开教师座谈会、开展教师沙龙、举办高端讲座等。

第二节 教学

一、教学规划

非学历继续教育的教学规划是基于某个非学历继续教育项目的教学总体设计。非学历继续教育的教学规划内容包括培训目标、培训课程、教师队伍、教学实施与教学评价等设计环节,具体规划详见表6-1。相比较学历继续教育的教学规划,两者差异较大。

表6-1 非学历继续教育项目与学历继续教育专业的教学规划比较

项目类型	非学历继续教育	学历继续教育
培养(培训)目标	基于培训项目设计培养目标,培养目标是基于知识、技能、能力目标的达成。单个的培训项目难以做到德、智、体、美、劳全面发展	实现体系化的专业人才培养,需要达成德、智、体、美、劳全面发展

(续表6-1)

项目类型	非学历继续教育	学历继续教育
培养（培训）规格	专项型人才培养规格。培养规格只是就某一方面的知识和技能做出专门的规定，这种规定往往是基于培训项目的教学内容	体系化的人才培养规格，对专业领域的知识、技能、能力培养的全方位要求
教学（培训）内容	由某一专业领域或知识体系中的若干模块构成，不强调内容的体系化，更强调内容的应用性、实用性	完整的专业知识体系，涵盖专业人才培养的全部教学内容
课程设置	以专题式、讲座式的课程为主，每门课程通常是某一领域的一个知识模块，一个项目一般为几门课程	课程体系体现整个专业的教学内容，通常有10～20门课程
教学计划	基于单个培训项目的若干课程的教学安排，包括教师、时间地点、现场教学、学员活动等安排	一个专业周期内的教学进程安排，有明确的学时、学分、学期安排，一般2～4年
教师队伍	教师队伍以培训项目为单位组建，结构相对松散，以完成培训任务为目标，对教师的实践经验与能力要求更高	教师队伍以课程为单位，分为专业教学和课程教学团队。结构相对紧密
教学实施	教学实施周期通常为几天或几周，基于项目教学计划安排课程教学，每门课程一般为半天或一天	教学实施周期通常为3～5年，按学期安排课程教学。每门课程通常延续一个学期
教学评价	面向学习者与教师的评价，评价方式与评价程序相对简单	教学评价形式多样，包括形成性评价和终结性评价等

二、教学原则

教学原则是根据教育教学目的为反映教学规律而制定的指导教学工作的基本要求。简而言之，教学原则即教学应该遵循的基本规则。

（一）教学相长原则

非学历继续教育的学习者都有一定的工作和生活经验，在其专业领域的实践经验有时会比培训教师更为丰富,比如面向政府部门领导干部的业务能力研修班,学员的实践经验不一定比教师少,培训教师应充分发挥其理论知识的优势及对实践经验的提升优势,同时还要充分激发学员的参与积极性,通过学员的经验分享、案例分析等教学活动,达到教学相长的教学目标。

(二) 应用性原则

非学历继续教育的教学过程,应该贯穿应用型人才培养的目标,教师在传授理论知识的同时,要充分结合学习者群体的实践,实现理论与实践的紧密联系。通过大量的案例、事例或实验实践等内容的呈现,可以让学习者在最短的时间内获得知识和能力的提升,并能尽快地将其应用于工作或生活中。特别是对于单位委托类的非学历继续教育项目,更需要将应用性的知识和技能传授放在首位,让学习者学以致用,尽快适应委托单位的实际工作需要。

(三) 启发性原则

启发性原则是指在继续教育的教学过程中,教师要充分激发学习者的学习主动性,促进学习者积极参与课程教学,引导学习者积极思考和探究科学知识,提升学习者分析问题和解决问题的能力。

孔子提出的"不愤不启,不悱不发"就是提倡采取启发性教学,充分发挥学习者的学习主动性。在非学历继续教育中,教师的教学周期短,教师与学生没有如学校教育那么长的熟悉和交流时间,为此,需要教师在尽可能短的时间内让学习者熟悉和认可自己,并让学习者能够尽快融入教学过程中。为此,基于启发性原则,充分调动学习者的积极性十分必要。如一位继续教育的教师在面向水利系统的教师传授教学方法的时候,举了都江堰水利工程枢纽历经千年仍能存在的案例,引出教师的教学也应像都江堰一样,对学生的学习重在"疏"而不在"堵",就是一个很好的应用启发性教学的例子。

(四) 适需性原则

非学历继续教育项目,不管是定制型的还是公开课型的,学习者参加培训的目的性都很强。为此,在培训方案的制订过程中,要充分了解委托培训单位或学习者的培训需求,以满足培训需求为目标,制订教学实施方案。在教学实施过程中,也要充分照顾学习者群体的经历、经验,从学习者群体的工作背景出发引发教学过程,在教学过程中尽可能使用与学习者群体相关的案例实施教学。

三、教学方法

教学方法是为完成教学任务而采用的教学手段与方式。非学历继续教育的教学方法包括讲授法、现场教学法、案例研讨法、沙盘演练法和网络授课法。

(一) 讲授法

讲授法是最常见的一种教学方法。在非学历继续教育中,用得最多的讲授法是专题讲座,即教师或专家就某一领域的新知识、新技能进行专门模块的讲解与分析。专题讲座有利于学习者相对系统地掌握某一专业模块的知识或技能。但是讲授法也有很明显的缺点,由于非学历继续教育的学习者更重视应用性、技能性知识与技能的获取,因此单纯的言语讲授并不能达到教学的目的,以及学习者期盼的教学效果。

(二) 现场教学法

现场教学法是指让学习者在政府、企业等机构的现场进行观摩学习或实操学习,让学习者"所见即所得"。通过教师的现场解读,学习者能够快速地获取亲身的学习体验。

现场教学法是非学历继续教育项目的特色,在培训项目的设计中,一般都有现场教学环节。比如很多外省政府部门来到中山大学接受政务能力提升培训的时候,都要求前往广州市政务服务中心参观学习,这是因为广州市政务服务中心是全国领先的政务服务一站式窗口。

当然,采取现场教学法还需要与现场教学的单位保持一种良好的合作关系,为此,一些继续教育机构通过建立现场教学基地的形式,形成与现场教学单位的合作关系。表6-2为中山大学干部培训部分现场教学基地。

表6-2 中山大学干部培训部分现场教学基地

现场教学类别	现场教学基地
爱国教育	中共三大会址纪念馆、毛泽东同志主办广州农民运动讲习所(农讲所)旧址、黄埔军校旧址、黄埔古港旧址、辛亥革命纪念馆、虎门海战博物馆、威远炮台、虎门林则徐销烟纪念馆、中华全国总工会旧址纪念馆等

(续表6-2)

现场教学类别	现场教学基地
反腐倡廉	广东省反腐倡廉教育基地、广州开发区育廉馆、东莞监狱
标杆企业	松山湖高新技术开发区、光大 We 谷产业园、广汽丰田汽车有限公司、广州 TIT 创意园等
美丽乡村	佛山紫南村、佛山松塘村、广东省农业技术推广总站
政务创新	广州市政务服务中心、广州市社保大厅、广州市荔湾区政务服务中心等
科技创新	中大创新谷、广州开发区、科学广场、佛山高新技术产业开发区、横琴自贸区、深圳赛格创客中心等

(三) 案例研讨法

案例研讨法是学习者通过对现实工作或生活中的典型案例进行深入分析、研讨，从而达到获得知识，提升能力的目标。案例研讨法有利于学习者的经验转化，学习者通过参与案例研讨，能够激发学习者将工作经验、工作案例转化为自身的知识与能力。

对于以成人为主的非学历继续教育，成人丰富的工作经验、经历为案例研讨提供了丰富的思考素材和分析空间，因此，案例研讨法在教学中受欢迎程度高，比如通过法学案例解析新的法律法规会比单纯的讲解更受欢迎。

(四) 沙盘演练法

沙盘演练又叫沙盘模拟培训、沙盘推演，比较普遍应用于非学历继续教育的企业高端培训项目中，是通过引领学习者进入一个模拟的竞争性行业，由学习者分组建立若干模拟公司，围绕形象直观的沙盘教具，实战演练模拟企业的经营管理与市场竞争，提高学习者的战略管理能力，让学习者从中感悟经营决策的真谛。沙盘模拟教学特有的互动性、趣味性、竞争性特点，能够最大限度地调动学习者的学习兴趣，使学习者在培训中处于高度兴奋状态，充分运用听、说、学、做、改等一系列学习手段，开启一切可以调动的感官功能，对所学内容形成深度记忆，并能够将学到的管理思路和方法在实际工作中得以实践与运用。

(五) 网络授课法

网络授课法主要应用于非学历继续教育中的在线培训领域，比如中小学教师的远程培训、干部在线培训等。网络授课法一般采用预置性的网络课件授课,有时也采取网络直播模式授课。网络授课法突破了授课时空的限制,能够实现学习者随时随地的学习。

四、教学评价

非学历继续教育的教学评价,包括面向学习者、教师与管理者(班主任)的评价。

(一) 面向学习者的学习评价

面向学习者的学习评价,包括学习者的考勤情况、学习者参与教学互动的情况、学习者培训考核的结果情况等。非学历继续教育的不同项目,对学习者学习评价的要求、宽严不同。

(二) 面向教师的教学评价

面向教师的教学评价,包括教师的言谈举止、仪表仪态,教师的电子教案,教学内容的适合度、深浅度与熟练度,教学方法的契合度,课堂气氛的活跃度,等等。

(三) 面向管理者的服务评价

面向管理者(班主任)的服务评价主要是满意度评价,包括接待学习者及安排食宿的满意度、师资配备的满意度、课程与时间安排的满意度、教学场所及设施设备的满意度等。

第三节 面授培训

基于非学历继续教育项目的媒体形式,可将非学历继续教育项目分为在线培训项目、面授培训项目与混合式培训项目。在线培训项目主要通过网络教学实施;面授培训项目主要通过面对面的线下教学完成培训工作;混合式培训项目采线上、线下相结合的培训方式。其中,面授培训项目的运行与管理包括团队组建、项目调研、项目策划、项目运行、项目评价、成本核算六个环节。

一、面授培训项目团队组建

面授培训项目团队一般由项目负责人组建,成员一般包括项目策划人员、招生推广人员、教学服务人员、后勤跟踪人员。其成员基于项目大小可多可少,即可一人身兼数职,可多人负责一项任务。项目总体职能,包括项目调研、方案制订、宣传推广、招生报名、教学服务、后勤服务等。项目负责人是项目团队的核心,直接对项目的成败负责。

(一)项目负责人的基本职责

1. 成员聘用

项目负责人可以根据项目运营的需要,聘用项目组成员,并对项目组成员进行管理与奖惩。

2. 项目预算

项目负责人根据项目实施的实际需求,做成本核算与项目预算,基于项目预算办理各项开支。

3. 运作管理

项目负责人负责项目的全程运作,包括项目策划、项目申报、项目招生、项目教学、项目管理等。

4. 内部监管

项目负责人对所负责项目进程的跟踪与落实、项目成本与利润的控制、项目奖励方案的制订、项目数据和项目基本情况的档案建立及管理。

(二)项目负责人的基本条件

培训项目能够成功,关键在于项目负责人的能力与素质。

1. 经验经历

经验经历,主要考察项目负责人是否具有相关的工作经验和经历,是否具有相关的项目策划能力,以及对岗位的认识和规划。

2. 领导力

领导即引领与导向,项目负责人的领导力是指其对团队的引领与导向能力。领导力的强弱直接关系到项目组织力与团队战斗力的强弱。

3. 创新力

创新力,即对继续教育市场的开拓,以及对教学服务的创新能力。继续教育项目的创新力体现在能否基于市场设计新的继续教育项目,能否基于用户需求设计新的教学服务模式等。

4. 应变力

应变力是对一些突发情况的判断能力及应对能力。继续教育直接反映社会对教育的最直接需求，不断变化的继续教育需求是继续教育项目的特点。只有具有较强的继续教育项目应变力，方能驾驭形式多样的继续教育项目的运行与管理。

5. 沟通力

沟通力，即与客户、员工以及上级领导的沟通协调能力，其中，语言表达能力和仪表仪态显得尤其重要，是继续教育项目谈判的重要技巧之一。

6. 仪表气质

仪表气质主要考察项目负责人的举止、仪表、气质、风度等。项目负责人的仪表气质能给予客户最直接、最直观的印象，良好的仪表气质对人际沟通与交流有较强的辅助作用。

二、面授培训项目调研

面授培训项目主要分为公开课型培训项目与定制型培训项目。公开课项目是指面向社会公开招生的培训项目，定制项目是为某个行业、部门所定制开发的培训项目。两者具有不同的用户群体和目标取向。

项目调研是对项目的市场现状与市场前景进行调查研究，以分析拟开展项目的可行性。

（一）项目调研

1. 调研目的

项目调研的目的在于调研计划开展的培训项目是否适应市场需求，主要解决四个方面的问题：一是解决"为什么做"的问题，即计划开展的项目是否有市场前景，是否符合未来发展方向；二是解决"别人做了什么"的问题，即了解现有项目有哪些继续教育机构在开展，开展情况如何，用户反馈如何，还存在哪些问题；三是解决"我们怎么做"的问题，即基于自身的优势，分析现有市场培训项目存在的问题与市场空白，以确定该项目的教学模式、运营模式等；四是解决"是否值得做"的问题，成本收益问题，即基于现有或未来市场规模，预测该项目的预期收益，结合项目的前期投入，最后决定该项目是否值得做的问题。

2. 调研意义

对于公开课型的培训项目，通过科学、精准的市场调研，明确"为什做""别人做了什么""我们怎么做""是否值得做"等问题,能够为培训项目寻找最合适的切入空间、实现路径与实现目标,可以最大限度地减少公开课项目投入的风险,保障项目设计方向的准确性。

对于定制型培训项目,项目调研也具有重要的意义。一旦用户定制的需求经过项目调研后,确实适合市场需求,则可以在为用户定制培训项目的同时,将定制型培训项目转变成预置型培训项目,获得同一项目的双倍收益。

3. 调研对象

项目调研的对象主要有三类:一是调研相关培训项目的项目设计、运行、评价情况;二是调研开展相关培训项目的继续教育机构情况,了解这些机构的办学实力,以及市场推广与项目运行的模式;三是调研目标用户群体,调研内容包括用户的基本情况、用户的需求、用户对相关培训项目的评价及问题的反馈等,基于这些情况给用户画像,从而相对全面地了解培训项目用户群体的用户特征、学习目标、学习特征、绩效要求等。

4. 调研方法

项目调研方法比较多,每一种方法都有其优缺点,可以采取多种调研方法相结合的方式。

(1)角色调研法。即通过扮演用户角色,进入相关培训项目,了解继续教育机构的教学、服务与项目运行等情况。

(2)现场调研法。即到不直接发生竞争的继续教育机构进行调研。如拟开展的项目在 A 省,那么可以到 B 省的相关继续教育机构进行调研,了解项目推广与实施情况。这种调研方法,在高校的继续教育机构之间相对较多。

(3)问卷调查法。即可通过问卷调查,预测拟开展项目的市场前景。问卷调查法的关键之一在于问卷设计的科学性、精准性,能够覆盖项目开发、组织、实施、评价的各个环节;关键之二在于能够准确定位相关用户群体,使得调查问卷结果更为精准。

(4)专家咨询法。即找到项目相关的行业领域专家,对项目的市场前景,项目的规划、设计与实施进行全面的咨询,以了解该项目实施的前景及可行性。

(二)项目分析

1. 项目分析方法

项目分析一般可采用 SWOT 分析法,S(strengths)是优势,W(weaknesses)是劣势,O(opportunities)是机会,T(threats)是威胁。

SWOT 分析法是基于内外部竞争环境和竞争条件下的态势分析,将与研究对象密切相关的各种主要内部优势、劣势和外部的机会、威胁等，通过调查列举出来，并依照矩阵形式排列，然后用系统分析的思想，把各种因素匹配起来加以分析，从中得出一系列相应的结论，而结论通常带有一定的决策性。运用这种方法，可以对研究对象所处的情景进行全面、系统、准确的研究，从而根据研究结果制定相应的发展战略、计划以及对策等。

培训项目的 SWOT 分析法也是从四个维度分析项目实施的可行性：一是分析拟开展项目的自身优势，通过与其他继续教育机构的同类项目比较，发掘自身在品牌、声誉、师资队伍、项目团队、设施设备、媒体手段、过往经验、体制机制等方面的优势，自身是否具有良好的品牌声誉、师资队伍，是否有战斗力强悍的项目团队，是否有相对灵活的体制机制，是否已经有一定的培训用户的积累等。二是分析拟开展项目的自身劣势，也可以从以上几个方面进行分析。充分认识自身的劣势也非常重要，比如高校的继续教育机构开展培训项目，相对于民办培训机构，则会在体制机制、人员队伍方面存在一定的劣势。三是分析开展该培训项目的机遇，包括国家政策的机遇、市场发展的机遇、用户需求变化的机遇等，如在教育部出台《教育信息化行动计划2.0》政策后，开展面向教师的信息素养培训相对更容易，又如在国家推行乡村振兴政策时，开展与农业方面的培训项目也相对容易。四是分析开展该项目所面临的挑战，包括开展该项目所带来的成本挑战、竞争对手不断加入的挑战等。

对培训项目的优劣势分析，一定要站在市场的视角进行客观分析，而不是站在自身的视角，戴着有色眼镜去挑选数据，分析数据。

2. 项目分析内容

项目分析内容包括四个方面：一是分析"为什么做"，了解项目的前景、空间；二是分析"别人做了什么"，了解相关项目的运行与管理情况；三是分析"我们怎么做"，了解拟开展项目的实施策略与方法；四是分析"是否值得做"，从成本效益角度了解项目的性价比。

三、面授培训项目策划

面授培训项目策划是项目调研之后的项目方案设计。包括公开课型项目与定制型项目的策划。

（一）公开课型项目的策划与论证

1. 项目策划

项目策划是指基于项目调研与分析进行的培训项目的规划。项目策划的成果主要是项目实施方案,一般包括三大模块,即项目可行性分析、项目实施计划及项目成本收益。

(1)项目可行性分析是基于项目调研的总结分析,以确定研究项目是否可以开展。

(2)项目实施计划包括项目的宣传推广、师资聘请、学习期限、学习方式、办学地点、收费标准等。宣传推广的渠道与方式选择关系到宣传推广的成本,关系到人群受众的多少。师资聘请关系到师资的成本与项目的授课质量。在师资聘请时,既要尽可能降低成本,又需要保障质量,保障师资特色。收费标准的确定也直接影响到学习者的接受程度:收费标准太高,则会降低参加项目人员数量;而标准太低,则又难以覆盖成本,影响效益。

(3)项目成本收益是基于项目实施计划对项目的办学成本与办学收益所做的综合权衡。办学成本包括人力成本、师资成本、场地成本、设施设备成本,可能还需要根据实际情况包含食宿成本。

2. 项目论证

项目论证是对培训项目的可行性进行论证,也是借助专家的力量让项目的实施方案更为合理、更为完善。

培训项目论证既要考虑短期的利益行为,也要考虑长期的项目培育回报。对于值得培育的继续教育项目,即使当前的培训项目可能出现亏损,也值得做项目的培育与投入;而对于没有市场前景或市场处于萎缩状态的项目,则该培训项目即使有一定的利润,也要做综合权衡,在人力与资源相对不足的情况下,还需要主动选择放弃。如成人高考的考前辅导,曾经是比较热门而赚钱的继续教育项目,但是在成人高考的分数线已经很低,成人高考的考前辅导已经明显走下坡路的情况下,虽然开展成人高考的考前辅导还能有所微利,但是从该项目的市场前景来看,主动放弃是明智的选择。

(二)定制型项目的策划与流程

定制型项目是基于行业、单位的特定需求所专门开发的培训项目。定制型项目并不是等待培训对象上门,而是需要事先进行项目的宣传策划,吸引培训对象,让培训对象发现自身需求,发现继续教育机构的优势和特色。当前,绝大部分的干部培训项目属于定制型的培训项目。

定制型项目负责人需要基于继续教育机构的现有资源与管理规定策划项目营销方案,制作项目宣传手册或招生兼职。不同的项目需要采取不同的项目推广策略,也需要不同的招生服务。

1. 项目策划

定制型培训项目同样需要进行项目的策划。项目策划的成果主要是宣传推广资料。

  首先,基于项目调研与分析,明确拟开展培训项目的可行性。其次,基于项目的目标群体设计宣传推广资料。宣传推广资料一般包括拟开展项目的类型、项目的师资、项目的教学条件及项目的食宿条件等。项目的宣传推广可以通过多种渠道开展,可以是线上的、线下的宣传推广,也可以是面对面的资料递交或洽谈。

  2. 项目流程

  (1) 项目定制。当目标群体有培训意向后,即进入项目定制阶段。首先,需要明确委托培训单位的培训需求,包括学员构成及人数、培训主题、培训天数、培训时间和具体预算。其次,根据培训需求拟定具体的培训实施方案,双方共同商讨确定。然而,定制型培训方案的形成过程,实际上也是一次谈判的过程和博弈的过程。一般来说,委托培训单位都需要好的师资和课程,且培训费用尽可能的少,而继续教育机构为了保持一定的利润空间,不得不在有限的培训费用预算中控制师资成本。关于培训需求,需要收集的内容,如表6-3所示。

表6-3 定制培训需求情况

基本需求	
项目名称	
项目目的	
需求方/提出日期/截止日期	
培训对象/人群构成/人数	
具体需求	
	面授培训	在线培训远程
培训内容要求		
培训时间要求		
培训地点要求		
培训教师需求		
培训食宿要求		
其他情况	
培训对象是否参加过类似培训	
当地相关政策文件	
项目进度	□商洽期　□项目已定　其他_____

在培训方案方面,一定要体现自身的特色和优势,课程设置要有针对性,细节处理要得当;在沟通过程中要注意言谈举止,体现专业水平,深入理解培训现状,及时解答对方疑问。

在培训预算方面,一方面保证项目运作的基本利润,另一方面整体支出不能超出委托方的总预算,以免给后续项目经费的支出带来麻烦。

在培训课程方面,既要有特色、新意,也要符合委托单位的需求。表6-4为某管理类委托项目的面授培训模块及课程清单。

表6-4 面授培训课模块及课程清单

课程模块	课程内容	课时
新思维: 思考力与创新力提升	创新思维与科学决策	4
	博弈论与策略思维	4
	"互联网+"政府管理与公共服务创新	4
	"负面清单"管理模式与政府管理创新	4
新视野: 战略与规划能力提升	宏观经济形势与政策走向分析	4
	"一带一路"倡议布局与区域经济发展	4
	国家治理与中国廉政战略新方向	4
	大数据视域下的政府应变策略	4
	当前国际形势与我国外交战略	4
新管理: 组织与执行能力提升	领导科学前沿与进展	4
	基层干部沟通艺术与协调能力	4
	领导干部法律风险管理与防范	4
	"互联网+"时代的管理模式改革	4
	管理沟通与商务谈判	4
新素养: 人文素养的提升	儒家思想与领导智慧/思维与人生	4
	领导干部心理健康与自我调适	4
	公务礼仪与个人修养	4
思政党建	习近平总书记系列讲话精神解读	4
	党员干部理想信念与道德修养	4
	"延安整风"专题/井冈山斗争精神专题	4

（2）协议签订。培训协议是确定双方责权利的重要文件，在培训协议中需要明确培训的各个细节，包括培训项目的名称、培训时间、培训地点、培训人数、培训费用、课程设置、协议单位、付款方式等。对于比较严谨的继续教育机构，培训协议还需经过法律顾问或审计部门审核通过。培训协议签订后，若协议内容需要变更或调整，需及时与委托单位沟通协商，签订补充协议或出具相关说明，明确双方责任义务，以免带来麻烦。

××××培训班委托办学协议书（样例）

甲方：

乙方：

根据《中华人民共和国合同法》的规定，经＿＿＿＿与＿＿＿＿友好协商，为促进地方经济、社会发展，培养社会所需的专门人才，双方经友好协商，就双方合作举办继续教育项目达成如下协议，由签约各方共同恪守。

第一条　协议签订时间和地点

本协议由上述签约方于××××年××月××日在×××××××签订。

第二条　继续教育委托办学项目内容

经甲乙双方协商，乙方同意委托甲方举办××××××培训班（以下简称"本项目"），本项目的教学计划须经甲方审核并作为本协议有效附件。

培训时间：××××年××月××日至××××年××月××日

学时数：课堂讲授××××学时，实践课程××学时。

培训人数：约××人

培训对象：××××××

培训地点：××××××

第三条　甲方义务

1. 负责向甲方教育主管部门办理项目的审批手续；

2. 负责课程设置，安排任课教师、组织教学、安排辅导材料、支付教师课酬等；

3. 负责整个培训计划的教学管理和该班的日常管理工作；

4. 负责提供教学场地及必要的教学设施，协助安排学员的餐饮与接送事宜；

5. 负责向甲方财务管理部门申报收费许可，收取培训费，开具合法票据；

6. 负责学员的培训档案管理和结业资格审查，颁发写实性结业证书。

7. 本项目与甲方职责相关的其他工作。

第四条　乙方义务

1. 负责组织生源，每个班开班前提供详尽的学员名单及基本信息；

2. 负责自理出发与返程当地的交通费用；

3. 安排1～2名专职人员负责学员培训期间的生活管理及后勤保障；

4. 要求学员遵守甲方的各项规章制度，协助甲方做好该班的日常管理；

5. 与乙方责任相关的其他工作。

第五条　收费标准

培训费用共计人民币××××元整（¥××××），包含：培训费、场租、师资课酬、参观学习、往返车辆接送费、住宿费和餐费等教学及教学相关费用。至于在校期间其他的非教学支出，由乙方另行支付。

第六条　财务安排

乙方在培训班开办前一周内将培训费用人民币××××元整（¥××××），汇入甲方指定账户，甲方收到培训总款项后开具正式发票给乙方。

甲方开户银行名称、地址和账号为：

全　　称：××××

开户银行：××××××××

账　　号：××××××××××

第七条　协议的变更和中止

1. 该协议书规定的培训项目未能举办，甲方有权提出中止协议；

2. 合作双方必须遵守协议，如一方违约，另一方有权中止协议；如违约方给另一方造成经济损失的，由违约方负责赔偿；

3. 在协议履行过程中对于具体内容需要变更的，由协议双方另行协商并签订补充协议。补充协议同本协议具有同等法律效力。

第八条　争议的解决方式

在履行本协议中产生的争议，应通过友好协商的方法解决；如协商不成，提请仲裁委员会仲裁。

第九条　协议有效期及续约

本协议一式×份，甲方执×份，乙方执×份，具有同等效力。协议自双方法定代表人（或委托代理人）签字并加盖单位印章之日起生效。至双方履行完本协议全部条款时终止。

甲方：（盖章）＿＿＿＿＿＿　　　　乙方：（盖章）＿＿＿＿＿＿

法定代表人（或委托代理人）：　　　法定代表人（或委托代理人）：

住所地：××××××××　　　　　　住所地：××××××××

四、面授培训项目运行

非学历继续教育的项目运行包括项目组织与教学实施环节。

（一）项目组织

项目准备的内容主要包括以下几方面：

1. 培训教师

根据培训协议商定的培训时间和课程设置，预约培训教师，培训教师可以来自继续教育机构的师资库，也可以通过互联网或朋友推荐的方式联系培训教师。预约好培训教师后，一般应在开课前提醒教师，确保教师能够到位。为预防培训教师临时缺席，一般应有预备教师或预备方案。

2. 教学场地

根据课程安排，预约课程教学场地，如果是现场教学内容，还需预约现场教学点及讲解员，需要发函联系时，则需提前给现场教学基地发函。对教学场地需要提前检查，确保课室多媒体设备（话筒、投影、音响等）能正常使用。

3. 培训食宿

根据与委托培训单位所商定的餐标、用餐形式，提前预订就餐餐厅及用餐事宜（需留意是否有特殊饮食习惯的学员等情况）。根据委托培训单位学员住宿标准，协助预订住宿的酒店，并做好酒店到餐厅之间的交通安排。

4. 培训手册

提前制作面向培训学员的培训手册，培训手册内容一般包含报到须知、培训安排、课程讲义等。

5. 开班典礼

每个培训项目，不管是定制型还是公开型培训都会举行开班典礼。隆重、正式的开班典礼对后续的培训有很好的促进作用。如果是定制型培训项目，开班典礼一般由继续教育机构与委托培训单位领导出席。

（二）教学实施

培训项目的实施，主要关注四个方面：一是学员准时到位，发放学员手册。因为对培训学员的管理相对松散一点，所以要特别强调培训的纪律性，确保学员的到课率。二是教师的提前到位，教师一般应在学员之前来到课室。一般需提前一天提醒教师，并做好教师的接待工作。三是教师教学内容的审核。一般应提前收集教师讲课的讲义，审核教师讲义内容是否符合委托培训单位的基本要求，如果偏差太大，需要协调教师调整相关教学内容；同时还需提醒教师，避免在课堂上有过激的言论。四是课堂教学的全程跟踪。一般应有项目团队成员全程跟进课程教学，及时获得教师或学员对课堂教学的反馈，及时掌握课程教学情况。

五、面授培训项目评价

（一）项目评价

在培训项目结束后，一般采取问卷调查方式了解培训学员对培训的反馈。问卷调查可以分为两个维度进行，一是对每门课程的教学内容与教师的评价，二是对整个培训项目的培训内容、师资情况以及后勤服务情况的评价。

基于问卷调查结果，对培训项目进行总结分析，包括学员反馈意见、教师反馈意见以及项目实施过程中遇到的情况，不断提升培训方案的可行性与科学性。

（二）项目维系

培训项目结束后，还应与委托培训单位和培训学员保持良好的联络，定期分享有价值的信息、新的课程资讯等，加强客户黏性，发掘新的培训需求。同时还可以定期走访委托单位，或到兄弟单位调研、交流，挖掘培训需求，促进合作。

六、面授培训项目成本核算

（一）项目成本

项目成本是指项目实施过程中发生的所有成本，包括招生宣传推广费、教师讲课酬金和交通食宿费、学员餐费、教材资料费、印刷费、课室租金、交通费、电话费、网络费、邮寄费、饮水费、照相费、办公及教学用品费、办公设备耗材购置费、兼职人员劳务费、项目组成员薪酬和各类补助补贴等与项目有关的所有费用。

（二）成本控制

项目负责人按项目收支预算控制成本开支。继续教育机构控制预算开支，设定开支预警线，并给项目成本预算做预警处理。

（三）项目结算

项目结算可以按单个项目逐个结算，也可以按一定时间内的项目数统一结算。项目利润一般按年度结算。

第四节 在线培训

在线培训是指以在线教学为主的非学历继续教育类型。

一、分类

（一）基于办学主体的分类

1. 政府部门在线培训

政府部门在线培训主要面向公务员，以干部在线培训为主，分为多个层级。

（1）国家层面的干部在线培训。中国干部网络学院（https：//www.cela.gov.cn/home/），是中组部指导和管理的面向全国各级各类干部的在线培训机构，分为党校（行政学院）分院、浦东分院、企业分院等（见图6-1）。每个分院都有各自的对象定位，并有形式多样的网络课程资源，如浦东分院就有领导干部必修专题课程、网络课程、线上线下相结合的专题课程等。

基于2020年1月29日网络数据，党校（行政学院）分院的注册人数为190296人，访问量为418380025人次；浦东分院的注册人数为236389人，访问量为3421546人次；企业分院注册人数为174616人，访问量为289422048人次。

图6-1 中国干部网络学院

中国教育干部网络学院（http://www.enaea.edu.cn/），是国家教育行政学院开发建设的，面向各级各类教育干部和教师的大型在线培训平台，分为在线学习、培训管理、教学考核、交流互动、信息发布、数据统计等模块，既可以满足教育干部和教师在线学习、移动学习等多种学习方式的需求，也可以满足各地、各学校和培训机构开展培训信息管理和教学服务管理的需求。

其他还有科技部的干部在线学习网（http://kjb.gwypx.com.cn/）、全国人社系统干部在线学习平台（http://px.mohrss.gov.cn/）等。

（2）省市级层面的干部在线培训。各省、市一般也建有干部网络培训学院。省级干部在线培训，如广东省干部培训网络学院（http://gbpx.gd.gov.cn）、湖北省干部在线学习中心（http://www.hbgbzx.gov.cn）、湖南省干部教育网络培训学院（http://www.hngbjy.com/）等；市级干部在线培训，如湛江市干部在线学习中心（http://www.zjgbzx.gov.cn/）、武汉干部教育网络学院（http://www.whce.gov.cn/）等。

2. 高校在线培训

高校在线培训是指高等院校所开办的在线培训，既有面向自身的内训，也有面向社会的在线培训，后者主要是指高等继续教育机构所开展的在线培训。

如清华大学在线培训项目有：中央企业班组长岗位管理能力资格认证网络课堂（http://thbzzpx.itsinghua.com/cms）、全国公共机构节能管理培训网络课程（http://thjnpx.itsinghua.com/cms）、军队转业干部培训项目（http://www.thjdpx.com/cms/）、残疾人就业指导员培训项目（http://jyzdy.itsinghua.com/cms）等。

北京外国语大学的"北外网课"（http://www.beiwaiclass.com/），专门开展语言类在线培训，包括法语、西语、日语、韩语、俄语等多语种培训，语音、口语、语法、翻译、商务英语等实用英语培训，四级英语、六级英语、考研英语、雅思、托福、BEC等英语考试培训，还包括KET、PET、FCE、YLE等青少英语培训。

东北财经大学的"东财在线"（http://www.dufe.online/），以会计、金融、财税培训领跑者为目标，以会计在线培训为核心，开展在线培训（图6-2）。

图6-2 东财在线

3. 企业在线培训

企业在线培训是指各类教育培训所开办的面向企业或面向社会的在线培训。

(1) 面向企业的在线培训，如中国电信网上大学（www.myctu.cn）、中国工商银行网络大学（http://www.elearning.icbc.com.cn/ilearn/en/learner/jsp/login_outer.jsp）等。特别是腾讯大学（https://daxuepc.com/index），由微信学院、腾讯营销学院、腾讯游戏学院、腾讯云大学共同构成，致力于打造移动互联网生态圈最有影响力的学习交流平台，建设了一批免费的优质资源。

(2) 面向社会的在线培训，如正保远程教育网（http://www.cdeledu.com）、新东方在线（http://www.koolearn.com）等（见图6-3）。

图6-3 正保网站集群

4. 平台类在线培训

平台类在线培训是指由企业提供在线培训平台，个体或机构用户将在线培训课程上传到平台进行销售并提供培训服务，平台企业与培训课程提供者基于一定的比例进行收益分成。

（1）视频类在线培训平台，如淘宝教育（https://xue.taobao.com）分为语言学习、职场技能、考试考证、兴趣爱好、亲子早教等模块；腾讯课堂（https://ke.qq.com）分为编程语言、职业技能、高中升学、实用英语、文艺修养等模块；网易云课堂（https://study.163.com）分为职场提升、编程与开发、数据科学、设计创意、电商运营、语言学习、职业考试、生活兴趣等模块。教师类在线培训，如全国中小学教师继续教育网（http://www.teacher.com.cn），是全通教育集团旗下网站，提供在职培训、自考助学、本后教育、教师交流社区、教研文汇、继教咨询等板块。其他在线培训，如中国教师研修网（http://www.teacherclub.com.cn）、中国教师教育网（http://www.teacheredu.cn）等。

（2）音频类在线培训，如喜马拉雅音频分享平台（https://www.ximalaya.com），主要以音频形式在移动端展示各类资源，致力于用声音分享人类智慧、用声音服务美好生活，拥有700万有声主播，3000多家品牌企业入驻；"得到"知识服务App是一款可以听音频、学通识课程、看电子书、看直播、看知识短视频、记笔记的软件，致力于服务所有终身学习者（见图6-4）。

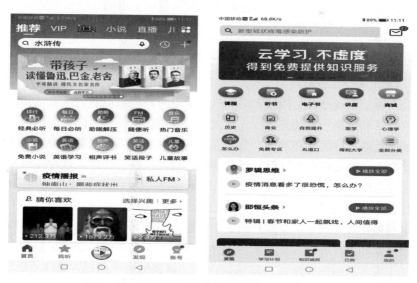

图6-4　"喜马拉雅"与"得到"App手机截屏

(二) 基于培训内容的分类

1. 学前教育在线培训

学前教育在线培训主要面向学前儿童，以益智类、科学知识、认知、知识、儿歌类为主。

2. 基础教育在线培训

基础教育在线培训也是通常所说的 K12 在线培训，内容主要作为传统课堂学习的补充与延伸，其中，以语言学习类为主，如学而思在线培训、新东方在线等。

3. 职业技能在线培训

职业技能在线培训主要面向在职或求职人员，包括职业资格证书类培训、职业技能类培训等，如正保远程教育等。

4. 高等教育在线培训

高等教育在线培训是指辅助高等教育学习者的学习与深造的在线培训，如研究生考前辅导、留学服务在线培训等。

5. 老年教育在线培训

老年教育在线培训主要面向老年人群体，是一种幸福教育。如国家开放大学的老年开放大学，以"老有所学""老有所养""老有所乐""老有所为"为主题开展系列在线培训。

6. 社区教育在线培训

社区教育在线培训主要指为特定社区的人群所提供的在线培训服务，当前的社区在线培训主要以免费培训为主，同时也有生活健康类收费培训。

(三) 基于项目性质的分类

1. 公开课型在线培训

公开课型在线培训是指教育培训机构基于对培训市场的调研或预测，以及自身的师资和过往经验优势，预先建设好在线培训课程，面向市场销售，并根据市场的反馈进行优化和调整。公开课型在线培训是供给侧型、推送型在线培训，即在线培训项目由继续教育机构规划建设并向社会推送，这种在线培训具有很强的市场性。

2. 定制型在线培训

定制型在线培训是基于用户的需求量身定做的培训项目，如根据政府部门领导干部素养提升的需求所定制的领导干部知识更新在线培训。定制型在线培训是基于需求端的在线培训，其培训内容、培训师资、培训方式等主要基于用户需求定制。定制型在线培训因为针对性强，更适合培训单位的内训，但是也因为普适性相对较差,其应用范围较窄。一般来说,定制型在线培训价格相对较高。

(四)基于教学模式的分类

1. 网络直播型

网络直播型是指在线培训主要以直播形式开展,如一些英语类、考研类的在线培训,在线直播形式的培训,对继续教育机构的营销能力、运作能力以及师资的配置要求高,挑战也比较大。

2. 网络点播型

网络点播型是指学习者登录学习平台学习在线培训课程,继续教育机构同时提供在线学习的支持服务。这种学习支持服务,可以是线上交流型、线下沙龙型等。

3. 混合教学型

混合教学型是指多种教学模式混用,但是以网络教学为主体的一种培训模式。线上培训可采取网络课件点播、网络直播模式,线下培训可采取传统的面对面的教学模式。

(五)基于培训模块的分类

1. 课程类培训

课程类培训是指以课程为单元的在线培训,一门在线培训课程即一个培训项目,如在线培训平台,以在线课程为单位销售的课程即可看成是在线课程培训。

2. 专题类培训

专题类培训是指由若干门相互关联的课程所形成的一个在线培训专题,专题培训可以是技能类的,也可以是素质教育类的,如信息技术素养提升专题的在线培训专题,乡村振兴在线培训专题,食品安全在线培训专题等。

3. 岗位类培训

岗位类培训是指由若干个在线培训专题构成,能够完成某一项任务或某一工作岗位所开展的在线培训。

二、特征

在线培训具有如下基本特征。

(一)师生准永久性分离

在线培训中,教师与学生处于准永久性分离的状态,教师通过网络提供师生交互等学习支持服务，学习者通过登录学习平台或直播课堂等进行在线学习或交互。但是，在线培训缺乏师生面对面的交互以及肢体语言的交流。随着信息技术的不断发展，师生交互手段的多样化，在线培训的师生交互效果越来越接近面对面的交互，但是在当前情况下仍然存在一定的差距。

（二）规模化教学

在线培训资源具有便利的可复制性，只要学习平台的网络带宽足够，并发数充足，就能够面向最大规模的学习者群体实施教学。传统的面授课堂最多容纳几百或者上千人，然而对于网络课堂来说，则可以同时支持几万甚至几十万人同时在线学习。可见，在线培训适合规模化教学。

（三）重复学习

由于在线培训突破时空的局限，因此学习者能够在任何时间、任何地点登录学习平台进行学习，且可以进行无限次学习。学习者即使错过网络直播，也能在事后进行点播学习。而传统面授课堂，一旦错过则难以重复。

（四）随时随地学习

在线培训能够让学习者在不离岗、不离家的情况下，实现随时随地的学习，解决了学习者的工学矛盾。同时，随着移动学习功能的开发与普及，能够实质性的实现学习者的泛在学习，即能够随时随地利用各种学习终端进行学习。

（五）培训内容精致

在线培训内容精致是指经过精心的选择获得精简的培训内容。这是由学习者的学习时间成本所决定的，每一位学习者都希望能在最短的时间内获得最好的学习效果。为此，继续教育机构应采取最有效的方式，将培训内容在最短的时间内传授给学习者，让学习者能最高效地消化知识。

（六）以培训效果为王

在线培训属于非学历继续教育，其培训证书的吸引力远远不如学历继续教育，更不用说普通教育的学历证书。学习者参加在线培训，更为关注教学效果，只有培训效果好的在线培训项目才能获得生存和发展。

（七）具备基本信息素养

学习者参加在线培训学习，需要有一定的信息技术素养，如学习平台登录、与教师网上交互、常用即时通信工具的使用等。不过随着信息技术的不断发展，在线学习将变得越来越便捷，在线学习也将变得越来越容易，对学习者的信息技术要求也会变得越来越低。

三、在线培训定位

从理论上说，在线培训适合非学历继续教育的各个领域，但是在不同的层次，在线培训的优势会有比较大的差异。其中，高端培训领域与技能培训领域相对较难开展在线培训。

（一）高端培训领域

从学习者视角看，学习者不仅需要获得培训内容中包含的知识、技能、技巧等，还需要通过面对面的交互实现人际交往、工作交流，建立人脉；从教学视角看，高端培训更重视思想、理念、方法的教学与分享，如角色扮演、沙盘模拟、思想与经验的分享式教学，更容易为高端学习者所接受，也更容易在线下课堂实现。因此，面向企业的总裁、经理等高端管理层培训，以及面向政府部门的领导干部培训（特别是处级以上领导干部培训）等，更适合采取面授培训方式。

（二）技能培训领域

学习者需要通过自身的操作和实践来掌握某一门技术和技能，在实验实训场所进行线下教学，其效果会更好，在这种情况下面授培训更为适合。随着虚拟实验实训的快速发展，未来将会有越来越多的实操性环节在网上实现，也将会有更多的实操性培训实现在线培训。因此，结合在线培训普适性强、适合规模化办学的特点，在线培训应定位于中低端的、人群数量较大的培训，如基层公务员的履职培训、基本素养培训、企业员工的岗位培训，等等。

四、规划

在线培训规划是指继续教育机构对于在线培训的顶层设计与总体规划，是基于自身优势和市场定位所做的在线培训方向的选择。在线培训规划的目标是建立在线培训体系，实现在线培训的可持续发展，包括在线培训的领域规划、技术路线规划、支撑环境规划、市场运营规划、运行模式规划、人力资源规划等。

开展在线培训调研是进行在线培训规划的前提。

(一) 在线培训切入路径分析

虽然非学历继续教育领域广阔,在线培训领域发展空间很大,但是,选择在线培训领域仍然是一件不容易的事情,需要从在线培训市场总体情况、在线培训领域分布和在线培训层次三个方面进行分析与权衡。

1. 在线培训市场总体情况

在线培训市场作为一个相对的新生市场,可以分为三类:一是新市场,即尚未开发的在线培训市场,其市场开发难度大,但是市场前景广阔;二是蓝海市场,即刚刚启动的在线培训市场,但是这些市场已经被继续教育机构抢占先机了;三是红海市场,即已经很成熟的在线培训市场,如英语类在线培训市场,已经有很多有实力的继续教育机构在运作。对于新市场,需要大量的时间和精力进行培育,同时也是对继续教育机构经济实力的挑战。由于在线培训进入门槛相对较低,投入大量精力开发出某一市场后,其他继续教育机构可能大量涌入,使其很难独享自身开发的新的市场空间。对于蓝海市场,市场前景基本可见,基于已有继续教育机构先入为主,其他继续教育机构也可能蜂拥而至,因此,需要尽快找到切入点并获得快速发展。对于红海市场,由于已经有大型继续教育机构入驻,除非找到新的切入点,而这个新的切入点必须有自身的核心竞争力,否则一般性的继续教育机构难以与之竞争。该切入点对于大型继续教育机构不受重视或尚未被注意,不过这个新的切入点是不容易找到的。

2. 在线培训领域分布

在线培训的领域有很多,不仅有面向企业的行业在线培训,面向政府部门的干部在线培训,面向社会的市民在线培训,还有面向在职人员的专业技术人员在线培训。培训领域的选择首先需要考虑的是进入该领域的门槛,如干部在线培训,主要面向政府部门,在我国特别重视干部队伍建设的情况下,政府部门在干部培训方面投入很大,干部在线培训领域无疑是一个很好的选择。但是干部在线培训是有门槛的,必须有干部培训的资质,如中山大学作为中组部的干部培训基地,其开展干部在线培训顺理成章,政府部门也愿意安排人员参加培训。而一般的在线培训企业,即使能从名校聘请到最优秀的教师,能制作最优质的资源,政府部门一般也不会将人员送到企业参加在线培训,因为干部在线培训具有较高的政治敏锐性。又如中小学教师在线培训,作为专业技术人员继续教育中的一种,政治敏锐性相对于政府部门干部培训较低,其市场化程度相对较高,所以,中小学教师的在线培训就有很多继续教育企业参与,并占据了不小的市场份额。如广东德诚科教有限公司、广州远程教育中心等企业都参与了中小学教师在线培训领域并占据了一定的份额。那么中小学教师在线培训市场是否值得进入呢？因为该市场已经是一个成熟的红海市场，所以切入该领域时不仅要考量自身的核心竞争力，还要考虑自身是否有新的切入点。

3. 在线培训层次

在确定在线培训领域后，还要确定所切入领域的对象层次。如英语类培训，不仅有面向学生群体的考试类培训，面向普通白领阶层的应用类培训，还有面向出国留学人群的高端英语类培训。培训对象的确定，首先需要基于市场空间的分析，即某类培训对象的市场空间与已有继续教育的服务能力的匹配情况；其次要基于继续教育机构的过往经历、能够掌控的师资力量与水平，确定自身的核心竞争力。在线培训层次一般应与继续教育机构自身的资质和品牌相匹配。如名牌高校的在线培训领域可以定位于高端，因为有师资与品牌的支撑；而一般性的高校或继续教育企业的在线培训，则定位于中低端，面向普通在职人员，这样更容易切入，也更容易被接受。

（二）在线培训技术路线分析

随着信息技术的发展，在线培训的模式在不断地推陈出新，在线培训的技术手段也在不断地升级换代。为此，在线培训的技术路线的选择需要基于当前主流在线培训技术以及未来在线培训发展进行系统规划。在线培训技术服务于在线培训教学与内容。在规划在线培训技术路线时，应考虑技术与内容相匹配、技术与实力相匹配、技术与趋势相匹配等基本要素。

1. 技术与内容相匹配

在线培训的技术是为在线培训内容服务的，不同的内容可以采取不同的技术。思想、方法类的培训，以音频形式的在线培训已经足够，如"得到""喜马拉雅""有讲"等仅仅通过音频和文字的形式，就能收获大量的培训用户，获得不俗的回报。对于实操类在线培训，在没有或只有很少线下辅助教学的情况下，需要大量的虚拟实验实训的教学资源以及配套的虚拟实验实训环境支撑，才能实现技术与内容的匹配；而对于常规知识传授类的培训，则采取高清视频授课、网络直播等形式就能实现技术与内容的匹配。

2. 技术与实力相匹配

技术路线的选择需要与继续教育机构自身的实力相匹配。如主要选择音频形式的在线培训，只需要建设音频制作环境即可，资金投入会很少。如果要求不高，直接通过电脑设备即可实现音频课件的制作。如果选择高清录播式的授课模式，则需要交互式授课一体机、高清摄像机等设施设备，打造高清录播课件制作环境一般投入 50 万元左右已足够。而如果选择虚拟演播授课模式，则需要建设虚拟演播课件制作室，较高档的虚拟演播课件制作室的设备与环境建设的投入一般不低于 100 万元。

3. 技术与趋势相匹配

技术与趋势相匹配是指在线培训的技术手段要跟上时代潮流。在当前盛行高清型课件、讲座型课件、案例型课件的情况下，如果继续教育机构仍然采用"三分屏"模式，即网络课件的屏幕固定为三个部分——教师的小头像、课件目录、课件 PPT，则可能不为学习者所接受；在当前盛行移动学习、移动交互的情况下，如果在线培训机构只是实现学习平台的论坛式交互，而没有与微信、QQ 打通或关联，实现即时的移动交互，则也不容易为学习者所接受。特别是从在线培训的趋势看，实现学习者的泛在学习已经变成一个趋势和方向。因此，基于学习者泛在学习进行在线培训的技术设计和规划，则能实现技术与趋势的匹配。

（三）在线培训的规划与布局

1. 业务规划与布局

在线培训可以根据市场需求进行体系化的规划与布局。在线培训业务的规划与布局既要有前瞻性，又要有实操性，需要根据自身的实际情况做业务布局。在业务布局的路径上，可以做这样的安排。

（1）基于已有的面授培训业务向线上延伸，开展在线培训项目，相对容易一些。比如在已有较多线下干部培训项目的情况下，向线上培训迁移相对容易。如果继续教育机构自身已经开展了较长时间的企业培训，那么再开展企业在线培训更为容易。

（2）基于国家政策的方向引领开展在线培训。如《教育信息化 2.0 行动计划》出台后，开展面向教师与学生信息技能提升的在线培训，就可得到学校用户的支持；又如在倡导市民终身学习的今天，开展市民终身学习则有较大的市场空间。

（3）要采取分期、分步的方式布局在线培训。如在在线培训队伍实力较强的情况下，第一期业务可以同步开展市民终身学习在线教育、老年在线培训、社区在线培训等，各模块之间内容可以相互共享。第二期业务可以开展企业在线培训、技能在线培训以及干部在线培训等。

2. 市场规划与布局

对于在线培训，可以从四个方面做体系化的市场规划与布局（见图 6-5）。

（1）在培训项目层面，按照在线培训项目的市场规律进行运行与管理，实现在线培训的发展。市场拓展方式可以是定制型，面向委托单位定制在线培训；可以是公开课型，面向社会招收在线培训项目的学员。还可以去投标采购网上的一些在线培训项目。

（2）在网络课程层面，可以将网络课程布局在在线培训平台，面向社会开展网络学习的营销，通过学习者点播学习网络课程实现销售盈利。

（3）在课程资源层面，可以将网络课程资源销售给企事业单位，如在高校，实现课程资源层面的销售盈利。

（4）在学习平台层面，可以基于自身学习平台，为其他需要开展在线学习的企事业单位定制学习平台，或向其销售学习平台，从而实现销售盈利。

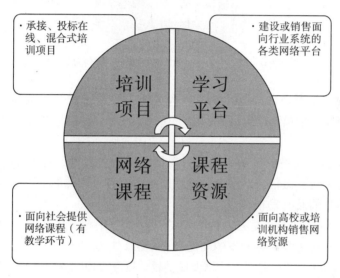

图6-5 在线培训市场布局

3. 在线培训平台的规划与布局

在线培训平台是支撑在线培训的基础和条件，也是继续教育机构开展在线培训的核心竞争力。从总体布局看，在线培训平台应纳入继续教育信息化工程，与学历继续教育的在线学习平台一并规划与建设。

在线培训平台可以采取"五位一体"的布局，即打造在线学习平台、微信公众平台、移动学习App、培训管理平台与校友服务平台，这五个平台通过基础数据平台实现数据的关联、用户的互通、资源的共享（见图6-6）。

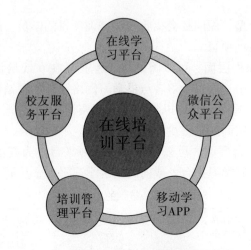

图6-6 "五位一体"在线培训平台布局

（1）在线学习平台是学习者基于 PC 端的在线学习平台，能够实现教师授课、教学交互、学员互动等诸多功能，在线学习平台是功能最全、信息最完善的学习平台。

（2）微信公众平台是基于当前自媒体活动的普及性，适应学习者需求所打造的学习平台，微信公众平台一方面用于学习者对资源的学习，另一方面也用于通知信息的及时发布。

（3）移动学习 App 是另一种类型的移动学习平台，其相对于微信公众平台而言，独立性更强，可开发的功能会更丰富。

（4）培训管理平台是对在线培训提供教学教务管理服务的平台，包括面向教师的培训服务，面向学员的支持服务以及各类学籍、档案、数据的管理功能。

（5）校友服务平台是为了维护培训学员所打造的服务平台，通过不断向校友提供免费的资源、公益的活动、联谊的交流等方式，帮助校友实现知识增值，为自身的在线培训提供源源不断的生源。

4. 技术服务的规划与布局

对于在线培训的技术服务，可以做"五位一体"的技术服务规划与布局。首先在组织机构上，要有一个专门的技术服务部门，如技术服务中心；然后提供五个方面的服务（见图6-7）。

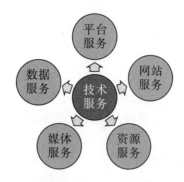

图 6-7 "五位一体"的在线培训技术服务

（1）平台服务：各类网络培训平台的建设、管理和维护，如各类微信公众号的申请、技术改造、框架搭建等。

（2）网站服务：提供门户网站及各二级在线培训网站的建设、维护和管理。

（3）资源服务：提供在线培训资源的设计、制作服务，资源制作环节（如演播室）的建设与管理服务，面向教师的培训服务等。

（4）媒体服务：为自媒体、网媒、纸媒宣传提供技术支持。

（5）数据服务：提供各类在线培训和用户的数据挖掘与分析服务，同时还提供培训数据与校友数据管理服务。

5. 在线培训运营规划与布局

在线培训运营规划与布局包括项目设计、市场营销、平台运营与教学服务等。

（1）项目设计包括人才培养整体解决方案的设计、在线培训项目的整体设计。

（2）市场营销是指基于在线培训对象所开展的营销活动，如面向政府部门的营销，面向企业、高校的营销，面向媒体的营销（公司外的公众媒体）等。

（3）平台运营，基于在线学习平台，开展面向线上用户的宣传推广，制定激励措施，促进学习平台上用户数量的增长，实现在线培训的盈利。

（4）教学服务，基于在线培训的教学服务内容，提供教学资源服务、学员咨询服务、学习支持服务以及各类促进线上学习的线下活动等。

四、设计

在线培训项目的设计应由专业的在线培训设计师来完成。

（一）在线培训设计师

1. 在线培训设计师

在线培训设计师是指对在线培训项目进行专业化设计的人员。在线培训设计师基于在线培训目标，对在线培训项目进行一体化的规划与设计。在线培训项目设计内容一般包括课程体系设计、技术路线设计、支持服务设计、过程组织设计、项目评价设计等。

2. 在线培训设计师基本要求

熟悉在线培训发展现状与前沿、了解在线培训流程与方法；拥有所涉足培训领域的专业知识，了解培训热点，熟悉该领域的培训师资情况；具有良好的沟通协调能力；能够在该培训领域专家的支持和帮助下，独立完成在线培训项目的设计。

（二）项目调研与分析

项目调研是在线培训项目设计的前提和条件。项目调研的目的在于明确"为什么做""别人做了什么""我们怎么做"以及"是否值得做"的问题。当通过市场调研，明确了拟开展的在线培训项目适应发展的方向与趋势，也有自身的核心竞争力与市场空间，同时还有明确的项目实施路线以及较好的市场预期收益，这样，就可以进行在线培训项目设计。

项目分析的基本方法和流程与面授培训项目基本相同，这里不再赘述。

（三）在线培训项目设计

在线培训项目设计一般包括六个方面：课程体系设计、师资配备设计、媒体技术设计、教学模式设计、支持服务设计、项目评价设计。

1. 课程体系设计

课程体系设计是对项目培训内容进行模块化、体系化设计，模块化设计的基本单元为培训课程，体系化设计是指各培训模块之间的内容相互衔接与补充，共同构成培训项目的内容体系。模块化的在线培训课程不同于学历教育的课程，其内容精致简练，往往几个知识单元就构成一门课程，而每个知识单元少则几分钟，多则半小时。

2. 师资配备设计

师资配备设计是一项技术活。一是教师与培训内容的匹配。在线培训一般没有专职师资，因此，主要以外聘教师的形式来获取。在外聘教师时，需要考察教师的专业方向是否与培训内容匹配。二是教师的讲课风格是否符合培训需求，一些学者型的专家可能与培训内容很匹配，但是讲课内容可能过于偏重学术而让学习者难以理解，或者教师的授课效果不够生动，难以让学习者满意，总的来说风趣幽默型的教师更受学习者欢迎。三是师资的搭配很重要，全部的高端教师自然能让在线培训的学习者满意，但是继续教育机构的成本可能会大大提高。常规的方式是优秀教师与一般教师合理搭配。

3. 媒体技术设计

在线培训项目需要选择相应的媒体技术作为知识的传播手段和工具，常见的在线培训手段包括在线直播、虚拟演播、视频点播、"音频+文本学习"、移动学习等。应基于继续教育机构的现有条件、用户对媒体技术手段的需求，选择合适的媒体技术手段，实现在线培训项目的有效实施。

4. 教学模式设计

基于在线培训项目的特点，以及继续教育机构的现有条件，选择不同的教学模式，如一个相对较长的在线培训项目，可以采取线上与线下相结合的翻转课堂教学方式，学习者经过一段时间的在线学习之后，参与线下课堂的面授教学，这样可以帮助学习者理解和消化培训内容；对于没有线下授课条件或者不适合开展面授教学的（如学习者分布广），则可以采取多种网络授课模式相结合的混合教学模式，还可以采取网络点播与网络直播相结合的教学模式。

5. 支持服务设计

良好的支持服务可以显著提升在线学习者的学习体验和学习效果。在线培训项目的支持服务包括学术性和非学术性。学术性的支持服务包括师生之间的交流互动等，非学术性的支持服务包括面向学习者群体的班级服务，面向学习者个体的个性化服务。

6. 项目评价设计

在线培训项目的设计遵循 PDCA 环原则，即计划、执行、检查、完善环节，其中，项目评价环节是进一步优化和完善在线培训项目的关键。在线培训项目的评价设计可以采取多维评价方式，包括用户评价、组织评价、专家评价、社会评价等。对于预置型的在线培训项目来说，用户评价最为重要；而对于单位用户的定制型在线培训项目来说，则组织评价更为重要。

五、运营

在线培养运营以用户需求为中心，以优质课程资源为基础，以课程运营为手段，利用新媒体、新技术，为社会大众和企事业单位提供学习资源、学习支持、应用咨询等服务，最大限度地满足社会各类用户的需求。

（一）运营模式

在线培训运营模式主要有两种：自运营模式和平台合作模式。

1. 自运营模式

自运营模式是继续教育机构将自身所建设的在线培训资源布局在自己的学习平台上。通过各类营销推广手段，促进学习者在学习平台上学习。该运营模式的自主性强，不过最大的挑战在于如何吸引用户前来学习。该模式适用于拥有大批潜在客户或品牌、声誉较大的继续教育机构。如新东方在线借助自身的强大品牌优势，建设了品类繁多的在线课程资源（见图6-8）。

图6-8 新东方在线网站

2. 平台合作模式

平台合作模式是指继续教育机构或个人将在线培训资源布局在公共服务平台上，通过公共服务平台的整体营销推广在线培训课程。平台合作模式的盈利来自平台课程销售盈利后的分成。该模式适合拥有优质在线培训资源，但是自身的实力不足以独立运营在线培训项目的继续教育机构。如网易云平台就是一个承载各类在线培训资源或项目的公共服务平台，其主要定位于职业培训领域（见图6-9）。

图6-9 网易云课堂界面

（二）营销推广

基于不同的在线培训运营模式，有不同的营销推广方式，对于平台合作型运营模式，一般自身不需要开展营销推广，而是由公共服务平台提供专业化的、综合性的、一体化的营销推广。如果是自运营模式，则应基于自身的在线培训定位、目标客户群体，结合市场调研情况，设计实施最合适的在线培训营销策略。在线培训营销策略一般采取线上、线下相结合，新、旧媒体相融通的立体化营销。不同层级、不同规模、不同投入的在线培训，在营销推广方式上会有很大的差异。常见的营销方式有：宣传片营销，通过专门制作的影视短片进行自牌宣传及项目推介；搜索引擎推广，利用百度、搜狗等搜索引擎推广自身产品，搜索引擎营销的关键在于关键字的选用；社交平台营销，通过微信公众号、微信朋友圈、陌陌、直播平台等社交平台进行营销推广；线下营销，基于继续教育机构自身的潜在用户群体，开展各类培训推介活动或校友活动等。

（三）项目评估

经过一个运营周期后，对在线培训项目进行全面评估，包括培训内容、营销策略、项目收益等。基于项目评价，适时调整在线培训的产品和营销策略，使得在线培训项目进一步适应市场需求。

第五节 移动培训体系建设

本节以笔者在中山大学网络教育学院期间组织建设的"逸仙在线"微信公众号为例,探讨基于微信公众号的移动培训体系的建设。

微信是腾讯公司推出的一款具有通信、社交、平台化功能的社交应用程序。2018年,其全球用户月活数突破10亿大关。微信已经成为我国普及率最高的即时通信社交软件;微信公众平台主要面向个人、政府、媒体、企业等提供业务服务与用户管理能力的自媒体服务平台,其具有普适性、平民性、快速扩展性以及获取的便捷性等特点。建构基于微信平台的移动培训体系,借助其普及性与便捷性的特点,为学习者提供时时、处处的学习服务,真正实现终身教育体系的"人人皆学、时时可学、处处能学"的目标要求。

一、移动培训体系的设计

围绕微信公众平台,建构基本涵盖培训全过程的移动系统,即包括移动培训的资讯提供、移动培训的学习资源提供以及移动培训的学习支持服务等。基于微信平台的移动培训体系框架,如图6-10所示。

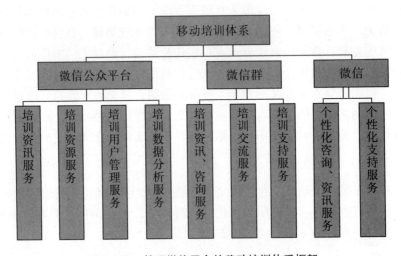

图6-10 基于微信平台的移动培训体系框架

（一）微信公众平台的功能布局

微信公众平台是移动培训体系的主体，其功能包括培训资讯服务、培训资源服务、培训用户管理服务以及培训数据分析服务。培训资讯服务主要包括面向各类用户的活动组织以及各类培训项目的宣传推广。培训资源服务是指通过图文方式展现移动培训内容，供各级各类学员学习。在移动培训内容的布局方面，需要针对学习者的特点与实际需求，做移动培训资源建设。培训用户管理服务是指通过微信公众平台后台，对微信公众平台的用户进行分类和管理。培训数据分析服务是指即通过微信公众平台的数据统计与分析，了解学习者基于微信公众平台的学习行为，以及对学习资源的兴趣和偏好，并以此分析研究移动培训资源的建设方向。

（二）微信群的功能布局

微信群是移动培训体系的重要构成，其弥补了微信公众平台交互性不足的问题。基于学习者群体建立各类不同的微信群。在微信群中提供培训资讯、咨询服务，培训交流服务，即搭建师生之间、学生之间的交互桥梁，以及培训支持服务等。

（三）个人微信的功能布局

个人微信主要向校友或学员提供个性化的培训服务，包括个性化咨询、资讯服务与个性化支持服务等，主要解决面向学习者的个性化问题。因为时间精力有限，所以个人微信在移动培训体系中主要起辅助作用。

二、移动培训的资源建设

基于微信公众平台以及在职人员移动学习的特点，所有在线培训资源均以微课形式呈现。所建设的在线培训资源，同时也应用于微信公众平台和网络培训平台。移动学习资源采取多样化的方式录制网络课件，包括虚拟演播、高清直播、现场访谈、课堂录播、动画演示等形式。

移动培训资源建设突出名师名课效应。培训教师中，绝大部分为知名教授学者，包括中山大学的百岁老人、中国 MPA 之父夏书章教授亲自担纲讲授的"孙子兵法与现代管理""三国智谋与现代管理""实干兴邦""中大校史与大学精神"等系列讲座。移动培训资源采取分类建设的方法，部分移动培训资源见表6-5。

表6-5 部分移动培训资源情况

模块	课程名称	课时	模块	课程名称	课时
管理智慧	实干兴邦	4	自我成长	性格、修养与人生幸福	5
	《孙子兵法》与现代管理	4		真实的幸福	6
	"三国"智谋与现代管理	6		思考力	10
	传统伦理道德中的大智慧	20		释放学习力	7
职场素养	管理者的修为	10		改善沟通力	8
	沟通技巧和说话艺术	8		跨性别沟通	22
	哲学素养与领导魅力	12		写作能力提升	7
	职场行为与职业素养	10		时间管理的要领和方法	10
	高效执行力	12	商业企业	企业危机管理与公关策略	10
	管理沟通	17		服务型企业的满意度和忠诚度	10
	领导力与管理技能提升	13			
政务管理	政府危机管理与舆情应对	5		公共关系管理	10
	新媒体时代的"互联网+政务管理"	6		服务型企业的服务质量	10
				广告策划与策略	
	网络舆情研判与舆情应对	8		"互联网+"条件下的企业商业模式	11
	新媒体环境下群体性事件应急管理	8		社交媒体时代的消费者行为	10
	公共空间规划和治理	10			
人文素养	诗词鉴赏	46		营销心理学	12
	格律诗词写作	8		大数据与精准营销	9
	身心一体：儒家"仁"学的功夫实践	12		家族企业财富传承	12
				税收筹划	12
	一读入心：读书的方法与逻辑	4	乡村振兴	全域旅游	11
	中国古代文学鉴赏	8		乡村旅游	14
	20世纪文学名家选讲	36		绿道建设与绿道旅游	15
产业创新	创新驱动发展战略与广州实践	7		文化与旅游产业融合发展	11
	智慧城市与智慧交通	6		协商民主与基层治理现代化	10
	产业规划与中国产业的转型升级	6		旅游创新发展与品牌构建	16

三、微信公众平台的内容建构

（一）微信公众平台上内容呈现特点

布局于微信公众平台上的移动培训课程，一般应具有四个特点：一是要精简。因为平台的栏目有限，不能像网络学习平台有较大的幅面展示内容，太多层级、太多资源难以呈现，所以，微信公众平台上的培训资源宜精简不宜多。二是要清爽。即微信公众平台上所展示的培训资源界面应所见即所得，充分展现每一个文字的价值，不能有太多的冗余文字堆叠。三是要图文并茂。一般来说，移动培训课程应包括教师的介绍、授课内容的介绍以及授课视频的呈现。由于微信公众平台上的页面小，能呈现的内容少，因此，网页界面最好以图文并茂的形式呈现。四是要微课型。基于微信公众平台的视频资源，绝大部分用于移动学习，其中又以手机学习为主，因此，在线培训课程宜短不宜长，应是微课型资源。

（二）微信公众平台上的内容布局

基于微信的移动培训平台，其主要功能定位于培训服务，包括培训的资讯服务、培训的资源服务、培训的宣传推广服务。在"逸仙在线"微信公众号共建设了三大栏目："关于我们""在线专题""大咖微课"。

1. "关于我们"内容布局

"关于我们"栏目主要呈现校友类、资讯类信息，包括"校友活动""课程定制""访学资讯""师说心语"等。其中，"校友活动"主要发布校友相关的线上、线下活动，"课程定制"主要发布中山大学在线培训项目与课程资讯，"访学资讯"主要推介游学访学项目，"师说心语"则是名师"心里话"的展示地（见图6-11）。

图6-11 "逸仙在线"中"关于我们"栏目内容布局

2. "在线专题"内容布局

"逸仙在线"在线培训专题,主要列出了最新推出的五个系列在线培训课程:"危机管理""思政课堂""乡村旅游""全域旅游"和"传统文化"。每个专题都以图文混排形式呈现,以最精简的方式介绍教师及其授课内容,同时还提供了课程微视频(见图6-12)。

图 6-12 "在线专题"内容布局

3. "大咖微课"内容布局

"大咖微课"主要展示移动培训的"名师名课",包括"夏老私房课""海鸥说诗词""一读入心""管理者修为""心·学堂"等栏目。其中,"夏老私房课"是夏书章教授的系列移动培训讲座,"海鸥说诗词"则是张海鸥教授的诗词鉴赏课。移动培训课程的资源不仅包括视频资源,也包括音频资源(见图 6-13)。

图6-13 移动培训课程的视频、音频资源

四、基于微信与微信群的移动培训服务

中山大学网络教育学院经过近20年的网络学历教育实践，积累了大量的网络教育毕业生，这些毕业生绝大部分都是在职人员，他们处在终身学习时代，故不断回校学习、"充电"显得非常必要。为此，面向校友推广采取线上、线下相结合的学习活动，相对更容易接受，也更容易推广。

为了实现教师与学员、学员与学员之间的互动交流，学院为中山大学网络教育毕业生按专业建立了微信群，包括行政管理专业、会计学专业、法学专业等微信群。基于专业建立微信群，有利于学员间共同语言的激发，也更容易进行学习的互动与交流。微信群以与学员之间的交互为主，以管理人员和教师与学员的交互为辅。

"逸仙在线"应用推广效果

1. 用户数量及分布情况

"逸仙在线"用户数为 2864 人,根据微信公众平台后台统计,男性为 1214 人,女性为 1650 人。其中,广东省为 2471 人,占总用户人数的 86.3%。其中,广州用户数为 1253 人,占总用户人数的 43.8%。用户按手机操作系统类型区分,安卓系统(Android)用户为 1502 人,苹果系统(MacOs)用户为 1362 人。

2. 用户活跃度分析

根据"逸仙在线"微信公众平台的后台数据统计,2018 年 6 月,图文总阅读量 4604 次,阅读人数 1673 人,平均每人阅读量为 2.75 次(见图 6 – 14)。2018 年 7 月,图文总阅读量为 5004 次,阅读人数为 2988 人,平均每人阅读量为 1.67 次。

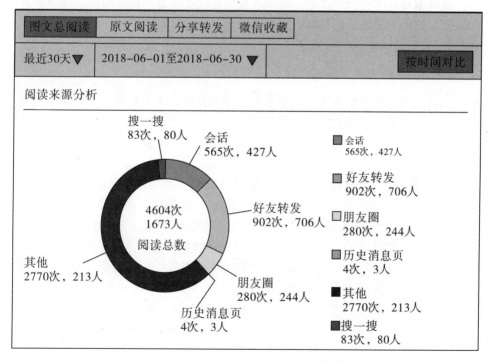

图 6 – 14　"逸仙在线"图文总阅读量及明细

第七章 继续教育信息化

第一节 继续教育信息化发展概述

一、教育信息化的智慧化现状

随着信息技术的快速发展，我国教育信息化正在走向深度应用，往纵深方向发展。其中，最明显的趋势就是教育信息化走向教育智慧化，传统教育正在走向智慧教育。

（一）智慧教育内涵

从教育技术的角度来说，智慧教育指将互联网、人工智能、大数据、物联网、云计算等现代信息技术融入教育教学全过程，促进人才培养内容、方法、路径、平台、质量监控、管理决策等的信息化、智能化的一系列理念和技术。[1]

祝智庭认为，智慧教育的真谛就是通过构建技术融合的生态化学习环境，通过培植人机协同的数据智慧、教学智慧与文化智慧，本着"精准、个性、优化、协同、思维、创造"的原则，让教师能够施展高成效的教学方法，让学习者能够获得适宜的个性化学习服务和美好的发展体验，使其由不能变为可能，由小能变为大能，从而培养具有良好的人格品性、较强的行动能力、较好的思维品质、较深的创造潜能的人才。[2]

殷宝媛等建构了智慧教育云平台标准的"三环"模型——内环是由不同活动组成的活动序列，中环是由人际网络、资源网络、工具网络组成的网络学

---

[1] 郑庆华：《人工智能促进智慧教育，提升人才培养质量》，载《高等工程教育研究》2019年第4期，第128－132页。

[2] 祝智庭、魏非：《面向智慧教育的教师发展创新路径》，载《中国教育学刊》2017年第9期，第21－28页。

习共同体,外环是以技术为支撑的智慧闭环系统,并认为智慧云平台应是一个智慧感知、智慧处理、智慧分析、智慧评价、智慧推送的闭环系统。①

基于认知诊断的个性化学习资源推送方法以认知诊断理论为基础,在认知诊断的基础上,利用教师的丰富教学经验实现学习资源的个性化推送。②

可见,智慧教育并不神秘,智慧教育只不过是信息化教学的更广泛、更深入的应用,是充分利用人工智能等现代信息技术促进教育教学的智慧化、智能化。将各类教育信息技术以及人工智能技术应用于继续教育中,建构智慧继续教育,促进继续教育的智慧化,是继续教育未来发展的必由之路。

(二)智慧学习技术

智慧学习技术在不断推进智慧教育的应用。一些学者已经在智能化的数据挖掘与个性化推荐方面做了较多的理论与实践探索。

刘淇等通过对学习者进行认知能力诊断、学习内容评估,为学习者智能性地推送学习资源,使得学习者获得更适合自己的学习资源,能够使学习者更加投入、轻松、沉浸地学习。③

周海波对自适应学习平台进行了研究,搭建了自适应学习平台的框架体系结构、学习者学习特征模型、个性化学习资源推送和个性化学习路径推荐。基于自适应学习平台的个性化学习对普通学习者的学习成绩有显著正向影响。④

朱天宇等基于数据挖掘的推荐方法,提出了 PMF-CD 试题推荐方法。该方法将试题推荐分为四个步骤:数据输入、学生认知诊断、学生得分预测及试题推荐。首先,基于学生答题记录,利用教育数据挖掘的认知诊断分析方法获得每个学生的认知状态。其次基于学生对知识点的掌握情况,应用概率矩阵分解方法,对学生的答题情况进行预测。最后,筛选出合适难度的推荐试题集。⑤

王永固等利用协同过滤技术探索了学习资源的个性化推荐。通过记录学习

---

① 殷宝媛、武法提、章怡:《智慧教育云平台标准的"三环"模型构建》,载《现代教育技术》2018年第1期,第86-92页。

② 马玉慧、王珠珠、王硕烁、郭炯:《面向智慧教育的学习分析与智能导学研究——基于RSM的个性化学习资源推送方法》,载《电化教育研究》2018年第10期,第47-52+82页。

③ 刘淇、陈恩红、朱天宇、黄振亚、吴润泽、苏喻、胡国平:《面向在线智慧学习的教育数据挖掘技术研究》,载《模式识别与人工智能》2018年第1期,第77-90页。

④ 周海波:《基于自适应学习平台促进学生个性化学习的研究》,载《电化教育研究》2018年第4期,第122-128页。

⑤ 朱天宇、黄振亚、陈恩红等:《基于认知诊断的个性化试题推荐方法》,载《计算机学报》2017年第1期,第176-191页。

者使用系统的学习过程、学习内容、学习结果等学习行为数据，发现学习者的学习偏好等，从而推荐相似学习者的学习偏好来满足不同学习者的个性化学习需求。①

杨兵等对在线学习平台数据可视化评价标准进行了研究，利用学习者视觉通道较高的感知能力，提升学习者识别、加工学习资源和学习反馈的效率。符合学习者理解力，遵循个性化的原则，适当运用视觉点缀，贴近实际情境的原则，符合用户审美，兼顾艺术与美学的原则，选择恰当图表类型，增强视觉隐喻的原则。②

随着智慧学习技术的日渐成熟，智慧学习技术在教育领域的应用也必将水到渠成。继续教育以在职学习者为主体的分散学习方式，更需要智慧学习技术的支撑，充分利用智慧学习技术面向学习者进行学习资源和学习支持服务的推送，将大大提升继续教育的服务水平。

（三）智慧学习平台

智慧学习平台是指智慧化的学习平台。学习平台的智慧化是指通过建构智慧学习环境，采取智慧性的情景感知、数据挖掘等方式预知学习者的潜在学习需求、现有学习基础和知识掌握程度，然后基于学习者的情况，智慧性地推送学习资源，提供学习建议。

美国 Knewton 学习平台（https：//www.knewton.com）是自适应学习平台的代表，在 120 多个国家得到广泛推广。其自适应的学习支持服务主要通过数据收集与处理、学习分析、学习推荐三个环节来实现。③

智适应学习平台（IALP）是基于"AI + 5G"技术对原有平台的再造，基于现代教学理论、社交学习理论、智慧教育理论、新建构主义学习理论等，以学习者为中心，动态识别学习者的认知能力、学习风格、学习状态和学习文化等个性化特征，实现学习资源、学习路径的个性化推荐和智能、快速、全面的数据分析，以相匹配的媒体、资源、工具、教师、学生等构成基于大数据智能化的学习空间，从而实现智能化无缝式学习的目标。④

---

① 王永固、邱飞岳、赵建龙等：《基于协同过滤技术的学习资源个性化推荐研究》，载《远程教育杂志》2011 年第 3 期，第 66 – 71 页。

② 杨兵、卢国庆、曹树真、Tiong-Thye Goh：《在线学习系统数据可视化评价标准研究》，载《中国远程教育》2017 年第 12 期，第 54 – 61 + 80 页。

③ 李玲静、汪存友：《Knewton：学习分析支持下的自适应学习平台》，载《成人教育》2019 年第 7 期，第 29 – 34 页。

④ 卢文辉：《AI + 5G 视域下智适应学习平台的内涵、功能与实现路径——基于智能化无缝式学习环境理念的构建》，载《远程教育杂志》2019 年第 3 期，第 38 – 46 页。

科大讯飞公司的智学网搭建的大数据在线教育平台已覆盖全国29个省230多个城市，提供的服务让近13000所学校的千万师生受益。其在对学生进行认知诊断分析、试题推荐的同时，也能提供面向教师的班级学生学习状态反馈、智能组卷等服务。通过学生对所推荐资源的学习反馈，形成"学习—诊断—推荐—反馈—学习"的闭环结构。[1]

二、继续教育信息化的内涵

教育信息化是指在教育领域全面深入地运用现代信息技术来促进教育改革与发展的过程。其技术特点是数字化、网络化、智能化和多媒体化，基本特征是开放、共享、交互、协作。教育信息化是国家信息化的重要组成部分，对于转变教育思想和观念，深化教育改革，提高教育质量和效益，培养创新人才具有深远意义，是实现教育跨越式发展的必然选择。

继续教育信息化是教育信息化的重要构成，是现代信息技术在继续教育领域的深入应用。继续教育面向社会全体成员，是最接地气的一种教育类型。继续教育中的网络教育与开放教育，是我国教育信息化的先行者与积极探索者，自1998年开展试点以来，在超过20年的时间里，为推进我国教育教学信息化，为促进我国教育公平做出了重要的贡献。然而，继续教育领域的信息化有待进一步推广，夜大学仍然在采取传统的面授教育方式开展，函授教育作为一种应被淘汰的教育形式仍然存在，非学历继续教育仍然以面授为主。在这样的形势下，需要进一步推进继续教育信息化，使得各类继续教育能够更适应地信息技术的发展、更好地为全体社会成员提供教育服务。总的来说，继续教育信息化的意义主要有三个方面：

一是全面提升继续教育教学信息化水平。教育信息化的核心是教学信息化，继续教育也不例外。通过在继续教育领域内全面推进在线学习平台与在线教学资源的建设，全面推进在线教学，将大大提升继续教育的教学效率与教学质量，实现继续教育的规模化办学，使得继续教育能够为更多的社会成员提供服务。

二是全面提升继续教育管理信息化水平。通过建设在线管理系统，实施信息化管理，可以实现各类管理信息的联通共享，避免当前管理与服务方面普遍存在的"信息孤岛"问题，也能大大提升继续教育管理与服务的效率与质量。

---

[1] 刘淇、陈恩红、朱天宇、黄振亚、吴润泽、苏喻、胡国平：《面向在线智慧学习的教育数据挖掘技术研究》，载《模式识别与人工智能》2018年第1期，第77-90页。

三是促进各类继续教育的融通共享。通过建设一体化的在线学习平台，可以实现学历与非学历继续教育的教学互通、资源互融，通过开放共享继续教育的网络学习资源，可以避免出现重复的资源建设。同时，通过实施继续教育的信息化，还能够实现学历继续教育与非学历继续教育的一体化，可以为学习者的终身学习助力，促进终身教育体系的建构。

三、继续教育信息化的方向

网络教育与开放教育是我国教育信息化的探索者与先行者，在教育教学的信息化方面积累了丰富的经验。在信息技术高速发展的今天，在智慧教育正在成为一种趋势、智慧学习技术逐渐得到普及的今天，有必要在智慧化的引领下实现继续教育的信息化，通过建设智慧化的继续教育，保障继续教育的先进性，促进继续教育办学质量的提升。

第二节 继续教育信息化规划

继续教育信息化规划是对继续教育做信息化、智慧化的总体设计，是整合继续教育的各要素、各环节所做的系统设计，主要包括继续教育的教学信息化和继续教育的管理信息化。

一、指导思想

指导思想是继续教育信息化规划的价值导向，是确定继续教育信息化建设目标与建设路径的逻辑起点和根源。继续教育信息化规划的指导思想需要从继续教育发展的内涵和对信息化的根本需求入手，体现继续教育机构的发展战略与人文价值，体现信息技术的发展趋势和方向。继续教育信息化规划是统领继续教育信息化建设的总纲。继续教育信息化的目标宗旨是启迪智慧，服务人与社会的发展。具体来说，是以人为本，服务师生，服务继续教育机构的发展战略。

（一）适应国家教育信息化发展战略

2018年教育部发布的《教育信息化2.0行动计划》提出：到2022年基本实现"三全两高一大"的发展目标，即教学应用覆盖全体教师、学习应用覆盖全体适龄学生、数字校园建设覆盖全体学校，信息化应用水平和师生信息素养普遍提高，建成"互联网+教育"大平台，推动从教育专用资源向教育大资源转变，从提升师生信息技术应用能力向全面提升其信息素养转变，从融合应用向创新发展转变，努力构建"互联网+"条件下的人才培养新模式、发展基于互联网的教育服务新模式、探索信息时代教育治理新模式。

网络教育与开放教育是教育信息化应用的先行者与探索者，也是国家层面对教育信息化应用的重要试点工程。继续教育信息化应该以网络教育与开放教育为引领，践行"三全两高一大"目标，建设"互联网+继续教育"大平台，全面建设与推广继续教育网络资源体系的建设，全面实现网络教学与管理的信息化，全面提升教师、学习者与管理的信息素养，并推动继续教育教学模式的全面改革，提升继续教育的办学质量。

（二）服务继续教育机构的发展战略

首先，继续教育信息化需要继续教育机构的战略引领。只有当继续教育信息化成为继续教育机构战略发展的重要构成时，继续教育机构才会有决心真正投入开展继续教育的信息化，继续教育的信息化才可能全面推广实施。

其次，继续教育信息化必须服务于继续教育机构的发展战略，通过继续教育信息化，实现各类继续教育的互联互通，从而建构继续教育的大资源系统、大教学系统、大管理系统、大服务系统、大数据系统，实现各类继续教育的同步发展、共同提升。

（三）满足继续教育的教学发展需要

目前在继续教育领域，只有网络教育与开放教育领域全面开展在线教学，对于非学历继续教育、成人教育以及其他形式的学历继续教育，在线教学尚属于起步阶段。继续教育的信息化旨在满足各类继续教育类型实施在线教学与管理，建设在线资源。特别是通过继续教育信息化，能够全面推进继续教育的教学改革，促进继续教育的教学发展。

二、基本特征

继续教育作为终身教育的核心构成以及面向全体社会成员的教育类型，继续教育信息化应体现以下基本特征。

（一）一体化

一体化是指通过继续教育的信息化，实现各类继续教育的教学一体、管理一体、教学与管理一体三个方面。教学一体是指各类继续教育的在线教学均在同一个在线学习平台中实施,包括课程、资源、教师与学习者,通过在线学习平台实现各类课程资源的融通共享、各类教师与学习者的互联互通。管理一体是指继续教育的各类管理在同一个在线管理系统中。基于同一个在线管理系统,实现各类教师、各类学习者的信息、资料、数据的互联互通,学习者在该系统中,能够轻松实现学习档案、学习成果在各类继续教育之间的无缝衔接与转移。教学与管理一体是指在线学习平台与在线管理系统之间通过基础数据库实现数据的互联,实现教学与管理数据的无缝衔接。

(二) 终身化

终身化是从继续教育服务终身教育体系的视角对继续教育信息化所做的战略布局。继续教育的终身化是指通过继续教育信息化实现用户的终身性,账户、教学、学习以及成果的终身化。即每一位学习者都有一个在线学习平台的终身学习账户,该账户在其接受继续教育期间是其学习者账户,可以学习学历继续教育或非学历继续教育的课程。当其完成一个阶段的学业时,该账户仍然保留,可以学习继续教育机构提供的开放的、免费的学习资源。当学习者想继续学习时,只需要报名参加某个学历或非学历继续教育项目,即可用原有账户进行学习。这种账户的终身化能够记录学习者人生阶段的学习全过程,包括各个学习阶段(包括学历与非学历的)的学习内容、学习轨迹、学习记录、学习成果等。如果学习者在人生的某个阶段是教师角色的话,那么他还能在其终身教育账户中记录其教学的经历、教学的成果。

(三) 智慧化

智慧化是教育信息化的发展方向。继续教育的智慧化,是继续教育信息化路径的必然选择。继续教育智慧化体现在在线教学与在线管理的智慧化。

在线教学智慧化是指在在线学习平台中,能够基于学习者的学习需求、学习基础,智能推送最合适的学习资源,提供最合适的学习服务,具体表现在用户智慧识别、资源智慧融通、教学智慧实施、服务智慧定制、学习智慧评价等方面,从而可以最大限度地为学习者提供学习支持、提高学习者的学习效率与学习效果,提高教师的教学效率,保障继续教育的办学质量。

在线管理智慧化是指在在线管理系统中,各项教学教务管理工作互联互通,数据之间融通共享。通过数据挖掘等技术的利用,实现数据的智能汇聚,从而帮助管理者做继续教育的科学决策。

(四) 泛在化

实现泛在学习是建设"人人皆学、处处能学、时时可学"的学习型社会重要内容。因为继续教育是面向全体社会成员,实现继续教育的泛在化更为重要。继续教育的泛在化主要是指继续教育在线教学的泛在化,即实现教师可随时随地的教,学习者可随时随地的学。黄国祯等分析了泛在学习系统的基本功能,包括感知学习者所处位置等情境信息,为学习者提供更多适应性的支持,以及个性化的学习支持服务,支持不同地点间的无缝学习,教学内容适应各种移动终端设备等。[①] 也只有建构适应各类学习终端的自适应在线学习平台,才能满足学习者的泛在学习、教师的泛在教学。

(五) 个性化

个性化是指通过继续教育的信息化实现个性化教学、个性化服务与个性化管理。网络教育与开放教育的实践证明,充分利用在线学习平台的功能,能够实现个性化的在线教学,提供个性化的在线服务。

(六) 愉悦性

愉悦性是指继续教育的信息化,要基于多种媒体的应用,提供多样的学习资源、多元的交互方式、清新的学习界面、便捷的学习访问,营造教师乐教、学习者乐学的在线教学环境。

三、建设原则

建设原则是用来规定行为、方法和内容的准则。继续教育建设原则是对继续教育信息化建设方向的指引,也是对继续教育信息化建设的规范。继续教育信息化的建设原则基于其价值导向,是对继续教育信息化建设方向与内容的把控与取舍。

(一) 顶层设计,教育为本

继续教育信息化应以继续教育机构的发展战略为核心支点,以整合发展为需求主线,对继续教育信息化进行顶层设计和规划,建立集各类继续教育于一体的大资源、大教学、大服务、大管理系统,实现信息技术与继续教育的深度

[①] G. J. Hwang, C. C. Tsai and Stephen J. H. Yang, "Criteria, Strategies and Research Issues of Context-Aware Ubiquitous Learning," *Educational Technology & Society* 11, No. 2 (2008): 81-91.

融合。继续教育信息化应充分体现继续教育的本质需求和内涵,充分体现教育信息化对继续教育的全局导向。

(二) 用户起点,化繁为简

继续教育信息化的每一项功能应该以用户为中心,将各类用户角色作为设计起点,基于用户功能的实现,进行业务流、功能流以及数据流的梳理和规划,使得每一类用户都能够在开发过程中清晰地了解自身所需功能的实现程度。

继续教育信息化建设还应遵循化繁为简的原则,即将复杂的功能实现留在信息系统的后台,前台应该尽可能简洁,就像我们常见的"7 - ELEVEN"连锁便利店,其资源精致,功能简洁,用户便捷,所见即所得。为此,在功能设计上、界面呈现上、内容布局上以及使用方式上应追求简化,让教师、学习者、管理者想用、乐用、会用。

(三) 云化应用,轻量资产

继续教育信息化的各个系统应该尽可能建构在云上,在线学习平台也是云系统,通过云计算、云服务、大数据的充分利用,实现继续教育的云教学,形成"时时可学、处处能学"的云教育环境。同时也要顺应时代潮流与信息技术发展趋势,充分利用云平台、云技术,转变教育信息化建设模式,从重资产轻应用的建设模式转变为轻资产重应用的模式,重在提升教育信息化投入的性价比,提高教育信息化的应用效果。

(四) 智慧先导,融合发展

继续教育的信息化服务于继续教育的教育教学,其动因在于促进继续教育的教学改革,以提升教学效率与效果。通过数据利用、数据推送、数据服务的智慧化,实现各类继续教育的教学互通、数据共享,促进在线教学的智慧化。继续教育的信息化最终是为了促进各类继续教育的教学一体、资源一体、管理一体、服务一体,实现各类继续教育的终身一体,促进各类继续教育的融合发展。

(五) 前瞻开放,安全规范

基于前瞻开放的理念,把握信息技术发展的方向和趋势,利用最合适的信息技术手段、最开放的信息系统架构建设继续教育信息系统,建构继续教育信息化推进的新体系和新机制。信息系统的数据安全,是继续教育信息化实施的基本前提。需要基于国家信息系统建设等级保护要求和规范,建立继续教育信息化的安全保障体系。同时还需建立和完善继续教育信息化建设规范、标准与流程，使得继续教育信息化建设有章可循、有法可依。

（六）迭代开发，分步实施

继续教育信息化建设以服务为中心，以业务应用为主线，以数据和信息资源开发建设为基础。统筹构建基于服务、基于业务、基于角色的信息系统，规避各类继续教育因为条块分割而形成的"孤岛和烟囱"。继续教育的信息化需要基于先重后轻、先急后缓的建设路径，在继续教育信息化的总体布局和规划框架下，进行迭代开发、分步实施。

四、建设内容

继续教育信息化建设内容包括继续教育信息化的应用（软件）系统、技术支撑（硬件）系统、网络安全体系与标准体系建设四大内容。其中，应用系统是建设的重点和核心，技术支撑系统、网络安全体系以及标准体系围绕应用系统的建设服务。

（一）应用系统建设

继续教育信息化包括教学信息化与管理信息化。

教学信息化建设内容包括在线学习平台的建设与在线学习资源的建设。在线学习平台用于支撑各类继续教育的在线教学，以全面实现教师的在线功能与学习者的在线学习功能。在线学习资源用于学习者的自主学习以及教师的网络教学，各类继续教育共建在线学习资源，能够实现资源最大限度地共享。

管理信息化建设包括教务管理信息系统、后勤管理信息系统、人事管理信息系统、财务管理信息系统建设等。其中，教务管理信息系统是继续教育最主要的管理信息系统。教务管理信息系统集继续教育的教学管理、教务管理功能于一体，包括专业管理、课程管理、选课管理、收费管理、考试管理、成绩管理、毕业管理等。

（二）技术支撑系统建设

继续教育的技术支撑系统建设应基于云化应用，轻量资产的建设原则。

1. 云服务系统

基于云化应用原则，建构继续教育的云应用环境。云平台采取公有云与私有云相结合的方式，其中，私有云提供基础软件支撑，包括统一的身份认证、统一的消息平台、统一的流程平台、数据标准、数据交换以及核心数据库；公有云则承载各类教育教学资源、教学服务及其教育大数据,面向终端用户提供各类服务。

2. 大数据服务系统

在技术支撑体系建设中,引进智能化模型和算法,实现数据的整合和共享,实现从"数出多门"到"一数一源、数入一库、数出一门"。基于大数据技术,建立用户大数据、资源大数据、教学大数据、管理大数据、服务大数据等。用户大数据涵盖系统的各级各类用户,包括各级各类教师、学习者、管理者等;资源大数据包括各级各类教育资源的存留、使用与评价数据;教学大数据是指涵盖教学全过程的动态的、多维的各类教学数据等;管理大数据则是指各类管理数据的集合;服务大数据包括服务的提供、服务的过程、服务的评价数据等。

(三) 网络安全体系建设

1. 物理及网络安全

为了抵御继续教育数据中心网络可能遭受的各种类型的 DOS 攻击和用户数据遭窃听和篡改等安全威胁,可从"网络隔离、攻击防护、传输安全"等多个角度考虑。通过子网划分、网络隔离手段实现计算、存储、管理、接入等方面的隔离,保证网络安全性,避免网络风暴等问题扩散。

2. 数据安全

云数据中心的重要数据存储采用多重备份机制,每一份数据都可以有一个或者多个备份,当数据因存储载体(如硬盘)出现故障的时候,不会引起数据的丢失,也不会影响系统的正常使用。遵循《信息系统安全等级保护基本要求》(GB/T 22239-2008) 应用安全三级标准,系统达到信息系统安全等级三级要求。系统有较好的检错能力,能稳定、可靠运行,系统出现故障应能很快排除,产生错误能及时发现或进行相应处理。

(四) 标准体系建设

1. 统一认证系统

统一身份认证系统实现继续教育所有用户的统一认证、单点登录,完成用户账户管理与授权服务的集成。用户登录继续教育云并经过其授权后,可直接访问用户权限范围内的应用系统。

2. 统一流程平台

建立继续教育流程引擎平台,以事务视角进行流程梳理,打通业务之间的壁垒,将原先割裂的、独立的业务流程进行重组和集成,形成新的业务流程,让流程的流转和处理效率更高、透明度更好。各类应用系统的流程审批等业务可以统一调用该平台，减少应用系统开发的复杂度，提高系统集成水平和效率。

3. 统一资讯中心

建设统一的资讯中心，面向各类用户提供服务，各类应用系统可以调用资讯中心完成各类消息的传递，各类资讯支持手机短信、电子邮件、系统间消息推送等。

第三节　在线学习平台建设

一、在线学习平台概况

在线学习平台是用于在线教学的平台系统，是各类在线教学功能的工具集合。在线学习平台一般具有通用性、标准化、智能化、个性化的特点。

基于在线学习平台是否开放，可分为开放学习平台与非开放学习平台。慕课学习平台属于开放学习平台，具有功能简洁、使用方便，能够支撑面向大规模学习者的在线学习的特点。国内慕课平台主要有中国大学 MOOC、学堂在线、好大学在线、优课在线等，国外慕课平台主要有 Coursera、edX、Udacity 等。网络教育与开放教育等机构的学习平台主要限于自身学习者的应用，属于非开放的学习平台。

基于学习平台源代码是否开源，可分为开源学习平台、非开源学习平台，如 Moodle 学习平台是开源学习平台，Blackboard 学习平台是非开源学习平台，开源型学习平台可以基于学习平台的源代码做功能的进一步改造、优化，适应有个性化在线教学功能需求的机构；非开源学习平台具有功能相对稳定的特点，但是对学习平台的二次开发较难，难以进行个性化的功能定制。Moodle 学习平台在开放大学（广播电视大学）体系用得较多，Blackboard 学习平台在普通高校系统用得较多。

基于学习平台是否专门定制，可分为通用型学习平台与定制型学习平台，如 Moodle、Blackboard 学习平台均为通用型学习平台，而很多高校网络教育学院所用的学习平台都是自主开发的定制型学习平台。通用型学习平台通常功能丰富，适用范围广；定制型学习平台的针对性强，但是功能相对来说比较少，学习平台的维护需要配备专门的技术团队。

基于学习平台是否适应于移动学习设备，分为网络学习平台与移动学习平台。网络学习平台主要适应于通过 PC 端进行学习，网络学习平台的优势在于页面呈现内容丰富，在线学习功能全面；移动学习平台主要适应于手机端等移动学习设备，移动学习平台具有界面简洁/功能精致的特点，因为其学习的便捷性，移动学习逐渐得到普及。随着移动学习的逐渐普及，绝大部分的网络学习平台也开发了移动学习平台，或实现了移动学习功能。

二、在线学习平台建构理念

继续教育的在线学习平台，需要实现各类继续教育的融通一体，这种融通不仅是各类继续教育的具象融合，更是各类继续教育的教学文化融合。"和而不同"成为教学文化的融合之道，为继续教育在线学习平台的建构提供理论支撑。各类继续教育因为继续教育的共性而具有"和"的基础，因为相互之间的互补性具有"和"的增量，也因为各类继续教育的"不同"而能实现各自的发展。采取"和而不同"理念，是遵循教育规律、尊重教育个性，实现各类继续教育和谐发展的必然选择。基于"和而不同"理念，采取融合共性，兼顾个性的建设原则。

"和而不同"的建构理念主要体现在两个方面。一是要充分利用各类继续教育在线教学的共性，最大限度地实现继续教育的教师资源、学生资源、教学资源、教学实施与学习成果的融通一体、实现各类继续教育的教学数据互联互通，促进各类学习者的跨界学习与顺畅流动，实现各类继续教育的"和"；另一方面要充分满足各类继续教育在线教学的个性化需求，以及各类继续教育机构自身利益的诉求，以实现各类继续教育的"不同"。对于开放教育的学历教育，需要满足体系内不同层级、不同类型教师和教学管理人员在线教学与管理的需要，如开放教育教学管理人员分为学校层面的管理人员、学院层面的管理人员、基层分校的管理人员等不同层级，开放教育的教师有责任教师、主讲教师、辅导教师等不同类型。同时系统还需要完整呈现在线教学内容与教学过程等，因此开放教育的课程功能与课程界面相对复杂。而对于非学历教育的在线培训，基于其"短、平、快"特点，其教学内容相对单一、教学过程相对简单，但面向学习者的服务要求更高，为此，在线培训的课程功能与界面相对简单，但学习者服务功能要求则会更多。

三、在线学习平台总体架构

在线学习平台是立足继续教育机构自身的在线教学需要，依托在线学习平台的功能集合，所建设的服务于特定在线教学的环境系统。基于继续教育信息化的建设内容，继续教育在线学习平台可采用如图7–1的系统架构。

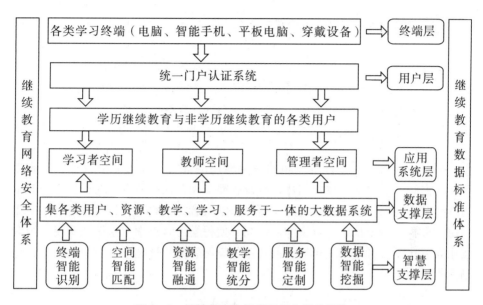

图7–1 继续教育在线学习平台总体架构

继续教育在线学习平台总体架构包括终端层、用户层、应用系统层、数据支撑层与智慧支撑层。

（1）在终端层，继续教育的各类用户利用各类学习终端（如电脑、智能手机、平板电脑等）登录统一的门户认证系统。

（2）在用户层，通过统一门户认证系统，智能识别用户角色与教育类型，基于用户所属继续教育类型，分别进入各自所属的学习者空间、教师空间或管理者空间。

（3）在应用系统层，学习者空间、教师空间、管理者空间的布局来源于学习平台功能模块的调用，各空间的内容来源于过往数据的留存，以及继续教育机构新导入的各种资源与资料。如对于开放教育学习者，学习者空间的内容包括其学习课程的相关内容，以及过往的留存在系统中的档案资料及基本信息等。

（4）在数据支撑层，提供集各类继续教育用户与角色的个人信息、资源数据、教学数据、服务数据、过程数据等于一体的大数据系统，支撑数据的智能挖掘与统计分析。

（5）在智慧支撑层，提供对各类应用的智慧支撑，包括终端的智能识别、空间的智能匹配、资源的智能融通、教学的智能统分、服务的智能定制、数据的智能挖掘等。

四、在线学习平台的空间布局

在线学习平台用户主要分为学习者、教师与管理者三类角色。为此，在线学习平台也可以建构三类空间：学习者空间、教师空间与管理者空间。每一类空间均可根据角色的功能做进一步的细化与功能区分。

（一）学习者空间

学习者空间是学习者用户端的各类应用的集合，涵盖网络教育、开放教育、夜大学等学历继续教育用户，以及各类培训、社区教育、老年教育的非学历继续教育用户。学习者空间的建构应以学习者为中心，为学习者建构一个更自由、更智慧、更快乐的自主学习空间，使得学习者想学、乐学，实现学习者快乐学习。学习者空间的布局，需要基于学习者的个性化学习与发展，主要包括六个方面的模块创设。

1. 学习资讯

汇聚将学习者需要的各类信息的功能模块，学习者在该模块中能获得一站式的学习资讯服务。学习资讯模块的资料信息就与教务管理信息系统中的对应模块实现资讯的互通共享，主要包括以下几方面内容：一是机构层面的各类相关的公告信息、各类教学教务通知、学校校历及教学日历等；二是课程层面的各类教学通知、学习安排与教学要求信息、学习提醒与学习督促信息等；三是教学点（如班主任）层面的各类通知、学习督促、学习管理、教学点各类活动信息等；四是学习者相关的各类管理规定、学习帮助及各类表格下载等。

2. 课程学习

以课程为单元，集成学习者已学、在学及未学的课程，是对课程功能模块的整体调用。每一门课程都是一个完整的教学实体，包括学习资源、学习活动、辅导答疑、学习评测等模块。

（1）学习资源模块。学习者可以获取各类学习资源，包括各类课程导学资源、授课资源、课程拓展资源等。该模块还能提供以知识模块为单元的智能搜索和知识的智能推送功能。

（2）学习活动模块。学习者可以参加课程的各类学习活动，学习活动形式多样，可以是问题讨论式、探究式，也可以是情景体验式，还可以是案例分析式或主题讨论式。

（3）辅导答疑模块。提供实时或非实时的课程辅导功能，如课程论坛式的师生之间、生生之间的答疑解惑，以及微信群、QQ 群、直播形式的师生互动等。

（4）学习评测模块。学习者可以完成课程的各类形成性考核，如单元练习、课程作业等。为确保学习者独立完成形成性考核，还可采取人脸识别等技术进行身份验证。

3. 能力拓展

能力拓展模块旨在为学习者提供专业课程之外的学习内容，帮助学有余力的学习者拓展自身的能力与素质。一是提供专业与职业领域的资源空间，供学习者进行能力拓展学习，帮助学习者提升自身的专业水平与职业能力；二是提供反映社会经济发展的新知识、新技术技能的学习资源，以及社会生活方面的知识，帮助学习者提升社会生活能力与综合素养。

4. 在线考试

学习者在学习平台上可以参加所学课程的在线考试。基于课程考试的严肃性，在线考试一般作为专门的模块，利用人脸识别等技术确保由学习者本人参加考试，并能在考试过程中防止抄袭等舞弊问题。

5. 公共交互

公开交互模块，是学习者之间相互交流的空间，也是促进学习者个性化发展的空间。公共交互模块的功能设置可以从以下几个方面思考：一是基于学习者所在的专业，提供同一专业与学习者之间的交互；二是基于学习者所在的教学点，提供同一教学点学习者之间的交互；三是基于学习者所在的年级或班级，提供同一年级与学习者之间的交互；四是基于职业发展与求职就业，提供职业发展相关的与学习者之间的交互；五是基于社会化交往，提供社会生活相关的各类交互环境。

6. 个人成长

以时间轴的方式跟踪和记录学习者的学习成长过程。该模块记录学习者的个人资料信息、学习轨迹、学习表现、学习成绩、社会实践、获奖与作品等各类资料，以及能够提供各类数据资料的统计分析，该模块将作为个人终身学习档案留存并与教学教务系统实现数据对接。

（二）教师空间

教师空间是基于教师角色的各类应用的集合，旨在促进教师教学与专业发展。教师教学空间的设计，应以教师的教学应用为中心，以教师的教学实施为重点，兼顾教师的专业发展进行建设。教师教学应用的开发需基于智能化的信息技术，实现教师的资源制作、教师备课、教学实施、教师教研等智慧化、便捷化、灵活化。教师教学应用应能通过移动教学系统的建设，实现教师随时随地进行教学组织与教学交互，实现教师教学端应用与学生学习端应用的衔接与互通。

1. 教学资讯

教学资讯模块包括面向学习者发布各类教学通知与信息的功能，从中可获得继续教育机构发布的各类教学相关的通知信息，如教学安排、校历等；获得所在专业领域的各类新闻资讯，可以通过外部链接实现。

2. 用户管理

用户管理功能包括三个方面：一是学习者管理功能，包括管理与查询课程学习者的基本情况。能够将学习者分成不同大小的群体，以便于组织开展小组讨论等。特别是课程较多的学习者，这一功能非常重要。同时它还能统计分析学习者的学习情况。二是团队成员管理功能，能够添加、删除教学团队成员，并能基于教学团队成员职能，分配不同的教学权限。三是课程通信功能，能够给学习者个体或群体、教学团队成员发送各类通知信息，并有提醒通知信息的查收功能。

3. 资源管理

资源管理模块应具有资源管理与平台课程建设功能：一是资源管理功能，包括各类学习资源的上传、下载、增加、删除、复制等常规功能；二是平台课程建设功能，即教师能够进行平台课程的布局与美化，将课程的各类资源在学习平台上进行科学布局。其功能越丰富，教师所能发挥的空间就越大。

4. 教学实施

教学实施模块是在线学习平台的主要功能模块，包括：网络授课功能，能够发起实时或非实时的课程学习辅导，如网络直播等；课程作业功能，教师应能布置、发布、批改课程作业；学习活动功能，教师能够布置、参与、评价学习活动；教学交互功能，教师能够与学习者个体或群体进行师生交互；题库建设功能，能够在课程中建设形式多样的课程题库；在线考试功能，能够基于课程题库进行在线考试的试题组卷、评阅及成绩给定等功能。

5. 教学发展

教学发展模块主要提供教师的培训、教师教研等功能。一是提供继续教育相关的培训资料，如继续教育相关政策法规、在线课程建设的理论与实践、学习平台的使用方法、在线教学的方法技巧等，帮助教师理解继续教育，以更好地开展继续教育教学。二是教师专业发展的学习资源，包括教师所在专业领域的资源，教学研究的文献资料、教师备课的素材等，如提供各类电子期刊、专业资源库的链接等。三是提供与教师之间的交互空间,包括课程团队与教师之间的交互、同一专业与教师之间的交互、同一学院与教师之间的交互等。

6. 教学档案

记录教师的基本信息、教学轨迹、教学表现、教学成果、教研教改等档案资料,并能提供各类数据资料的统计分析功能。该模块将作为教师的教学档案一直保留,并为教师职称评审、资格认定、培训管理、评优评先等提供数据支持。

（三）管理者空间

基于教学与教学管理深度融合的理念,实现对在线教学的全过程、全流程的数据监控与管理。教学管理涵盖教师的教学前端、教学过程、教学评价,学生的学习过程、学习记录、学习结果等。教学管理端应用的开发,旨在通过对学生学习数据与教师教学数据的分析,为学生改进学习、教师提高教学质量提供科学的依据和建议。

1. 信息管理

信息管理是面向学习者、教师、教学点的管理者发布各类通知信息的功能,包括用户角色的选择、群体用户或个体用户的选择、通知信息发布区域或发布页面的选择等。

2. 用户管理

用户管理是面向学习者、教师、教学点管理者的基本信息管理、角色管理、权限管理等。

3. 教学监管

教学监管主要通过课程教学信息的分析以及网上巡学的数据实施教学管理。

（1）监管教师的教学实施情况,包括教师登录学习平台的频率与时长、教师教学交互情况（回帖及时性及回帖数量）、课程作业布置与学习活动组织的次数、课程作业批改的及时性等。并能根据教师各教学环节实施的及时性,督促教师及时完成各项教学管理工作。

（2）监管学习者的学习情况,包括学习者登录学习平台的频率与时长、学习者课程内容的学习情况、教学交互与学习活动参与情况、形成性与总结性考试的成绩情况等。通过跟踪学习者的学习进程,整体了解学习者的学习状况。

（3）监管教学点的工作开展情况。教学点的主要任务是非学术性学习支持服务,即通常所说的班主任工作职能。不过对于开放教育系统,还具有学术性的学习支持服务功能、辅导教师工作职能。通过数据分析，可以对教学点的非学术性与学术性支持服务工作进行管理与监控。

（4）基于教师的教学表现、学习者的学习表现以及教学点人员的管理或教学表现，进行数据分析和总体评价。

4. 在线考试

在线考试的管理功能主要有：基于各门课程的在线考试题库，利用自动组卷策略，随机生成学习者的考试试题；学习者在固定的考场或继续教育机构许可的场所参加在线考试；基于身份证识别、人脸识别技术以及考场的视频监控等手段对在线考试实施全程监控。

五、智慧化在线学习平台的建构

基于继续教育终身化、一体化的理念，可以立足在线学习平台建构七大子系统：大用户系统、大资源系统、大教学系统、大服务系统、大学习系统、大成果系统与大数据系统。通过利用各类智能代理技术、数据挖掘技术、智能化推送技术等，实现在线学习平台的智慧化。

（一）构建智能匹配的大用户系统

大用户系统是指汇集了各类继续教育用户角色的系统，旨在实现各类用户管理的终身化与一体化。

1. 满足用户角色的多重性

比如一个用户在学习系统中，若干年前是学习者角色，后来成为教育机构一名教师，就变成了教师角色；现在他觉得当教师不合适，转做教育机构的管理者，这时他又变成了管理者角色，于是该用户在学习系统上就拥有了三种角色。每一种角色都会在学习系统中留下痕迹，而这些痕迹也将成为该用户人生轨迹的档案资料。另外，一个用户也可同时拥有多个角色，如一位教师在工作期间参加培训学习，其同时具有教师与学习者两种角色。

2. 实现用户数据的智能匹配

（1）用户多阶段学习数据的衔接。如学习者完成成人教育专科阶段的学习后，继续参加网络教育本科阶段的学习，参加完本科阶段的学习，随后还在学习系统中参加了相关培训教育。这样一来，该用户就有三个阶段的学习数据需要衔接和匹配。

（2）用户多角色平台数据的衔接。即要基于在线学习系统上用户的角色进行数据的智能汇集与匹配，多个角色进行各自的数据汇聚。使得用户的各类角色数据统一归入用户的终身学习账户。

（二）建设智能互通的大资源系统

大资源系统是指汇集了各类继续教育在线学习资源的系统。在线学习平台不仅能为继续教育机构自身的在线教学提供服务，还能通过资源的重构与共享实现资源利用的最大化。

一是学习资源的重构。可以将体系化的学历教育课程资源通过模块化处理进行解构，变成基于知识图谱关联的知识模块。根据教学需要，通过对知识模块进行系统化、结构化选取，实现课程资源的重构，形成新的在线教育课程。通过学习资源的重构，可以促进优质资源的不断生成。

二是学习资源的共享。可以通过学习资源的智能互通，实现学习资源在成人教育、开放教育、培训教育、老年教育与社区教育之间的开放共享，实现在线学习资源利用效率与效益的最大化。

（三）建构智能统分的大教学系统

大教学系统是指集合各类继续教育在线教学的系统，在线教学的智能统分是指各类继续教育的在线教学既可以统筹一体，也可以相互独立。通过"统"实现相互之间的教学融通与教学协同，通过"分"实现个性化教学。比如成人教育与网络教育，可以在课件学习、网络测评等方面"统"，在教学辅导、教学活动上"分"。

（四）建构智能定制的大服务系统

大服务系统是指各类继续教育的服务融通一体的系统。首先可以利用智能代理技术等，收集各类教育的学习支持服务需求，然后利用智能匹配技术，将各类学习支持服务需求分配给对应的学习支持服务人员，以提供专业化的学习支持服务。这种一体化的大服务，可以促进学习支持服务的专业化、体系化，并可逐渐实现学习支持服务的智能化应答。

服务的智能定制需要采用大数据思维和方法，在对领域知识与学习者建模的基础上，通过对教育情境的精确感知以及对学习者的精细刻画，精准获取学习者的需求，再通过与学习服务的精准匹配，实现个性化的学习服务，甚至更高层次的智能化学习服务。

（五）建构情景感知的大学习系统

大学习系统是指能够满足学习者时时处处学习的泛在学习系统。泛在学习的实现关键在于学习环境的智慧感知，即情景感知。情景感知包括用户类型的感知、用户行为的感知、学习场景的感知、师生上线的感知等。学习情景的智能感知，可以利用 ZigBeeBee（紫蜂协议）、RFID（无线射频识别）、WSN（无线传感器网络）、IPCAM（网络摄像机）等智能感知技术。比如，基于学习者网络带宽大小的感知，推送最适合该带宽的学习资源格式与内容；基于学习者所采用学习终端（如手机或电脑）的感知，可以智能推送最适合该学习终端及操作系统的资源和界面，创建学习者最舒适的学习体验；基于学习者学习地点的感知，可以构建相邻学习者的朋友圈、交流圈，帮助学习者获取最快捷的学习支持服务等。

（六）形成智能对接的大成果系统

大成果系统是指汇集了各类继续教育学习者的学习过程、学习记录、学习成果数据，并对其进行管理的系统。该成果系统与学分银行系统实现智能对接，实现学习者学习成果的存储、积累与转换。

（七）打造智能融通的大数据系统

大数据系统是指整合了学习平台上各类用户、各种教育教学的基础数据、过程数据与评价数据的系统，以实现数据的智能融通，实施基于大数据的管理。利用大数据系统进行智能的数据挖掘，可以给各类用户画像，通过直观的图表、图像，提供智能化的评价服务。大数据系统的建构关键是保障用户数据的安全性与区隔性，确保用户数据不为竞争机构所利用。

第四节　教务管理信息系统建设

一、教务管理信息系统建设框架

教务管理信息系统是基于现代信息技术，实现继续教育的教学管理与教务管理的全面信息化，实现教学教务信息共享，提高教学教务管理工作的效率。继续教育的教务管理信息系统可建立以下体系框架（见图7-2）。

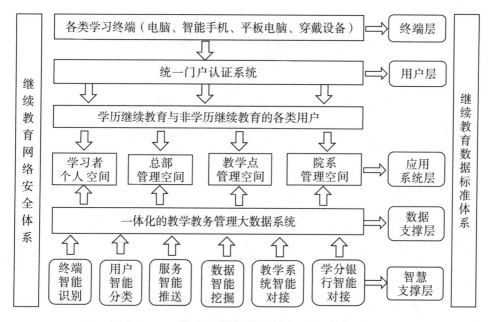

图 7-2 继续教育教务管理信息系统总体框架

继续教育教务管理信息系统的总体架构包括终端层、用户层、应用系统层、数据支撑层与智慧支撑层。

(1) 在终端层,继续教育的各类用户利用各类学习终端(如电脑、智能手机、平板电脑等)登录统一的门户认证系统。

(2) 在用户层,通过统一门户认证系统,智能识别用户角色与教育类型,基于用户所属继续教育类型,分别进入教务管理信息系统中的学习者空间或各类管理者空间。

(3) 在应用系统层,学习者个人空间、总部管理者空间、教学点管理者空间与院系管理者空间的架构来源于功能模块的调用,从教务管理信息系统的总体功能系统中调用所需要的功能模块,同时与学习者过往的数据对接并固化在新的功能模块中。

(4) 在数据支撑层,提供集各类继续教育角色与用户的教学、教务数据于一体的大数据系统,支撑基于各类管理数据的智能挖掘与数据分析。

(5) 在智慧支撑层,对各类应用提供智慧支撑,包括终端智能识别,用户智能分类、服务智能推送、数据智能挖掘、教学系统智能对接与学分银行智能对接等。

二、教务管理信息系统的空间布局

教务管理信息系统主要为继续教育的各类管理者、学习者提供教学教务的管理功能。在教务管理信息系统中，主要创建学习者空间、总部管理者空间、院系管理空间与教学点管理空间，教师的相关管理功能融入院系管理空间。各空间基于不同的角色可以做进一步的功能细分。这里主要以学历继续教育为例做简要说明。

（一）学习者空间

学习者空间主要帮助学习者实现选课、缴费、学籍与毕业管理等功能。其与在线学习平台的学习者空间应互为一体。

（1）学习资讯。其包括学习者个人信息的维护管理；各类相关公告通知与各类规章制度的查看。如教学管理、考务管理、学籍管理、学位管理等。

（2）选课与缴费。学习者选择所学专业的课程，系统自动标记已学课程，基于教学计划中的开课学期、选修课及课程类别等信息智能配送待选课程，并设有每学期选课的上限。学习者选课后，基于所选课程及课程的学费标准缴纳学费，并可查询缴费结果。

（3）教材预订。学习者基于所选课程，选择是否预订课程的配套教材，如果选择预订课程教材者，其信息对接教材公司的缴费系统，由教材公司提供教学预订服务。

（4）各类申请。提供一站式申请服务。一是学籍异动申请。学习者基于自身情况提出转专业、转教学点或退学等申请。二是毕业与学位申请。系统基于教学计划及学习者修课与成绩情况，自动评估学习者是否符合毕业或学位申请条件。提醒符合条件者发起毕业或学位申请。学习者也可查询自身是否达到毕业或学位条件，如果没有达到，可以查询到尚不满足哪些条件，以方便学习者跟进进度。三是考试预约申请。学习者基于总体考试安排，预约是否参加考试，以及参加考试的课程、时间与地点。预约的课程包括在学的、往期未通过的课程。考试预约后可以查看个人的考试时间与地点安排。并有提醒机制，在考前通过手机短信等方式提醒学习者。

（5）查询与统计。学习者可以查询并统计各门课程的形成性考核与终结性考核成绩，以及各门课程的平均成绩等。

（二）总部管理者空间

资讯管理：负责权限内各类通知公告的添加、删除、查询、修改、审核与发布功能；查看各类相关的公告通知；各类规章制度的审核与发布。

（1）用户与权限管理。对各类用户包括教师、学习者、教学点管理者、院系管理者、总部管理者的基本信息进行管理；对课程责任（主讲）教师、教学点管理者、院系管理者设置与授予权限。

（2）基础数据管理。对继续教育各专业、层次、课程、年级、学期数据进行管理，对继续教育课程资源信息、教材信息进行管理。

（3）选课管理。设置选课的起止时间、选课方式、选课上限；管理学习者的选课数据，并有增加、删除与修改功能；管理与审核学习者的缴费数据，系统自动为缴费的学习者开课等。

（4）学籍管理。其包括学习者的学籍档案管理，学籍异动管理。查看并审批各类转专业、转教学点、退学等的申请。

（5）成绩管理。按专业、课程对学习者的成绩进行分类管理，审核院系或教师所提交的课程成绩。

（6）毕业与学位管理。其包括毕业与学位条件管理、毕业时间及批次管理、毕业或学位申请的审核等。

（7）考务管理。一是安排到教学点的巡考人员，并对监考人员进行资格审核；二是考场管理，包括各教学点试室的管理、考场人数安排及考场是否符合规定的管理；三是考试安排管理，基于考试总体安排、教学点提供的考场以及学习者的考试预约情况安排考试考场；四是考场编排管理，可根据条件筛选出特定条件下的考试人员信息，添加到指定的试室中，或将考生从相应的试室中删除，重新为其分配新的试室；五是试卷准备管理，基于课程考试的人数、考点、考场，进行试卷编号及数量准备。对于在线考试，主要在在线学习平台中进行管理与实施。

（8）评价管理。面向教师、学习者与教学点的管理者开展各类问卷调查，具有调查问卷的发布、收集、结果查询与数据分析功能。

（三）院系管理空间

院系管理空间包括院系自身的专业管理、教学计划管理、课程管理与责任教师管理、主讲教师管理；院系各类资料的填报，如资源建设、教学安排、教学进程、教学评价及教材信息情况等；院系教师的相关管理权限。

（四）教学点管理空间

（1）资讯管理。面向教学点教师、学习者的公告通知的发布，查看来自总部的各类通知公告，查看继续教育的各项管理规定等。

（2）用户管理。对教学点辅导教师、班主任及学习者的基本数据进行管理；申报教学点的学习支持服务开展情况，面向教学点学习者的批量选课功能等。

（3）查询统计。教学点学习者的选课、教材预定、学习成绩，以及学习者整体情况等的查询统计。

（4）督促与评价。一是督促学习者的选课、教材预订等教务管理方面的事宜；二是督促本教学点教师的学术学习支持服务开展情况并进行评价；三是督促本教学点班主任的非学术性学习支持服务开展情况并进行评价。

三、智慧化的教务管理信息系统的建构

通过利用各类智能代理技术、数据挖掘技术、智能化推送技术等，实现教务管理信息系统的智慧化，包括终端智能识别、用户智能分类、服务智能推送、数据智能挖掘、教学系统智能对接与学分银行智能对接等。终端智能识别、用户智能分类、服务智能推送以及数据智能挖掘的功能实现与在线学习平台基本一致。

由于教务管理信息系统与在线学习平台本质上是一体的，两者难以分离，应基于共同的基础数据库实现两个系统数据的无缝对接，包括各类教学教务资讯在两个系统中的共享，各类用户的基础数据、教师的教学数据、学习者的学习数据之间的对接。

学分银行是学习成果的认定、积累、转换机构，是实现各类教育沟通衔接的立交桥。将教学教务系统中的学习者成果与学分银行实现智能对接，能够将学习者的学习成果存储于学分银行中，帮助其将继续教育学习成果转换为其他教育类型或资格证书的学习成果，拓宽其学习路径及素能提升途径。

第五节 继续教育信息化的推进机制

继续教育信息化的推进，需要政府部门与继续教育机构的协同合作。

一、建立政府主导的继续教育信息化机制

从战略层面，继续教育的信息化应建立政府主导的引领机制。

（1）从现有成功经验看，我国网络教育与开放教育试点工作，是在政府部门的引领与政策支持下开展的。其对推进我国教育信息化工作，促进教育公

平起了重大作用。

（2）从战略层面，教育信息化工作是整个教育领域的工作，也是继续教育领域需要推进的工作。教育信息化对于继续教育具有更为重要的意义。信息化工作推进越成功，继续教育能服务的群体越多，越能促进教育公平。

（3）从现有继续教育的布局看，网络教育与开放教育已经成功实现了继续教育的信息化，但是夜大学仍然以传统教学方式存在，应被淘汰的函授教育仍然存在。从信息化视角看，取消函授教育，让夜大学采取在线教学方式进行教学，能真正解决学习者的工学矛盾，也能真正促进继续教育的整合与发展。

为此，政府部门可以出台相应的继续教育信息化的促进条例，促进各类继续教育的整合发展，全面推进继续教育的在线教学。同时启动继续教育教师的信息素养提升工程，培养一大批能胜任在线教学的继续教育教师。

二、继续教育机构建立信息化推进机制

继续教育机构应真正认识到继续教育信息化对自身的重要意义，并能从以下四个方面建立相应的配套机制，推进继续教育信息化。

（1）建立继续教育信息化领导小组。由继续教育机构的一把手担任组长，引领与推动继续教育的信息化。同时还成立信息化建设专家组，对继续教育信息化工作的战略规划提供决策指导。

（2）建立继续教育信息化保障机制。设立专项经费保障继续教育信息化的投入，基于继续教育机构较强的市场化属性，可以采取市场化、社会化的机制，引进社会资源、社会经费，实现继续教育的信息化。

（3）建立信息安全的保障机制。按照"谁建设谁负责，谁管理谁负责"的原则，建立教育信息化和网络安全问责机制，确保教育信息化的健康、有序发展。在内容上需要以国家信息安全等级保护标准为指南，建立信息安全规范与标准，保障数据安全、设施安全和应用与服务安全。

（4）建立教师信息素养提升机制。开展面向继续教育教师的信息技术应用和素养提升培训。以网络研修为主要方式，以提高教师信息技术应用能力为重点，将教师信息技术应用能力作为教师绩效考核、评优评先的重要条件和重要内容。同时加强管理者的信息素养培训，提升管理者的信息技术应用能力和信息素养，实现信息技术与管理者素质的深度融合。

第八章 继续教育的发展趋势

第一节 继续教育的整合式发展趋势

继续教育的整合式发展是指继续教育机构将学历继续教育与非学历继续教育进行统一规划与布局,通过对两者的有机整合,实现两者的共同发展与可持续发展。

一、学历与非学历继续教育面临的挑战

(一)学历继续教育面临的挑战

当前,学历继续教育主要面临两方面的挑战。

1. 招生拓展问题

随着高校扩招的持续进行,学历继续教育的生源市场逐渐萎缩。近年来,成人高考的录取分数线非常之低,很多高校的成人高考招生计划数甚至大于报考人数。面对日渐萎缩的学历继续教育市场,学历继续教育的生源竞争也在日渐加剧。为适应这一变化,高校要有较强的市场开拓能力来维持或扩大自身市场份额。然而,长期以来,学历继续教育的办学垄断性和学历文凭的诱惑性,使得高校即使采取"姜太公钓鱼"式的招生宣传也能招收到学生,因此,长期处于养尊处优状态的学历继续教育,市场意识相对薄弱,市场开拓能力不足,现有市场开拓能力难以支撑高校学历继续教育的进一步发展。

2. 教学质量问题

面对日渐萎缩的学历继续教育市场,学历继续教育的竞争将最终转变为教学质量的竞争。长期以来,学历继续教育存在着理论性教学有余,实践性教学不足的问题,学生所学到的专业知识往往脱离工作实际。尽管学历继续教育的管理者们早已认识到这一问题,而且也在不断尝试各种教学改革措施,然而收效甚微,学历继续教育的教学内容仍然与应用型人才的培养目标相距甚远。学

历继续教育的教学改革问题的解决,只能在学历继续教育之外寻找答案。

(二) 非学历继续教育面临的挑战

近年来,为了快速开拓非学历继续教育市场,很多高校采取项目负责制,这种以项目开拓为重点,以项目绩效为核心,由项目组负责项目全过程运作的模式,适应了非学历继续教育市场短、平、快的特点,促进了高校非学历继续教育的快速发展。项目负责制因此成为非学历继续教育发展的主流模式。然而,这一运作模式也为高校非学历继续教育的进一步发展带来了困难。

1. 规模化问题

在项目负责制的运作模式下,一般按照培训领域划分项目组。随着高校培训市场的扩大,培训项目的增多,高校所设立的项目组也在增多,培训项目也越分越细,与项目组之间的边界也变得越来越模糊。为了实现自身利益的最大化,相邻或相近项目组之间就会在生源上相互竞争,在教学师资、学生资源、市场资源等方面相互隔离。这种不正常的内部竞争和隔离,直接影响高校非学历继续教育市场和规模的进一步扩大。项目负责制越深入,这种问题就越突出。

2. 专业化问题

在项目负责制的运作模式下,一个项目组不仅要负责项目的策划、招生宣传、报名入学,还要负责教师聘请、教学组织以及学生管理等大量工作。项目组基于成本和效益的考虑,项目组成员往往身兼数职,既要负责招生,又要负责教学组织,还要负责后续服务。因此,这种项目负责制的运作模式,难以将各项工作做精做细,更不用说实现各项工作的专业化和精细化,自然也难以为学生提供专业化、系统化的教学服务。

总的来说,作为非学历继续教育主流发展模式的项目负责制就像"个体户",其机制灵活,容易占领市场,但是对市场的开发难以做到系统化、规模化,其服务也难以做到精细化、专业化。

二、学历与非学历继续教育资源整合之利

当前,高校的学历与非学历继续教育的运行与管理是相对分离的,这种分离的运行与管理模式相对简单,也能实现各自的发展,然而也难以实现两者资源整合之利。整合高校学历与非学历继续教育,不仅能够实现人员互补、教学相长、资源共享以及市场共赢之利,也能为两者所面临的困难提供解决的方法和途径。

（一）人员互补之利

基于学历与非学历继续教育的办学定位，两者从业人员的构成具有较大差异。由于非学历继续教育重在市场和项目的开拓，因此其人员构成主要以市场开拓型人才为主。学历继续教育重在教学的组织与实施，其人员构成以管理型人才为主。整合学历与非学历继续教育，可以利用非学历继续教育的市场开拓型人才，加强学历继续教育的市场拓展力量；也可以利用学历继续教育的管理型人才，加强非学历继续教育的教学管理，完善教学体系，精细教学环节，提升非学历继续教育的教学管理和教学服务能力，促进非学历继续教育的专业化。

（二）教学相长之利

学历与非学历继续教育的教学各具特点。在师资上，非学历继续教育的师资以实战型教师为主，教师主要来自企业、行业、系统，实践经验丰富。学历继续教育的师资主要来自高校，具有丰富的理论知识，但实战经验往往不足。在教学内容上以应用型知识为主，非学历继续教育重视实践教学，不太强调知识的系统性和完整性；而学历继续教育重视理论教学，教学内容以理论性知识为主，强调知识的系统性和完整性。整合学历与非学历继续教育后，学历继续教育可以利用非学历继续教育的教师资源、教学方法，促进实践性教学，促进学历继续教育的教学改革；而非学历继续教育，则可以借鉴学历继续教育成熟的教学体系，完善非学历继续教育的教学环节和教学过程，实现非学历继续教育教学的专业化和精细化。

（三）资源共享之利

整合学历与非学历继续教育，可以促进学历与非学历继续教育的教学资源、教师资源和学生资源的共享，打破项目负责制运行模式下各项目组之间的资源共享壁垒。一是共享教学资源。将学历继续教育的部分课程共享给非学历继续教育学生，可以丰富学生的学习内容，提升学生学习的附加值；将非学历继续教育的实践性教学内容共享给学历继续教育学生，则能帮助学历继续教育学生理论联系实际，增加学生理论知识的应用能力，从而提升高校学历继续教育的应用型人才培养水平。二是共享教师资源。通过建立统一的教师资源库，可以实现学历与非学历教育的师资共享，为各类教育项目提供更多、更好的师资选择。三是共享学生资源。通过建构各类在校学生、毕业学生的信息库，实现继续教育学生资源的共享，为各类继续教育项目的开拓提供强有力的支持。

（四）市场共赢之利

通过整合学历与非学历继续教育，可以形成一个统一的继续教育市场，不仅能够改变独立运行模式下，学历与非学历继续教育人员只能各自宣传其继续教育项目的状况，而且能够通过为社会大众提供融学历与非学历继续教育项目为一体的继续教育项目群，最大程度地满足社会大众的学习需求。可以说，整合两者能够实现市场共赢之利。

由此可见，只有整合高校学历与非学历继续教育，方能彰显各自的优势，解决学历与非学历继续教育面临的困难，促进高校继续教育的可持续发展。

三、学历与非学历继续教育整合之法

高校学历与非学历继续教育的整合目标，是为了提升高校继续教育的专业化、市场化水平，实现高校继续教育的可持续发展。高校学历与非学历继续教育的整合包括组织体系、营销体系、教学体系和支持服务体系四个方面。这四个方面相互联系、相互影响，互为一体。

（一）组织体系的整合

组织体系的整合，旨在建立一体化的组织架构。整合高校学历与非学历继续教育组织体系，需要采取基于专业化取向的职能分工，对学历与非学历继续教育的组织机构及人员进行重新调整和布局，组建融学历与非学历继续教育为一体的发展规划部门、招生营销部门、教学服务部门和学生服务部门。其中，发展规划部门负责继续教育发展的顶层设计，进行继续教育的调研与策划，拟订继续教育的发展战略，打造继续教育品牌；招生营销部门负责整个继续教育的招生营销工作，人员构成以非学历继续教育的市场开拓型人才为主，辅以原学历继续教育的招生人员；教学服务部门负责所有继续教育项目的教学组织与实施，人员构成以学历继续教育的管理型人才为主，辅以非学历继续教育的教学服务人员；学生服务部门负责所有继续教育学生的服务工作，同时还负责校友会、同学会的建立和管理工作。

组织体系的成功整合，需要两方面的配套：一是人员培训的配套。通过全面系统的人员培训，促进原来的非学历继续教育人员熟悉学历继续教育，原来的学历继续教育人员熟悉非学历继续教育，同时也要做好各类人员的安抚工作。① 只有这样，才能实现各类人员思想上和业务上的真正融合。二是激励机制的配套。需要采取基于职能分工的考核与激励机制，即按照部门的职能分工采取不同的考核和激励机制。比如对于招生营销部门，可以采取基于招生绩效的考核和激励机制；而对于教学服务部门和学生服务部门，则可以采取基于服务质量的考核和激励机制。

（二）营销体系的整合

营销体系的整合，旨在建立融学历与非学历继续教育招生营销工作于一体的营销体系和营销网络，将学历与非学历继续教育项目作为整体推向继续教育市场，比如统一招生营销策划、统一制作招生宣传册等。

一体化营销体系能否成功建立，一是取决于招生营销部门的负责人对各类继续教育招生营销工作的整体把握和宏观策划能力。生搬硬套式地将学历与非学历继续教育的招生宣传放在一起难以产生实际效果。二是取决于招生营销部门的工作人员对各类继续教育项目的全面了解，能否根据客户的实际需要，适时、适度地向客户推荐学历或非学历继续教育项目。

（三）教学体系的整合

教学体系的整合，旨在建构融学历与非学历继续教育教学为一体的教学体系，其分为课程体系、质量标准、教学形式、学习成果四个方面的整合。

1. 一体化的课程体系

为实现学历与非学历继续教育课程体系的整合，需要建立积件式一体化的课程体系。所谓积件式一体化的课程体系，是指将学历与非学历继续教育的课程整合形成一个课程库，实现两者课程体系的一体化。一门课程就是一个积件（元件），学历与非学历继续教育项目的形成来自课程库中课程的有机组合，高校可以利用课程库，设计开发多类型、多层次的继续教育项目。同时，可以根据社会的需要或新项目的开发不断增加、更新课程库中的课程。这种整合了学历与非学历继续教育课程的课程库，不仅能够大大丰富高校继续教育的课程资源，还能为学历与非学历继续教育项目之间的资源共享奠定基础。

课程体系整合的成功实施，一是取决于学历与非学历继续教育课程之间的有机衔接，其中，学分制是实现两者衔接的纽带和基础。为此，高校须在学历与非学历继续教育中采取学分制，实行学分制的管理，并建立学历与非学历继续教育的互认机制。二是取决于学历与非学历继续教育课程资源的网络化程

---

① 单正丰、倪浩：《现代大学制度视域下大学继续教育发展定位考量》，载《国家教育行政学院学报》2013年第3期，第21-24页。

度。目前来说,最容易共享的教学资源是网络教学资源。随着网络学历继续教育的推行,学历继续教育资源的网络化已逐渐成为一种常态,而非学历继续教育资源的网络化尚处于初级阶段。但是随着高校网络非学历继续教育项目的推进,高校非学历继续教育逐渐从高端培训走向大众化培训,非学历继续教育资源的网络化也将成为一种趋势和方向。

2. 统一的课程质量标准

由于学历与非学历继续教育培养对象以在职人员为主,其培养目标也都是应用型人才的培养,因为学历与非学历继续教育具有统一质量标准的基础。不论是学历继续教育,还是非学历继续教育,其教学的最终落脚点都是课程,因此,可以基于课程建立统一的课程质量标准。

对此,高校需要为每一门课程制订以应用型人才培养为目标的质量标准。课程质量标准制定后,不论该课程是用于学历还是非学历继续教育,都执行这一标准,从而实现课程质量标准的统一。由于课程质量标准是统一的,课程的教学质量也是有保障的,因此,课程学分能够互通互认,学历与非学历继续教育之间的学分也就能够自由转换。

3. 丰富多样的教学形式

整合学历与非学历继续教育,可以进一步丰富继续教育的教学形式。对于非学历继续教育,可以利用学历继续教育的网络学习平台,实施线上教学和线上师生交互;而对于学历继续教育,则可以在条件许可的情况下,组织学生参加非学历继续教育的面授课程,增加学生与教师面对面的交流机会。由于课程的质量标准是统一的,因此两类课程的授课质量均有保障。

4. 阶梯式的学习成果认证系统

通过整合学历与非学历继续教育,高校可以将各类培训证书和学历证书统一起来,形成一个多层次、多类型的阶梯式学习成果认证(证书)系统,从而满足学生多样化的证书需求。比如,学生完成一门课程的学习,可以获得单科证书;通过几门课程或一个模块课程的学习,可以获得某一项目的培训证书;完成某一专业技能的全部课程学习,则能获得专业技能培训证书;如果完成专业教学计划规定的全部课程,达到专业毕业要求,则可以获得学历证书。

阶梯式学习成果认证(证书)体系的顺利实施,关键在于高校继续教育学分银行的建立。只有建立了学分银行,才能实现学历与非学历继续教育学分的互通互认,真正实现继续教育学习成果认证的一体化。

(四)支持服务体系的整合

整合学历与非学历继续教育的支持服务体系,可以实现统一的学习者的信息管理,实行一体化的学习支持服务。

1. 一体化的学习者管理

实现继续教育信息化,建立一体化的教务管理信息系统,能够帮助高校实行一体化的学习者管理。考虑到学历与非学历继续教育对学习者的要求不同,在教务管理信息系统中,可以分成学历与非学历继续教育两个管理模块,两个管理模块之间的数据可以互联互通。当非学历继续教育学习者就读学历继续教育时,可以将该学习者信息从非学历继续教育管理模块共享到学历继续教育管理模块,反之亦然。一体化的学习者管理的成功实现,关键在于各类学习者信息的统一和规范。

2. 一体化的学习支持服务

高校继续教育机构通过设立专门的支持服务部门,整合学习者管理职能,培训专业化的学习支持服务人员,可以实现学习支持服务的一体化,面向学历与非学历继续教育学习者提供专业化、网络化、全天候的学习支持服务。

3. 多层次、一体化的校友服务

从资源的视角看,学历与非学历继续教育的毕业生是高校继续教育的可再生资源,高校应该充分认识到校友的重要性,建立专门的校友工作部门或配备专门的校友工作人员或岗位。高校可以分项目、分类型建立校友会,并形成包含学历与非学历继续教育毕业生的校友总会,实现对继续教育校友的一体化管理。高校可以通过开展多样化的校友活动,维系和培育与校友的良好关系,为自身的可持续发展提供源源不断的资源。

将学历与非学历继续教育进行全面整合具有诸多好处,然而,整合工作却是一项浩大的工程,不仅牵涉组织机构的调整、人员工作内容的变化,还牵涉招生营销、教学服务和学生服务等运行模式的改变。对追求稳妥的高校可以采取分步实施的办法,先在非学历继续教育领域学历或非学历继续教育领域试行这一整合办法,整合成功后再进行学历与非学历继续教育的全面整合。

第二节 继续教育全民化供给趋势

继续教育作为终身教育体系的核心构成,其充足的供给是保障学习型社会建设的前提和条件,继续教育选择专业化与全民化供给相结合的模式有其应然性。

一、继续教育供需分析

在终身教育体系中,继续教育需要满足全体社会公民的终身学习要求。这种全民终身学习需求是一种"万能性"的需求。

(一)继续教育需求的"万能性"

学习型社会建设所提倡的"人人皆学",要求赋予每位社会成员学习权。学习权是终身教育时代的产物,学习权保障是迈向学习型社会的必然要求。[①] 为保障每位社会成员的学习权利,满足每位社会成员的学习需求,作为终身教育核心构成的继续教育需要做到覆盖范围的"无所不及"、学习资源的"无所不包"、学习支持服务的"无所不能"。

1. 覆盖范围的"无所不及"

从继续教育的服务对象看,继续教育需要包容、涵盖所有社会成员,不论其社会背景、文化基础、语言、种族等。全球首届学习型城市建设大会通过的《北京宣言》提出:"终身学习体系所面临的最大挑战之一是确保所有的公民和居民的包容性。"[②] 终身教育以及继续教育的包容性需求,需要在教育供给上得到落实,最终需要落实在继续教育的供给上。也就是说,继续教育需要提供满足所有社会成员的教育供给服务,实现覆盖范围的"无所不及"。

2. 学习资源的"无所不包"

从继续教育的学习资源看,继续教育需要满足全体社会成员的学习资源需求。基于全体社会成员类型的多样性,社会成员学习的终身性以及各自学习内容的差异性,面向全体社会成员的学习资源几乎是"无所不包"的。自21世纪以来,我国陆续推出了新世纪网络课程、国家精品课程、视频公开课、精品资源共享课程、精品在线开放课程等工程项目,为我国积累了丰富的网络学习资源,并形成了以爱课程网、学堂在线、各省级终身学习平台为核心的开放学习资源服务平台。教育部在《教育信息化2.0行动计划》中力推从教育专用资源向教育大资源转变,以期更大限度地促进教育机构开放共享专用教育资源。目前,这些学习资源主要集中在高等教育领域,从满足全民终身学习需求的视角看,这些学习资源还只能算是"杯水车薪"。

[①] 兰岚:《论我国终身教育的立法核心——公民学习权保障》,载《华东师范大学学报(教育科学版)》2019年第1期,第152—159+171页。

[②] 《建设学习型城市北京宣言——全民终身学习:城市的包容、繁荣与可持续发展》,载《高等继续教育学报》2014年第1期,第2—5页。

3. 学习支持服务的"无所不能"

从学习支持服务的视角看,继续教育需要满足全体社会成员无限多样的学习支持服务需求。学习型社会中,每位社会成员都有其个性化的学习支持服务需求,每个社会群体也有其共性的学习支持服务需求,面向全体社会成员的学习支持服务需求也会是包罗万象、"无所不能"的。

(二) 继续教育供给存在的问题

1. 继续教育机构难以满足终身学习需求

基于继续教育机构数量及其从业人员的有限性,以及继续教育机构专业领域的局限性,特别是各继续教育机构之间存在的利益驱动性,使得继续教育机构的教育供给只能是有限的。教育部门利益集团与其他部门利益集团之间的竞争导致了我国公共教育供给总量性短缺,教育部门内部各利益集团之间的竞争则导致了我国公共教育供给结构性短缺。[1] 单纯依靠继续教育机构提供继续教育服务,无法满足全民终身学习"无所不及""无所不包""无所不能"的需求。

2. 继续教育供给全民化的应然选择

继续教育供给全民化是指全体社会成员参与继续教育供给。继续教育全民化供给具有应然性。首先,从教育供给主体看,当全民参与教育供给时,教育供给者是社会成员,学习者也是社会成员,两者是对等的、相互包容的;其次,从学习资源的供给看,"无所不包"的学习资源需求源自全体社会成员无限多样的学习需求,当全体社会成员都成为学习资源的供给者时,则学习资源供给也具有了无限多样的特点,我们可以用无限多样的学习资源供给满足无限多样的学习资源需求;最后,从学习支持服务的供给看,继续教育供给的社会化,使得全体社会成员都可以提供学习支持服务,用全民性的学习支持服务供给满足全民性的学习支持服务需求,也应该是可行的。

二、继续教育的专业化供给的作用

为满足全体社会成员的"无所不及""无所不包""无所不能"的终身学习需求,继续教育可以通过继续教育的专业化供给与继续教育的全民化供给两种途径来满足。

---

[1] 李连芬、刘德伟:《我国公共教育供给短缺的原因分析》,载《经济体制改革》2010 年第 5 期,第 46 - 51 页。

继续教育的专业化供给是指由专门的继续教育机构提供继续教育服务。专门的继续教育机构提供的继续教育服务，虽然不能满足全体社会公民的继续学习需求，但因其教育服务的专业性，所提供的继续教育服务的质量与水平应该是最好的，也是继续教育供给的主体与核心，为促进继续教育的专业化供给。

（一）推进继续教育资源的开放共享

自启动21世纪振兴计划以来，我国先后启动了国家级的新世纪网络课程、精品课程、视频公开课、精品资源共享课、精品在线开放课程等申报评审活动，积累了大量的开放共享的网络学习资源。然而，这种资源开放行动存在三方面的问题：一是开放共享资源覆盖面较窄。目前主要集中在高等教育与职业教育领域，还没有普及继续教育、中等教育、初等教育等领域；二是开放共享资源类型相对单一，基于参与开放共享的以高等学校为主，其资源主要为学历教育资源，非学历教育资源的开放共享尚未得到重视；三是开放共享资源适应性不强，其最适合普通教育的网络教学或混合式教学。继续教育以在职人员为主体，在职人员相对于在校的普通高校学习者来说，基础相对较弱，这些普通高校定制的开放共享资源，如果要用于继续教育，需要建设适当的衔接性资源，以适应继续教育的需要。继续教育行政管理部门可以推动继续教育资源的开放共享，做大做强继续教育资源，提供继续教育的专业化供给能力。

（二）推进继续教育的体系化供给

继续教育包括学历教育与非学历教育，学历教育又分为中专、专科、本科层次等。充分整合继续教育机构的继续教育专业与继续教育培训项目，可以形成一个庞大的继续教育的专业与课程体系，一个面向全体社会公民提供继续教育服务的体系化菜单。这种体系化提供的服务菜单，可以极大地提升继续教育的地位与价值。

（三）彰显继续教育机构的专业化优势

相对于继续教育的全民化供给、社会化供给，继续教育机构的教育供给更为专业，然而这种专业化水平仍然有待进一步的提升。具体来说，一是行政管理部门可以组织建立继续教育的专业与课程标准，实现继续教育教学的标准化、人才培养的标准化；二是加强继续教育体系的教学培训，加强师资队伍建设，提升继续教育教学的专业化；三是组织建立继续教育的质量保障体系。质量保障体系不仅要涵盖学历继续教育，还要涵盖非学历继续教育。通过质量保障体系的建立、继续教育机构的自律与自评、行政管理部门的监管与监控，确保继续教育办学质量的提高、专业化办学水平的提升。

三、继续教育全民化供给趋势

(一) 全民化供给的理论基础

在终身教育时代,每位社会成员都有成为他人教师的潜在可能。"全民皆师"理论是继续教育全民化供给的理论基础。"全民皆师"是指社会成员可以利用自身的知识、技能与经验,发挥自身的特长和优势,为他人的学习提供教育服务,实现教师"传道、授业、解惑"的基本职能。

"全民皆师"理论早已体现在孔子的教育思想中,孔子曰"三人行,必有我师焉",就是倡导全民皆师、互为人师。只要他人有一技之长,就可以以其为师,向其学习。王道俊也认为,"凡是有目的地增进人的知识技能,影响人的思想品德,增强人的体质的活动,不论是有组织的或是无组织的,系统的或是零碎的,都是教育"[1]。

(二) 全民化供给的可行性

1. 信息技术的有力支撑

日新月异的信息技术手段,使得学习者学习资源空前丰富、学习支持服务更为高效、学习方式更为灵活。学习者可以随时利用各种学习终端进行学习,教师也可以利用各类学习终端实施教学;可以在互联网上分享自己的知识、技能和经验,使他人受益;也可以在互联网上解答他人的问题,为他人释疑。可以说,信息技术的发展,使得全体社会成员更容易参与终身教育供给,更容易为他人的学习提供服务为"全民皆师"的实现提供了强有力的支撑。

2. 终身学习平台的有力支撑

目前,除了爱课程网、学堂在线等公共服务平台,全国大部分省、直辖市、自治区都建设了终身学习平台,面向全体社会成员提供终身学习服务,如上海市终身学习平台注册人数达到 300 万,提供课程 28000 门,总访问量 21000 万人次(2016 年数据)。[2] 在终身学习平台,全体社会成员不仅可以作为教师角色提供学习资源和学习支持服务,还可以作为学习者角色进行终身学习。这样的终身学习平台可以真正成为可循环、生态化的学习平台。

(三) 全民化供给的积分银行机制

为促进全体社会成员参与,满足全民继续教育与终身学习需求,可以引入

---

[1] 王道俊、郭文安:《教育学》,人民教育出版社 2009 年版,第 26 页。
[2] 上海学习网,见 http://www.shlll.net/home/intro。

教育积分概念，设计教育积分机制，建设终身教育积分银行。依托终身教育积分银行，实现继续教育的全民化供给。

1. 教育积分定义及其意义

教育积分是用来表征社会成员终身教育贡献度的一种量化尺度，也是社会成员提供教育服务与消费教育服务的"可交换货币"。

社会成员通过提供和消费教育服务，实现在终身教育中的"自我服务"；通过教育积分的积累与消耗，实现教育供给与教育消费之间的有机循环。更重要的是，实现了社会成员作为教育供给者与教育消费者之间的身份转换，使得每位社会成员既可以是终身教育的供给者，也可以是终身教育的消费者。

2. 积分银行内涵及其特征

积分银行是基于"全民皆师"理念，促进全体社会成员参与教育供给的制度设计。社会成员通过提供学习资源或学习服务获得教育积分，并存储在积分银行。社会成员需要学习时，可以从积分银行提取并消耗教育积分，用于终身学习。积分银行具有三个基本特征。

（1）参与的全民性。积分银行旨在促进全体社会成员参与教育供给，释放教育供给的巨大潜力。全民参与教育供给是积分银行的宗旨和目标，参与的全民性是积分银行的基本特征。

（2）服务的终身性。社会成员所获得的教育积分具有终身性。教育积分伴随社会成员的终身，社会成员可以在人生的任何阶段，随时随地积累和消费教育积分。

（3）价值取向的公益性。基于教育积分的教育供给服务，有别于有偿教育服务，其不以营利为目的，学习资源与学习支持服务的提供者没有直接的经济利益回报；也有别于免费教育服务，其通过教育积分的形式，承认并记录其教育贡献，并在其需要学习时，可利用教育积分兑换学习资源和学习支持服务。基于积分银行的教育供给服务，是一种公益行为，具有公益性的价值取向。

3. 积分银行的基本职能

基于积分银行的内涵界定，其具有四个基本职能。一是顶层设计职能，包括积分银行的整体规划、发展战略的制定、领导体制的确立、运行机制的设计、组织机构的建立以及规章制度的制定等。二是组织宣传职能，包括面向全体社会成员和机构开展积分银行宣传，扩大积分银行的知名度与影响力；组织全体社会成员和机构提供学习资源和学习支持服务，促进积分银行实质性运行等。三是教育积分管理职能，包括教育积分标准的制定与管理、教育积分的计算与存储，教育积分的消费与流动等。四是信息系统管理职能，积分银行信息系统主要有积分银行门户网站、积分银行管理系统和终身学习平台三大系统。其中，门户网站承担着积分银行的登录、宣传、推广等基本功能；积分银行管理系统承担以教育积分为主线的教育积分存储、积累和消费系统；终身学习平台承载全体社会成员的教育供给和终身学习。积分银行的运作得益于信息技术的快速发展，也离不开信息系统的支撑，管理各类信息系统是其一项基本职能。

4. 积分银行的组织架构

基于积分银行的定位与基本职能，积分银行是以政府部门为主导、以教育机构为核心、以促进全体社会成员参与为宗旨的教育管理机构。积分银行的组织架构可以分为多个层次，包括国家层次、省市层次或区域层次。积分银行的组织架构主要有三大构成：决策组织、执行机构和专家组织。

（1）决策组织。承担积分银行的顶层设计与宏观管理职责，具有管理的宏观性、决策性和导向性特征，决策组织的组建应以教育行政部门为主体，吸纳各级教育机构的领导或专家参与。

（2）执行机构。负责积分银行的日常运行与管理，包括积分银行的宣传推广、积分标准管理、积分获取与存储管理、积分消费与流动管理等。积分银行的执行机构可以委托第三方机构组织实施，可以由教育行政部门派出机构负责管理，也可以成立独立的积分银行执行机构。

（3）专家组织。负责各类标准与规则的制定，包括积分标准、积分获取与转换的规则、积分消费与流动的规则，以及基于积分机制的政策与发展战略咨询等。专家组织的成员构成可以采取专兼职相结合的方式，以教育机构的专家学者为核心，以行业系统的专业人员为主体，并邀请学有所长的社会成员参加。

5. 积分银行与学分银行关系

学分银行是一种学习成果认证制度，是学习者学分存储、积累、转换的平台。积分银行与学分银行既相互联系，又相互区别。积分银行的推行，推动全体社会成员和机构参与终身教育供给，能够为终身教育体系提供更为丰富的学习资源和学习服务，促进学分银行的大面积推广。而学分银行的实施，又能扩大终身教育的影响力，增强全民参与终身教育供给的信心，促进积分银行的实施。两者的区别也很明显，主要表现在以下三方面。

（1）建构起点不同。积分银行是从终身教育的供给侧出发，从教的角度，激励全体社会成员参与终身教育供给，通过为全体社会成员提供无所不包、无所不能的教育服务，满足全体社会成员的终身学习需求；学分银行是从终身教育、继续教育的需求端出发，从学的角度，通过搭建终身学习立交桥、建设学分银行等措施，促进全体社会成员的终身学习。

（2）理论基础不同。积分银行基于"全民皆师"理念，旨在通过一系列的体制、机制设计，促进全体社会成员参与终身教育供给，满足全体社会成员的终身学习需求；学分银行基于终身学习理论，通过搭建终身教育立交桥，建立学习成果认证体系等方式，实现各级各类教育的沟通与衔接，促进学习者高效、便捷、随时随地的学习。①

（3）服务对象不同。学分银行作为一种终身教育的学习成果认证制度，为学习者提供学习成果认证、学分存储、积累与转换服务。学分银行服务的内容主要是学习成果，服务的对象主要是需要获得学习成果认证、学分存储与兑换的学习者群体。对于只想获取知识，不需要获取学分或学习成果的学习者，则没有太大的吸引力，这类人群也难以成为其真正的目标群体。②

积分银行作为一种促进全民参与继续教育供给的制度设计，倡导知识共享。在积分银行，社会成员只要愿意提供教育服务，就能获取他人的学习帮助。社会成员只要有学习需求，都可以成为积分银行的成员，都可以从积分银行受益。同时，积分银行的核心服务对象是终身教育的供给者。积分银行与学分银行并行不悖。基于两者共同服务于终身教育体系，也可以考虑将积分银行与学分银行管理融为一体，进行统一的管理和运作，共同构建一个集终身教育供给端与需求端于一体的终身教育服务体系。

（四）全民化供给的运行机制

1. 全民化供给的宣传推广

在促进全民参加终身学习方面，由中国成人教育协会发起的"全民终身学习活动周"，已经成为"积极推进构建终身教育体系、建设学习型社会的一个重要抓手"，"成为宣传和推动学习型社会建设的一个突出的'品牌'"。③全民终身学习活动周开展14年以来，终身学习活动类型越来越多，终身学习的普及越来越广。"全民终身学习活动周"每年的全国总开幕式都有教育部的主要领导参加，充分体现了其重要性与引领性。

为宣传推广全民参与终身教育供给，也可以开展各种各样的活动。一是可

---

① 鄢小平：《我国学分银行制度的模式选择和架构设计》，载《远程教育杂志》2015年第1期，第30-38页。

② 杨晨：《我国"学分银行"建设的三大问题》，载《中国远程教育》2012年第6期，第41-46+95-96页。

③ 鲁昕：《倡导全民学习践行终身学习促进人的全面发展——在2009年全民终身学习活动周总开幕式上的讲话》，载《中国成人教育》2009年第20期，第5页。

以在"全民终身学习活动周"中加入全民参与终身教育供给的宣传元素，大力推动和促进全民参与终身教育供给；二是可以开展类似"全民终身教育供给周"之类的活动，宣传社会成员在终身学习平台上的教育贡献，树立社会成员参与终身教育供给的正面形象与榜样。

2. 教育积分标准的制订与管理

教育积分机制的有效运行，需要拥有一个相对公平的教育积分标准，使得社会成员所获得的教育积分具有较好的等价交换性。教育积分标准包括学习资源积分标准和学习支持服务积分标准，教育积分标准应由专家组织负责制定。基于学习资源与学习支持服务的复杂性，教育积分标准是宏观性的、指导性的、参考性的。

(1) 学习资源积分标准的制订。专家组织制订学习资源积分标准时，可以借鉴教育机构评价教师的学习资源维度，即基于学习资源类型（视频、图片、文字等）、学习资源时长、学习资源数量与质量等因素综合考虑积分标准的制订。

(2) 学习支持服务积分标准的制订。专家组织制订学习支持服务积分标准时，可以参考教育机构评价教师的学习支持服务维度，即基于所提供学习支持服务的类型、时间、频次、交互数量与质量等方面综合考虑积分标准的制订。

3. 教育积分获取、计算与存储管理

(1) 教育积分的方法与获取。一是普惠性的教育积分发放。为了鼓励全体社会成员进行终身学习，政府部门可以普惠性地给予全体社会成员一定的初始教育积分，使得所有社会成员都能够在积分银行进行学习。普惠性的教育积分不宜过多，适可而止。二是自给自足型的教育积分获取。社会成员通过提供教育服务获得教育积分。教育供给者提供的学习资源或学习服务越多，利用该学习资源或学习服务的学习者越多，则教育供给者能获得的教育积分就越多。

(2) 教育积分的计算与存储。社会成员基于积分银行制订的教育积分标准，自主确定其所提供的学习资源或学习支持服务的积分。当学习者想获取该社会成员所提供的学习资源或学习支持服务，并且接受其所定的积分时，则可消耗自己的积分进行学习，该社会成员获得积分。学习者越多，该社会成员所能获得的积分就越多。如果社会成员自定的积分虚高，没有学习者学习，则该社会成员也将无法获得积分。比如社会成员所提供的学习资源为2个积分，如果有100人利用该学习资源进行了学习，则能获得200个积分；如果没有人学习，则获得的积分为0。

社会成员所获得的积分可以在积分银行存储，并由积分银行负责对其进行统一管理。

4. 教育积分消费、流动与转赠管理

(1) 教育积分的消费。社会成员需要学习时，可在终身学习平台上选择所需要的学习资源或获取学习支持服务，社会成员在学习过程中消耗教育积分，实现教育积分从学习者到教育供给者之间的转移。采取教育积分的获取与消耗机制，一方面可以使得学习者珍惜所获得的学分，慎重选择自己所需要的学习资源和学习服务；另一方面，也能在一定程度上避免教育供给者乱定教育积分的情况发生。

(2) 教育积分的流动。社会成员所获得的教育积分可以在积分银行的实施范围内流动和使用，以方便学习者随时随地的学习。

(3) 教育积分的转赠。社会成员所获得的教育积分，可以通过积分银行将教育积分转让、赠送给其他社会成员，为其亲人或朋友的学习提供方便。而政府部门普惠性地发放给每个社会成员的起始教育积分则不可转赠。教育积分的转赠可理解为个体的公益性行为，值得提倡与鼓励。

(五) 全民化供给的激励机制

积分银行的活力体现在教育积分的有序流动上。为此，要有配套的机制激励全体社会成员积极参与终身教育供给，积极开展终身学习。

1. 面向全民教育供给的激励

社会成员在终身学习平台上提供学习资源或学习支持服务，不仅是为了自身获得终身学习的机会，同时也是对终身教育做出贡献。社会成员所做的终身教育贡献，可以通过其所获得教育积分的多少来度量。社会成员所获得的教育积分越多，表明其对终身教育的贡献越大；参与终身教育供给的社会成员越多，则全社会所获得的教育贡献越大，则越有利于终身教育体系的建构。社会成员对终身教育的贡献可以用终身教育贡献度来表征。终身教育的贡献度可以基于社会成员所获得的教育积分进行计算。

政府部门可以基于社会成员的终身教育贡献度，给予社会成员以精神或物质奖励。一是可以基于社会成员的贡献度，分等级、分类别颁发终身教育贡献度荣誉证书，该证书可以作为社会成员提供社会公益服务的凭证；二是对于终身教育贡献突出的人员，可以给予物质奖励，相当于政府拿出部分经费建设学习资源或提供学习支持服务。

2. 基于全民教育消费的激励

社会成员消费积分进行终身学习，正是学习型社会建设的目的与要求。社会成员在终身学习平台上主动消费积分进行学习，可以形成良好的终身学习氛围,同时也能从终身教育的需求端推动终身教育的供给。

建立基于教育积分消费的激励机制,一是通过评选"学习之星"之类的终身学习活动,树立终身学习者的形象与标杆,促进全民终身学习;二是可以在政策层面,将社会成员在终身学习平台上的学习,等同于参加继续教育,计算其继续教育学分,并建立社会成员的终身学习档案。

3. 面向教师群体的激励

"传道、授业、解惑"是教师的本职工作,教师在终身学习平台上提供学习资源和学习支持服务,具有天然的优势,依托其自身的专业与学科优势,可以提供最优质的学习资源与学习支持服务。

政府部门可以专门针对教师出台相应的举措,以激励教师积极参与终身教育供给。可以有三个方面的激励:一是为教师颁发写实性的荣誉证书,记载教师所提供的学习资源类型或学习支持服务内容,为教育机构评价教师所做的教育服务提供依据;二是教师利用所获得的教育积分在终身学习平台上学习,可以作为教师参加继续教育、进行终身学习的凭证和依据;三是通过推优、塑形等举措,对教师的形象进行宣传和推广,树立教师品牌,增长教师的自身价值。

4. 面向高校学生的激励

高校学生是一个庞大的群体,也是终身教育供给与消费的特殊群体。一方面,高校学生自身是一个学习者,需要不断学习,这种学习不仅包括学校所提供的知识技能的学习,还包括对各种社会知识的学习,终身学习平台正是其拓宽视野、扩充知识的理想场所。高校学生通过参与终身教育供给获得积分,利用积分在积分银行中学习学校教育中所缺乏,但可能是其进入社会所必需的知识,如在职人员基于其工作经验与经历所提供的知识技能、处事方法等。另一方面,高校学生已经拥有了良好的知识基础,可以利用其为社会做出贡献。

为鼓励高校学生积极参与终身教育供给,一是教育机构可将高校学生参与终身教育供给作为其社会实践活动的一部分,根据其终身教育贡献度计入其社会实践学分;二是高校学生在终身学习平台上学习与专业相关的知识,通过相关评测,可考虑计算到其相应的课程学分中;三是可以根据高校学生所做的终身教育贡献,为其颁发写实性的荣誉证书,该荣誉证书可以作为学生就业时的教育教学能力的参考,以及参加社会服务的证明。

(六) 全民化供给的保障机制

1. 政策制度保障

在我国终身教育发展历程中,政府作为终身教育的推进主体,担负起了正确导向、积极引领、大力推进，以及有作为、有担当的责任。促进全民参与终身教育供给，也是政府部门的职责与义务所在，政府部门应发挥全民参与终身教育供给的引领作用，在政策制度层面保障终身教育供给，促进积分银行的可持续发展。

（1）明确全民参与终身教育供给的法律地位。21世纪初，我国就积极开展地方终身教育立法的探索，2005—2014年，福建、上海、太原、河北、宁波等地先后出台了《终身教育促进条例》。[①] 但是，目前尚缺乏国家层面的终身教育法。亟须从国家层面对终身教育立法，以保障社会成员参与终身教育供给以及终身学习的合法权益。特别是对于全民参与终身教育供给，如果能够在政策法规中充分体现和倡导全民参与终身教育供给，将能极大程度地推动全民终身教育供给。

（2）建立全民参与终身教育供给的制度体系，包括全民参与终身学习的政策、企事业员工参加终身学习的制度规定、各类人群（含教师、学生）参与终身教育供给的激励制度等。

（3）建立积分银行相关管理制度，包括积分银行的制度建设、教育积分运行、管理与评价制度等。

2. 运行经费保障

积分银行的运行，离不开持续、稳定的经费保障。由于积分银行属于公益性组织，不盈利，因此主要从两方面保障积分银行的运作：一是政府部门的教育事业拨款。面向全民终身学习的全民教育供给，对全民文化素质的提高、社会进步的推动作用不亚于任何一所正规的教育机构。政府部门有必要建立倾斜性的投入机制，通过设立专项经费支持积分银行运行，保障积分银行工作的顺利开展。二是社会机构或个人的捐助。政府部门可以大力宣传和鼓励社会机构或个人对积分银行进行捐助。政府部门应建立完善的社会捐助激励机制，促进社会机构或个人主动捐助，通过规范经费使用流程、加大经费使用透明度，提高社会机构或个人的捐款热情。社会机构或个人捐助最终应成为积分银行运行经费的主要来源。

3. 学习资源保障

积分银行的启动，要有先期学习资源的投入。我国投入巨资建设了大量网络精品课程、视频公开课、精品资源共享课程、精品在线开放课程等，可以通过学习资源的开放共享机制，将这些优质资源引入终身学习平台，变成终身学

[①] 张璇：《江苏推进终身学习的立法选择与实践进路》，载《终身教育研究》2019年第2期，第25–33页。

习平台上的基础性资源，作为积分银行运行的启动性学习资源。

4. 信息系统保障

基于积分银行的终身教育供给系统是复杂的，其面向的群体也是非常庞大的，为此，基于大数据、云服务技术，采取"三位一体"建设策略，建设积分银行门户网站、信息管理系统与终身学习平台，是保障积分银行顺利运行的前提条件。

5. 知识产权保护

只有实施知识产权保护，才能让全体社会成员安心地在终身学习平台上提供学习资源与学习支持服务。其举措有二：一是给予社会成员署名权，即对于社会成员所提供的学习资源与学习支持服务，可以允许其在所提供的学习资源或学习支持服务中进行署名，帮助其树立自己的形象，打造自己的品牌，同时更有助于其为了维护自身形象，建设更好的学习资源；二是建立知识产权保护机制以及侵权追诉机制，以保护社会成员的知识产权，使得社会成员愿意将自己的学习资源或学习支持服务提供给其他学习者。

第三节　继续教育的"同校同质"化趋势

我国学历继续教育质量偏低，已经成为当今社会的共识。继续教育机构对这一事实一直有自己的理由，认为学历继续教育学习者的基础与普通教育学习者的基础不可同日而语，不应将同层次的普通教育教学质量与学历继续教育的教学质量相提并论，于是有了多维度的学历继续教育质量观，如发展质量观、多样化质量观、适应性质量观、整体性质量观、特色质量观、系统质量观与服务质量观等。

一、"同校同质"的内涵

2019年12月教育部办公厅发布的《关于服务全民终身学习促进现代远程教育试点高校网络教育高质量发展有关工作的通知》提出："严格按照规定做好毕业资格、学位资格审查工作，推动网络教育毕业生达到相当于本校全日制同类专业的水平。"可见，教育行政部门对网络教育办学质量的导向是"同校同质"。不言而喻，教育行政部门对整个学历继续教育的导向也会是"同校同质"。

"同校同质"包括两个层面的含义：一是在继续教育内，不论是网络教育、开放教育还是成人教育，同类专业的学历继续教育办学质量相同；二是在同一高校内，不论是普通学历教育还是学历继续教育，同类专业的办学质量也应相同。对于在继续教育内部实现学历继续教育的"同校同质"，也可成为一种共识，但是对于同一高校内实现普通学历教育与学历继续教育的"同校同质"则存在较大的争议。

二、高校"同校同质"的应然性

应然性是指事物本来应该处于的一种状态，是从理论上或逻辑上更为合理的一种状态。从高校普通学历教育与学历继续教育的类比看，实施"同校同质"有其应然性。

（一）教学体系的一体性

学历继续教育与普通学历教育教学体系均以专业为基点，以课程为基本单元。每个专业都有专门、系统的专业培养计划，有体系完整的专业课程。两者均重视知识传授的系统性与完整性；两者的教学体系建构均是一种自上而下的、预置性的、相对稳定的教学体系，一般不会基于学习者个性化的需求而进行调整。

（二）师资来源的一致性

学历继续教育与普通学历教育的师资主要来自高校，一些高校教师往往兼职学历继续教育与普通学历教育。由于教师来源相似，专业培养体系相近，教师对于学历继续教育与普通学历教育的授课方式、讲授内容以及评价方式往往大同小异。对于教师的价值取向，两者均看重教师的专业背景，重视教师的专业领域与授课课程是否对口。

（三）教学组织的相似性

学历继续教育与普通学历教育具有相似的教学组织流程和环节，课程教学一般会持续一个学期，教学环节也相对较多，如授课环节、作业环节、活动环节、考试环节等，均特别重视考试环节。

（四）质量管理的严谨性

学历继续教育和普通学历教育都有严格的质量监管过程。从入学门槛看，普通学历教育有中考、高考等全国性的入学考试门槛。学历继续教育中的成人学历教育具有成人高考门槛，网络教育、开放教育虽然没有全国性的入学考试，但是有全国性的网络教育公共基础课统考。从教学实施看，教育行政部门对两者都有教学条件、教学设施、教学环节的要求。从教学评价看，两者都有较为系统、严格的形成性评价和终结性评价。

（五）证书授予的严格性

学历继续教育与普通学历教育具有垄断性，都需要经过教育行政部门的许可才能招收学生，毕业证书也需要经过教育行政部门的电子注册，学历证书的颁发具有严格的流程和规范。

（六）教学规律的类似性

基于学历继续教育与普通学历教育在课程体系、教学组织、教学方式、教学质量等方面要求的相似性，学历继续教育与普通学历教育在教学规律的遵循上也更为相似，包括教学论、课程论、学习理论等。

（七）发展历程的承袭性

学历继续教育最早起始于函授教育，脱胎于学历教育，是服务于校外学生的学历教育。学历继续教育之初，采用的就是普通学历教育的教学体系、课程体系以及教学师资，普通继续教育也被称为学历补偿教育，作为对高校普通学历教育供给不足的一种补偿。因此，从学历继续教育与普通学历教育的渊源看，两者是不可分割的，学历继续教育承袭了普通学历教育的教学体系与教学模式。也正因如此，学历继续教育虽然长期以来试图摆脱学校学历教育，建立适合成人特色的学历教育体系，但是收效甚微。

由此可见，学历继续教育与普通学历教育有着诸多的同一性与相似性。随着信息技术的快速发展，终身学习的普及，国家资历框架体系的形成，高校迟早会打破自身的围墙，面向社会开放普通学历教育，也将逐渐实现普通学历教育与学历继续教育的一体化。从这样的视角来看，高校实施普通学历教育与学历继续教育的"同校同质"有其应然性。

三、高校"同校同质"的挑战

从现实来看，学历继续教育与普通学历教育的"同校同质"确实存在较大的挑战。

（一）学习者的知识基础差异大

当前，学历继续教育实施"宽进严出"的教育制度。由于继续教育自负盈亏的办学制度，故高校学历继续教育的入学标准普遍放得过宽，以至于学历继续教育学习者的知识基础普遍较低，造成高校普通学历教育学习者与学历继续教育学习者的知识基础差异大，特别是对于一流高校来说更是如此。普通学历教育与学历继续教育的学习者知识基础差异过大是实现"同校同质"的最大挑战。

（二）学习者的学习时间差异大

普通学历教育学习者是全日制在校学习，有充足的时间与精力学习好课程，而学历继续教育学习者主要为在职学习者，工学矛盾突出，其学习时间与学习精力相对于全日制在校学生明显不足。在同等知识基础的情况下，学历继续教育学习者要达到普通学历教育学习者的知识和水平，需要在更长的时段内投入更多的时间与精力。

（三）教学师资的投入差异大

普通学历教育是高校办学的核心与重点，为此，高校将最优质的教学师资配备到了普通学历教育。继续教育长期以来处于高校的边缘，学历继续教育的师资虽然也主要来自高校本身，但是教师对学历继续教育与普通学历教育的价值取向与教学态度存在明显的差异，学历继续教育的教学属于业余的利益导向，对其投入的时间与精力明显不足。在这种情况下，要保障和提升学历继续教育的教学质量，并达到普通学历教育的教学质量，也存在很大的困难。

（四）授课内容差异大

目前普通学历教育与学历继续教育在专业与课程的设置上、在实验实训的设施与设备上差异大。教师面向普通学历教育主要采取面授教学方式，面向学历继续教育主要采取网络授课方式，两者在教学内容与教学实施上存在事实上的隔离。

四、高校"同校同质"的对策

（一）用好"宽进严出"政策

在学历继续教育"宽进严出"政策的使用上，首先，高校要摆正学历继续教育的价值取向。高校学历继续教育办学不应以追求经济效益、追求办学规模为目标，而应以服务社会，为社会培养适合高校自身品牌声誉的人才为目标。其次，在招生入学时，不应无限度、无底线地"宽进"，应适可而止地

"宽进"，高校学历继续教育学习者的知识基础可以低于普通学历教育学习者，但是不宜低得太多。知识基础确实较弱的学习者，可以选择层次稍低一点高校的学历继续教育。

（二）加大师资投入

在教学师资的投入上，基于当前的形势，高校不可能给予学历继续教育与普通学历教育同等的地位，但是在师资配备与投入上，建议给予学历继续教育相当于普通学历教育的地位，如教师参加学历继续教育计算教学工作量，专业学院在进行教学安排时，将学历继续教育的教学安排做统筹一体的考虑。

（三）控制课程安排

在教学工作安排上，由于学历继续教育学习者的学习时间与精力有限，故在每学期的课程安排上，应设课程门数的上限，学习者每学期的课程最多不超过4门，以保障学习者在每门课程上有充足的学习时间和精力。

（四）教学体系趋同

在教学体系的布局上，学历继续教育的专业体系与课程体系的设置，既要考虑在职人员学习者的特点，更要考虑保持学历继续教育与普通学历教育在专业体系与课程体系上基本一致。在教学内容的安排上，可以通过将普通学历教育的面授教学内容录制成网络课件，共享给学历继续教育学习者；也可以将学历继续教育的网络课程共享给普通学历教育学习者，以实现两者在教学内容上的互通与共享。

（五）质量标准相当

2018年1月，教育部发布了《普通高等学校本科专业类教学质量国家标准》，涵盖普通高校本科专业目录中全部92个本科专业类587个专业，涉及全国高校5.6万多个专业点，是我国发布的第一个高等教育教学质量国家标准。学历继续教育可以参照该标准，结合应用性人才培养目标与在职人员的学习特点，建立学历继续教育本科类专业教学质量国家标准，实现两者在质量标准上的"同校同质"。

参考文献

[1] 陈丽. 远程教育学基础 [M]. 北京：高等教育出版社，2004.
[2] 崔振凤，秦运中，叶中瑜，等. 继续教育学概论 [M]. 北京：兵器工业出版社，1987.
[3] 丁新，赵过渡，曾祥跃，等. 远程学习方法与技术 [M]. 2版. 广州：中山大学出版社，2008.
[4] 丁兴富. 远程教育学 [M]. 2版. 北京：北京师范大学出版社，2009.
[5] 高志敏. 成人教育学科体系论 [M]. 上海：上海教育出版社，2017.
[6] 何克抗，李文光. 教育技术学 [M]. 北京：北京师范大学出版社，2002.
[7] 郝克明. 跨进学习社会的重要支柱：中国继续教育的发展 [M]. 北京：高等教育出版社，2011.
[8] 华漱芳. 继续教育概论 [M]. 北京：北京航空航天大学出版社，1996.
[9] 刘富钊. 继续教育学基础 [M]. 成都：四川大学出版社，1989.
[10] 王红新，陶爱珠，沈悦青. 大学使命：国际视野下的一流大学继续教育 [M]. 上海：上海交通大学出版社，2013.
[11] 叶忠海. 大学后继续教育论 [M]. 上海：上海科技教育出版社，1997.
[12] 曾祥跃. 网络远程教育生态学 [M]. 广州：中山大学出版社，2011.

后 记

本书是圆梦——圆笔者多年继续教育学科建构之梦。我国庞大的继续教育实践，需要有一套相对完整的理论体系做实践的指导。然而，建构一门学科绝非易事，特别是对于只能在管理工作之余开展继续教育研究的笔者来说，更是如此。在成书过程中，有三个问题一直让笔者纠结，不吐不快。

纠结之一，是继续教育学科研究对象的问题。在很长一段时间里，笔者将非学历继续教育作为继续教育学科的专有研究对象，并撰文《继续教育范畴论》。原因在于学历继续教育与学历教育的教学规律何其相似，而与非学历继续教育何其相异，笔者也因此认为学历继续教育应该回归学校学历教育。然而，在现实中，继续教育包含学历与非学历继续教育又是不争的事实。从学科研究为实践服务的视角，继续教育学科的研究对象又必须涵盖学历与非学历继续教育。最后笔者回归现实，仍然以学历与非学历继续教育为研究对象，同时也坚定地认为，非学历继续教育是继续教育学科的研究主体，随着信息技术的发展以及教育的不断演进，学历继续教育终将回归学校学历教育，继续教育学科也终将以非学历继续教育为专有研究对象。

纠结之二，是终身教育是否会取代继续教育的问题。随着国家对终身教育的日益重视，终身教育大有替代继续教育之趋势，比如清华大学将其继续教育处更名为终身教育处，一些高校将其继续教育学院更名为终身教育学院，如此一来，继续教育是否会像成人教育一样逐渐走出人们的视野，为终身教育所替代？笔者却认为，从终身教育的本质要义看，终身教育仍然应该是涵盖人的全生命周期的教育，不仅包括继续教育，也应包括学校教育与学前教育。如果我们用终身教育替代继续教育，那么涵盖人的全生命周期的教育又会是什么教育呢？因此，笔者坚定地认为，继续教育不应该被终身教育所替代和泛化，继续教育一直会是一个专门的研究领域。

纠结之三，是继续教育学科研究能走多远的问题。在当前的继续教育领域中，成人教育学科研究一枝独秀，自成一体。但是，"成人"的学科定位注定其不能替代继续教育学科。笔者曾撰文《重构与升华：继续教育学科建构研究》，以探究继续教育学科的建构之路。然而，这一建构路径需要继续教育领域的学者们付出艰辛而长期的努力。当前，继续教育的研究不温不火、继续教

后 记

育的学科研究很少有人涉足，关于继续教育方面的学术期刊知名度不高（至今尚无一本 CSSCI 期刊），如何让继续教育学科研究之火烧起来，还需要继续教育领域的学者们共同努力。本书与其说是一本继续教育学科研究之说，不如说是继续教育理论与实践相互交融之书；本书远未真正形成继续教育的学科理论体系；本书旨在抛砖引玉，希望在继续教育的海洋中，能够泛起一点小小的波澜。

本书的成书得益于笔者在中山大学高等继续教育学院（网络教育学院）愉快的人生经历。在这里，笔者实现了自己专业、事业与兴趣的合而为一。感谢老院长赵过渡教授给予笔者 10 年的愉快时光，让笔者收获了很多人生的喜悦和成果，也感谢郭清顺院长让笔者能够时时享受思想的盛宴。当然，还要感谢洪唤星、林庆霓、关雯雯、陈泽健、柴雪翠、袁培培等老战友让笔者工作无忧，能够在管理工作之余，愉快地开展继续教育的研究工作。

"路漫漫其修远兮，吾将上下而求索"。继续教育，吾所爱也；舞文弄墨，吾所好也；吾将追随继续教育的发展步伐努力前行。